高等职业教育创新型系列教材

个人理财

主编　蒋　彬　兰桂华

北京理工大学出版社
BEIJING INSTITUTE OF TECHNOLOGY PRESS

内容简介

本书主要依据国际金融理财标准委员会（FPSB）的金融理财师（AFP）认证内容设计框架，并参考《理财规划师国家职业标准》中助理理财规划师的职业标准要求，以及银行业专业人员职业资格考试中《个人理财》的考试大纲，确定教材内容。教材以典型工作任务为载体，分为做好理财规划准备、分析家庭财务状况、制定保险规划方案、制定居住规划方案、制定教育规划方案、制定退休规划方案、制定投资规划方案、制定税务规划方案、制定财富传承规划方案和制定综合理财规划方案十个项目。每个项目均引入中国传统文化中的“名人名言”帮助学生塑造正确的价值观；通过“理财师工作实务”使学生明确职业岗位工作任务，对接工作任务，明确学习任务；设计“技能训练”和“综合技能实训”，让学生在“做中学，学中做”，学会使用 Excel、金拐棍等新型工具进行理财计算，同时提升理财技能和数字素养；通过“综合素养提升”和“思考与拓展”，培养学生的创新思维。

本书既可作为高职专科和高职本科金融类专业学生的教学用书，也可作为从事理财岗位的专业人士以及每一位想提高理财素养的人士的自学参考用书。

图书在版编目（CIP）数据

个人理财 / 蒋彬，兰桂华主编. -- 北京 : 北京理工大学出版社，2023.7（2023.8 重印）

ISBN 978-7-5763-2634-5

Ⅰ. ①个… Ⅱ. ①蒋… ②兰… Ⅲ. ①私人投资 Ⅳ. ①F830.59

中国国家版本馆 CIP 数据核字（2023）第 136767 号

出版发行 / 北京理工大学出版社有限责任公司
社　　址 / 北京市海淀区中关村南大街 5 号
邮　　编 / 100081
电　　话 / （010）68914775（总编室）
（010）82562903（教材售后服务热线）
（010）68944723（其他图书服务热线）
网　　址 / http://www.bitpress.com.cn
经　　销 / 全国各地新华书店
印　　刷 / 涿州市京南印刷厂
开　　本 / 787 毫米 × 1092 毫米　1/16
印　　张 / 16.5
字　　数 / 385 千字
版　　次 / 2023 年 7 月第 1 版　2023 年 8 月第 2 次印刷
定　　价 / 49.80 元

责任编辑 / 王俊洁
文案编辑 / 王俊洁
责任校对 / 刘亚男
责任印制 / 施胜娟

前　言

党的二十大报告指出：中国特色社会主义进入新时代，我国已完成脱贫攻坚、全面建成小康社会的历史任务，人民生活全方位改善，居民人均可支配收入增加到35 100元。随着家庭财富的日益增长，居民理财意识逐步增强，银行、保险、证券等金融机构的个人理财产品不断推陈出新，市场对个人理财专业人士的需求也在持续增长。

本教材的编写贯彻党的二十大报告、全国职业教育大会和全国教材工作会议精神，落实“对接科技发展趋势和市场需求”“着力培养高素质劳动者和技术技能人才”“产教融合校企双元育人”“坚持知行合一、工学结合”等政策要求，对接金融类企业个人理财岗位需求及理财师执业标准，教材内容力求与高职学生的学情相吻合，既能覆盖个人理财的基本业务，又能满足学生的考证需求。

一、编制思路

实务导入，原理跟进，案例同步，实训到位。

二、教材内容

本教材主要依据国际金融理财标准委员会（FPSB）的金融理财师（AFP）认证内容设计框架，并参考《理财规划师国家职业标准》中助理理财规划师的职业标准要求，以及银行业专业人员职业资格考试中《个人理财》的考试大纲，确定本教材内容为十个项目。

项目序号	项目名称	项目序号	项目名称
项目一	做好理财规划准备	项目六	制定退休规划方案
项目二	分析家庭财务状况	项目七	制定投资规划方案
项目三	制定保险规划方案	项目八	制定税务规划方案
项目四	制定居住规划方案	项目九	制定财富传承规划方案
项目五	制定教育规划方案	项目十	制定综合理财规划方案

三、教材结构

每一个项目均包括项目导入、项目学习和项目考核与评价三个部分。

名称	内容结构
第一部分 项目导入	理财师工作实务 理财师工作任务

续表

名称	内容结构
第二部分 项目学习	学习任务概述（学习目标、学习导图） 任务一、二、三（知识要点、技能操作、实训活动） 综合技能实训 综合素养提升 思考与拓展
第三部分 项目考核与评价	项目练习题（单项选择题、多项选择题、技能操作题、素质提高题） 学习评价表（知识、技能和素质目标的考核方式、考核标准与评价结果）

四、教材特色

1. 课程思政，德育为先

本教材本着“弘扬传统文化，继承优良传统”的宗旨，通过挖掘传统文化中的名人名言，并将名人名言引入每一个项目，既能引导学生进入专业学习，也能培养学生的人文素养。

2. 实务导入，原理跟进

本教材强调实务导入，每一个项目均以理财师实际工作案例导入，让学生体会工作实务中专业人士怎么做，了解理财师工作岗位的工作任务要求规范；匹配理论支撑，项目导入后的项目学习，梳理了完成工作任务所需要的知识支撑即原理内容，并以知识要点的形式展开。部分知识点配备了微课视频，学生可扫码自学。

3. 案例同步，实训到位

本教材体现工学结合的特点，设置“技能训练”，让学生在“做中学，学中做”，从而真正掌握技能目标。为了更好地训练学生的技能，均由教师先进行“操作示范”，学生可参照教师的“操作示范”完成实训任务。

4. 考核评价，对应目标

本教材针对各项目的学习目标（知识目标、能力目标和素质目标），公布考核内容与标准，由教师、学生和企业教师在“学习评价表”中分别评分，进行综合考评。

5. 综合训练，拓展提升

完成各项目学习任务后，本教材通过综合训练帮助学生拓宽视野、提升素养。在“综合技能实训”部分，引入理财师工作实务案例，训练学生的岗位技能；在“综合素养提升”部分，引入党的二十大报告精神，引导学生学思践悟，将技能提升与技能报国相结合；在“思考与拓展”部分，引入家族信托、智能投顾等前沿热点问题，培养学生的创新思维和职业规划能力。

本教材由广东机电职业技术学院的蒋彬、兰桂华担任主编，由蒋彬（高级理财规划师、国际金融理财师）设计框架和拟定编写大纲，由兰桂华负责统筹，具体分工如下：兰桂华编写项目一、项目六，蒋彬编写项目二、项目十，黄紫薇编写项目四、项目八，刘英编写项目五，周东波编写项目七，蒋彬和方勇华编写项目三，罗淳和刘英编写项目九，广东科贸职业学院阙伟贤负责部分案例的整理，中国农业银行广州开发区支行副行长林吉慧女士（国际金融理财师）、中国人寿保险股份有限公司广州市分公司李森先生为本书提供了实战案例，并参与审稿。

本书既可作为高职专科和高职本科金融类专业学生的教学用书，也可作为从事理财岗位的专业人士以及每一位想提高理财素养的人士的自学参考用书。

本书在编写过程中参考了大量著作与文献，并借鉴引用了部分网络案例资料和部分专业学者的研究成果，在此向诸位作者表示敬意与感谢！书中的不足部分，欢迎读者和同行提出宝贵意见。

编　者

目　录

项目一　做好理财规划准备

不违农时，谷不可胜食也；
数罟不入洿池，鱼鳖不可胜食也；
斧斤以时入山林，材木不可胜用也。

——《孟子·梁惠王上》

第一部分　项目导入

理财师工作实务

【实际工作案例】

大学毕业5年后，韩梅梅走上了理财经理岗位，每天的工作忙碌而充实。

早上8:00：阅读财经新闻，把握最新市场行情，编辑财经资讯，准备发送今日财经资讯；

早上8:40：给客户发送每日财经资讯，联系前期约见的客户，再次确认当日见面时间；

早上9:00：接待客户，耐心解答客户提出的问题，提供理财建议；间歇时，在线回复客户的线上咨询；

中午12:30：午餐后，按照日程安排，整理好下午拟出门拜访或者上门约谈客户的所需资料；

下午2:00：提前10分钟到达约定地点，本次拜访的张总是一名钻石卡客户，45岁，韩梅梅为张总和其太太介绍了为其量身定制的投资规划方案，获得肯定。经过沟通交流，韩梅梅了解到张总夫妻俩有购房、教育和退休规划的需求，提出为其出具综合理财规划方案的建议，得到客户认可；

下午5:00，返回工作室。整理当日面谈客户的资料，准备第二天预约客户的资料；提醒近一周理财产品即将到期客户对接产品。处理完以上既定任务后，韩梅梅静心分析王女士的家庭财务状况，根据其目标和需求，着手为其制定一份包含退休规划、投资规划和保险规划的综合理财规划方案。

【理财师分析】

(1) 理财师的工作专业性强。理财规划涉及保险、住房、教育、投资等方面，需要理财师具备渊博的专业知识、娴熟的投资理财技能，还需具备良好的沟通能力。

(2) 理财师的工作忙碌而充实。工作从早到晚，还需坚持学习，关注政策变化，跟踪市场动态。

(3) 理财规划需遵循既定流程。客户的理财需求是全方位的，接下来韩梅梅需要运用专业知识，为客户王总制定一份包括购房、教育、退休等规划目标的综合理财规划方案。

理财师工作任务

理财师韩梅梅需要按照客户的三个理财目标实现的先后顺序，测算资金供求关系。

第一步：测算购房需求能否完成；

第二步：测算子女教育目标能否完成；

第三步：测算退休养老目标能否完成。

因此，准确掌握理财规划的步骤与流程是为客户进行理财规划的基础。

第二部分　项目学习

学习任务概述

个人理财规划是从财务视角管理个人或家庭在不同生命周期阶段的现金流量，平衡一生的收入支出，实现财务安全与财务自由。个人理财规划工作的专业性很强，需要专业理财师提供服务。本项目主要是让学习者全面认识个人理财规划，准确把握个人理财规划的内容与流程，并对理财师职业有清晰的认识。

学习目标

目标类型	目标要求
素质目标	具备获取知识、自我学习的能力；与人沟通、协调的能力；可持续发展和创造性解决问题的能力
知识目标	掌握个人理财规划的概念和主要内容；掌握理财规划的内容、流程；掌握货币时间价值原理；熟悉家庭生命周期理论和理财价值观理论；了解理财师职业和相关资格认证
技能目标	能准确描述理财规划的主要内容和基本流程；能运用家庭生命周期理论界定客户所处生命周期阶段及理财重点；能运用理财价值观理论评估客户的理财价值观及理财重点；能熟练运用 Excel 工具完成理财相关计算

学习导图

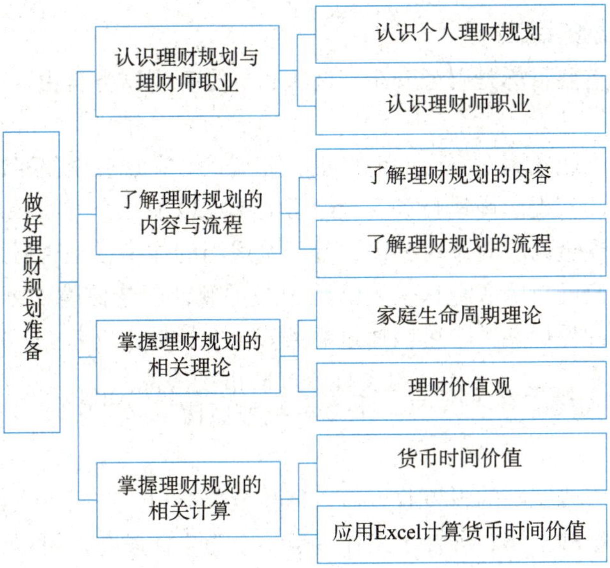

任务一　认识理财规划与理财师职业

训练一　认识个人理财规划

知识要点

一、个人理财规划的定义

个人理财规划简称个人理财，指专业理财人员在对个人收支、资产负债等状况进行分析评估的基础上，根据其理财目标、风险偏好，综合运用多种金融工具进行规划，制定理财方案，最终实现人生财务目标的过程。其内涵可从以下几个方面理解：

（一）个人理财规划是专业人员提供的理财服务

个人理财规划不是自己投资股票、房产、购买保险，而是需要具备丰富的理财专业知识、理财技能，并且熟悉相关法律法规的专业人士提供专业服务。

（二）个人理财规划是个性化的综合金融服务

个人理财规划服务是针对客户需求提供的个性化、综合性金融服务，服务的产品可能涉及证券、基金、保险、房地产等多个相关领域。

（三）个人理财规划是对客户整个生命周期的财务规划

在客户不同的生命周期阶段，有着不同的收入水平、财富水平、风险承担能力，理财师需要基于客户的财务状况提供专业咨询服务，以实现客户整个生命周期不同阶段财务收支的平衡。

（四）个人理财规划是一个过程

个人理财规划方案的制定，需要理财师与客户之间通过多次沟通；理财规划方案制定后，需要理财师长期跟踪，并适时监控与调整。

二、个人理财规划的目的

个人理财规划的首要目标是财务安全，终极目标是实现财务自由。

（一）财务安全

财务安全是指个人或家庭对自己的财务现状充满信心，现有财富足以应对未来各项财务支出和其他生活目标的实现。衡量财务安全通常需考虑以下几个方面：是否有稳定、充足的收入；是否有充足的现金以应对不时之需；是否有适当的住房；是否有适当的人身和财产保障；是否有适当、稳定的投资收益；是否已经做好了额外养老保障计划等。从投资角度看，衡量个人投资性资产的保值能力，可以通过财务安全度指标来判断。

$$财务安全度=\frac{投资性资产的市场价值}{投资性资产原值}\times 100\%$$

（二）财务自由

财务自由是指个人或家庭的投资收入可以覆盖全部支出，亦指个人或家庭的收入主要来源于主动投资而不是被动工作，即使不工作，也不必为生活发愁。可以说，财务自由是个人理财所追求的终极目标。衡量一个人或者一个家庭是否实现了财务自由，可使用财务自由度指标。

$$财务自由度=\frac{投资性收入（非工资收入）}{日常消费支出}\times 100\%$$

如果财务自由度大于100%，表示个人或家庭的财务自由度大，反之，则表示财务自由度小。

走进个人理财课程

技能训练

【案例】

王先生年初投入15万元购买股票，股票市值13万元；年初开始定投基金，累计投入5万元，基金市值5.2万元；购买保本保息型理财产品20万元，年收益2.5%；持有的第二套房子一直出租，租金0.5万元/月，该房买价200万元，市值230万元。王先生家一年的膳食费用6万元，交通费2万元，通信费0.5万元，水电煤气费1万元。请分析王先生家是否实现了财务安全与财务自由?

【操作示范】

(1) 首先分析王先生家是否实现了财务安全。

$$\text{王先生家投资型资产原值} = 15 + 5 + 200 = 220(\text{万元})$$

$$\text{王先生家投资型资产市场价值} = 13 + 5.2 + 230 = 248.2(\text{万元})$$

$$\text{财务安全度} = \frac{248.2}{220} \times 100\% = 113\%$$

因为王先生家的财务安全度大于100%，因此，王先生家实现了财务安全。

(2) 分析王先生家是否实现了财务自由。

$$\text{王先生家的投资性收入} = 0.5 \times 12 + 20 \times 2.5\% = 6.5(\text{万元})$$

$$\text{王先生家的日常消费支出} = 6 + 2 + 0.5 + 1 = 9.5(\text{万元})$$

$$\text{财务自由度} = \frac{6.5}{9.5} \times 100\% = 68\%$$

王先生家的财务自由度小于100%，因此，还没有实现财务自由。

实训活动

李先生去年购买股票20万元，5年期企业债券10万元，年利率3.5%，3年期信托产品15万元，预期收益率4.5%，收益均为每年支付一次；李先生除了现在自住的房产外，另有一套房产用于出租，租金每月0.5万元，该套房产购买原价200万元。现在，李先生手头的股票市值只剩下15万元了，5年期企业债券和信托产品收益获取正常，房产市值已经上涨为250万元左右。李先生一年的生活消费开支大致如下：食物支出5万元，交通费用2万元，电话和网络费用0.5万元，水电煤气费用1万元。请分析，李先生实现了财务安全和财务自由吗？为什么？

训练二　认识理财师职业

理财师是指运用理财规划的原理、技术和方法，帮助客户个人和家庭实现理财目标，为其提供综合性理财咨询服务的人员。

知识要点

一、理财师的职业前景

（一）居民财富水平提高，个人理财需求旺盛

改革开放40多年来，我国居民个人财富不断积累，中等收入个人和家庭数量大幅增加，催生了个人理财市场的需求。

（二）金融决策复杂化呼唤理财师的专业服务

根据国家统计局的数据显示，截至2016年年末，中国城乡居民储蓄存款总额超过59.8万亿元，股票流通市值为393 402亿元，国债发行额为29 457.69亿元，共有证券投资基金3 873只，证券投资基金规模达88 428.32亿元。多样化的金融产品、时刻变动的利率与汇率、不同的收益波动与风险水平，让金融决策日益复杂化，需要专业人士提供服务。

（三）理财师将成为人们一生中不可或缺的朋友

在我国，理财师主要供职于银行、保险、证券等金融机构或者第三方理财行业。国际

上，优秀的理财师一般有银行、证券等金融机构多年从业经历，熟悉各种投资理财工具，人生阅历丰富，与私人医生、律师一样，成为人们一生中不可或缺的朋友。

二、理财师的资格认证

目前，国家理财规划师认证取消后，在行业企业中比较权威的认证主要有国际金融理财师（CFP）及其资格认证、国际注册理财师（RFP）及其资格认证。

（一）CFP 及其资格认证

CFP 是国际金融理财师的简称，发源于美国，总部位于美国丹佛的国际金融理财标准委员会（FPSB），截至 2022 年 12 月底，全球获得 CFP 认证的专业人士达 213 002 人。国际金融理财师及其资格认证在我国由现代国际金融理财标准（上海）有限公司（FPSB China）组织实施，截至 2023 年 3 月 31 日，中国大陆 AFP 有效持证人总人数 148 876 人，CFP 有效持证人总人数 30 001 人。在我国，该认证分两个阶段：第一个阶段是 AFP 资格认证，培训学时 108，考试内容包括金融理财基础、投资规划等五个模块；第二个阶段是 CFP 资格认证，培训学时 132，考试内容包括投资计划、保险计划等六个模块。

（二）RFP 及其资格认证

RFP 是国际注册理财师的简称，为美国注册财务策划师学会（RFPI）制定的国际权威认证资质，目前 RFP 资格证书在美国、加拿大、瑞士、澳大利亚、日本、中国等二十几个国家以及中国香港和台湾地区获得广泛认可。申请人须持有大专以上学历，至少有 2 年以上金融行业从业资格，参与 RFP 的线上线下课程学习，获得 120 个学分后，方可参加 RFP 中国统一组织的考试，通过考试者可获得认证。

三、理财师的职业道德准则

（一）客户至上

该准则要求永远把客户的利益放在第一位。客户至上是专业精神的标志，它要求理财师诚实行事，在向客户提供理财服务时，恪守客户至上准则，把客户利益放在第一位，本着正直诚信和客观公正的态度为客户提供专业服务，尽最大努力满足客户的要求。

（二）正直诚信

理财师职业操守的核心原则就是个人诚信。理财师应以正直诚信的职业准则提供理财专业服务，在开展业务过程中，不得利用虚假性或误导性的宣传拓展业务；不得有不诚实、欺诈、欺骗、不实表述等行为，也不能有意向客户或其他任何个人和组织呈递虚假或误导性报告。

（三）客观公正

理财师在向客户提供专业服务时，应秉持客观公正的原则。在运用自己的专业知识进行判断时，应坚持客观性，不带感情色彩，不得因为经济利益、关联关系、外界压力等因素影响客观、公正立场，要从客户利益出发，做出合理、谨慎的专业判断。

（四）公平合理

该准则要求理财师能控制个人感受和偏见，在为客户提供服务的过程中全面思考，不偏不倚地处理可能存在的利益冲突，平等对待每一位客户，公平认识与评价理财产品的优劣。

（五）专业精神

该准则要求理财师具有职业荣誉感，尊重和礼貌对待客户及其他理财师，遵循公平合理的竞争原则开展业务，与同业人员充分合作，共同维护理财规划行业的公众形象并提高服务质量。

（六）专业胜任

该准则要求理财师坚持学习提高，具备相应的专业知识和经验，能够胜任所从事的理财规划业务。理财师在自己所能胜任的范围内为客户提供理财规划服务。

（七）保守秘密

该准则要求理财师在没有得到客户同意的情况下，不得泄露有关客户的任何个人资料或者其他信息。但下列情况下，可以使用客户信息：建立顾问或经纪账户，落实客户交易，或取得客户协议中默许的授权而执行客户理财服务协议时；按照法律要求或司法程序要求提供时；为针对理财师不当作为的指控进行辩护时；在理财师和客户之间发生民事纠纷，需要披露时。

（八）恪尽职守

该准则要求理财师充分计划，及时、周到、勤勉地为客户提供服务。针对客户的具体情况，提供并实施有针对性的理财建议；对向客户推荐的理财产品进行调查；对下属向客户提供的理财规划服务进行监督，对其触犯职业道德的行为应及时制止。

技能训练

【案例】

某银行理财师小陈在为客户李先生制定理财规划方案时，遇到以下情况，请问应当如何处理？

(1) 为李先生进行资产配置时，由于S银行正在发行一款理财产品，面临业绩压力，小陈犹豫是不是把该理财产品放到理财方案中，并劝说客户购买。

(2) 为李先生进行保险规划时，小陈打算为客户配置健康保险，此时正好和银行合作的某保险公司促销某投资连结险，并承诺支付给推荐客户的理财师一定比率的佣金，小陈犹豫是否把该产品放到保险规划中，并劝说客户购买。

【操作示范】

根据理财师职业道德准则中关于客观公正的要求，理财师提供服务时，不得以经济利益、关联关系、外界压力等因素影响其客观、公正的立场，因此，案例中的小陈不能出于业绩压力和自身经济利益的动机而为客户提供产品建议，而应从客户利益出发，做出合理、谨慎的专业判断。银行正在发行的理财产品，若确实符合李先生需求，可在方案中推荐，但不能劝说客户购买；对于保险公司促销的投资连结险，并不符合客户健康保险的需要，因此，不能向客户推荐。

实训活动

【案例】

理财师胡某，任职某银行财富管理中心财富顾问，负责管理该行200多位高净值客户的专属财富顾问服务。胡某的高中同学了解到这一信息后，让胡某将客户的姓名、联系方式及金融资产情况告诉他，便于他使用该信息向以上客户进行电话营销，并承诺如果营销成功，与胡某分享佣金。

【实训任务】

请判断理财师胡某的行为是否符合职业道德准则要求？如果不符合，违背了哪些职业道德准则？

任务二　了解理财规划的内容与流程

训练一　了解理财规划的内容

个人理财规划是针对个人（家庭）的整个生命周期或者某个重要阶段的财务安排，它包括家庭财务分析、保险规划、居住规划、教育规划、退休规划、投资规划、税务规划、财富传承规划等。

知识要点

一、家庭财务分析

理财师在进行理财规划前，需收集客户相关财务信息，编制资产负债表和收支储蓄表，基于表格中的数据，分析家庭资产负债结构和收入支出结构是否合理，通过计算财务比率，对客户的资产负债、收入支出等进行交叉分析，提出优化财务状况的建议，为理财规划提供依据。

二、保险规划

人的一生中风险无处不在，如疾病、意外、火灾等，一次风险就可以使一个家庭面临财务危机。保险规划就是通过建立保险组合，帮助家庭转移财务风险，为家庭财务建立起一道风险保障线。

三、居住规划

居住规划是对根据客户对住房区位和住房面积的要求，进行买房或租房规划的过程，以实现居者有其屋的目标。居住规划包括买房、租房、换房规划，理财师在沟通客户的住房面积、住房区位等需求基础上，帮助客户进行决策，以满足客户不同时期的居住需求。

四、教育规划

教育规划是对子女或自身目前和未来教育事项安排的过程，以期实现子女培养和自我提升的目标。教育规划包括客户自身的教育规划和客户子女的教育规划，教育规划时间跨度大，费用缺乏弹性，未来投入不确定性高，理财师需要根据客户需求，运用规划工具，制定出合理的规划方案。

五、退休规划

退休规划是为保证客户在将来有一个自立、有尊严、高品质的退休生活，在退休前提前准备养老金。退休之后，收入水平可能大幅下降，合理而有效的退休规划，可以满足退休后生活支出需要，保证自己的生活品质。

六、投资规划

投资规划是根据客户的投资理财目标和风险偏好，制定合理的投资资产配置方案，构建投资组合来帮助客户实现理财目标的过程。投资规划既是个人理财规划的重要组成部分，也是实现其他财务目标的重要手段。投资规划的主要内容包括设定客户理财目标、分析客户风险承受能力、分析客户的储蓄能力、合理选择投资工具、科学确定投资组合，从而实现风险与收益的合理分配。

七、税务规划

税务规划是在坚持不违法、合理避税、节税、涉税零风险的原则下，充分利用税法提供的优惠或差别待遇规定，帮助个人或家庭减轻税负，实现收入最大化的目标。

八、财富传承规划

财富传承规划是为了个人及家庭财富能够在家庭成员间进行合理合法的传承而事先进行安排的过程，是个人理财规划中不可回避的部分。理财师需要合理地选择财产管理工具，制定分配方案，有效降低债务、税务、财产所有权变更过程中带来的财富损失，满足客户及其家庭成员在不同人生阶段的需要。

训练二　了解理财规划的流程

个人理财规划分为六个步骤，其流程如图 1－1 所示。

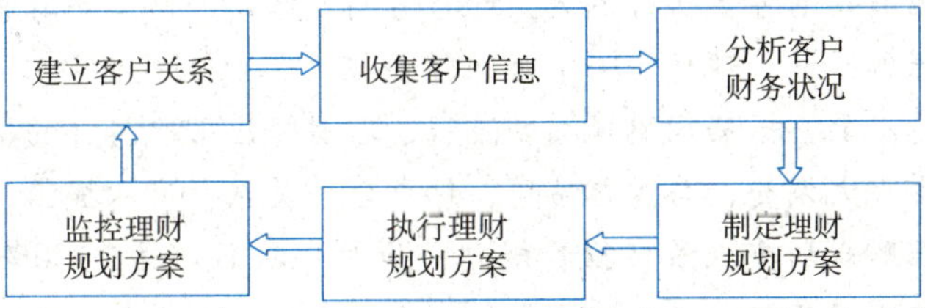

图 1－1　个人理财规划的流程

知识要点

一、建立客户关系

建立客户关系是个人理财规划的第一步，是理财师与客户建立业务关系的过程。在这个阶段，理财师的沟通技巧非常重要，通过与客户的沟通，理财师要以专业的知识和诚信的态度取得客户的信任。

二、收集客户信息

理财师获得客户信任，建立服务关系后，需要与客户进一步沟通，收集客户信息。收集的信息分为财务信息和非财务信息两个部分，财务信息指客户家庭的资产负债、收入支出等情况，非财务信息指客户家庭成员性别、年龄、职业、健康状况等情况，可通过调查问卷或直接交流获取信息。

三、分析客户财务状况

基于收集的客户财务信息，理财师要编制资产负债表和收支储蓄表，对客户财务状况进行分析，并提出改善建议。

四、制定理财规划方案

首先要明确客户的理财目标，基于客户财务状况，为其制定合适的理财规划方案，理财师向客户提交理财规划方案时，应充分解释方案内容和实施方法与条件，以便客户能在充分知情的情况下做出理财决策。

五、执行理财规划方案

执行理财规划方案，实现预期目标。在执行理财规划方案的过程中需遵循准确性、及时性和有效性原则，理财师要持续跟进，提醒客户执行。

六、监控理财规划方案

理财师需要定期对理财规划方案的执行和实施情况进行监控和专业的评估，每一份理财规划方案都是基于一系列必要的假设而进行的，当遇到可预见的、对必要假设造成重大影响的事件时，需要调整理财规划方案。比如客户家庭结构发生变化，二孩即将出生，此时需要考虑调整子女教育规划。

技能训练

【案例】

李小姐的综合理财规划方案执行不久，就与男朋友结婚，第二年喜添双子，第三年丈夫辞职创业。为方便照顾家庭，她换了一个时间弹性较大但收入较低的工作。针对这些变化，基于理财师职业道德准则，根据理财规划的流程，理财师应采取怎样的措施？是否可以因李小姐的家庭结构发生重大调整，与客户协商，结束合作关系？有人提出，由于李小姐收入大幅下降，因此应将理财规划重点放在投资规划，争取年收益率达到30%以上，以确保家庭资产迅速成长。你觉得对不对？

【操作示范】

（1）根据理财规划的流程，理财师需监控方案的执行，并根据需要适时调整方案。案例中李小姐夫妇工作变动，导致家庭收入现金流发生变化，理财师需要与客户沟通，修订原有理财方案。

（2）不能。因客户家庭结构发生重大调整而结束合作关系的做法不恰当，可能会因此失去客户。

（3）不对。首先，投资目标设置不合理，年收益率30%的目标过高，难以实现；其次，理财规划应考虑全面，不能忽视客户其他方面的理财需求。

实训活动

【案例】

理财师韩梅梅在去年年初为张先生的三口之家制定了一份综合理财规划方案，今年年初，理财师致电客户拜年时，听说客户生了二胎，家里新添了一位小公主，聊天中了解到张先生的创业计划进展顺利，计划两年内从目前就职的国有企业辞职，与创业伙伴一起全力投入他们自己的事业。

【实训任务】

针对这些变化，基于理财师职业道德准则，根据理财规划的流程，理财师应采取怎样的措施？

任务三　掌握理财规划的相关理论

理财规划是专业性很强的工作，在工作过程中需要一定的理论支持，指导理财规划工作的基本理论包括生命周期理论和理财价值观。

训练一　家庭生命周期理论

家庭生命周期理论认为，家庭的整个生命周期包括家庭形成期、家庭成长期、家庭成熟期和家庭衰老期，在不同的生命周期，家庭成员具有不同的收入能力和支出水平，也具有不同的风险偏好，理财师要基于客户所处的生命周期阶段，有针对性地设计理财规划方案。

知识要点

一、生命周期理论的概念

生命周期理论是由 F·莫迪利安尼等人创建的，该理论认为，作为理性消费者，要以人的整个生命周期为单位计划自己和家庭的消费和储蓄行为，以使消费水平在一生中保持相对平稳的状态，而不至于出现大幅度波动。在理财规划上，个人的生命周期与家庭生命周期紧密相连，任何个人及家庭都有其诞生、成长、发展、成熟、衰退直至消亡的过程，在生命周期的不同阶段，个人与家庭的发展都有其不同的特征、任务、需求与目标。

二、家庭生命周期各阶段的特征及财务状况

生命周期理论是个人理财规划的思想基础，人一生要经历求学、就业、成家、退休等若干个阶段。个人的生命周期与家庭生命周期紧密相连，家庭生命周期一般包括家庭形成期（夫妻建立家庭生养子女）、家庭成长期（子女成年就业）、家庭成熟期（子女独立并且事业发展到顶峰）和家庭衰老期（夫妻退休到终老）。在家庭生命周期不同阶段，家庭收支、储蓄、资产、负债等表现出不同特征。家庭生命周期四个阶段的特征和财务状况如表 1－1 所示。

表 1－1　家庭生命周期四个阶段的特征和财务状况

阶段	家庭形成期	家庭成长期	家庭成熟期	家庭衰老期
夫妻年龄/岁	25～35	30～55	50～60	60 以后
家庭特征	从夫妻结婚到家庭子女出生，家庭成员随子女出生而增加	从子女出生到全部子女完成学业，家庭成员数量固定	从全部子女完成学业到夫妻两人退休，家庭成员数量随子女独立而减少	从夫妻均退休到夫妻中一人去世，家庭成员只有夫妻两人或一人

续表

阶段	家庭形成期	家庭成长期	家庭成熟期	家庭衰老期
收支	收入以夫妻二人薪金为主；支出随抚养子女数量增加而增加	收入以夫妻二人薪金为主；基本支出随家庭成员的固定而固定，但子女高等教育费用负担重	收入以夫妻二人薪金为主，收入达到顶峰；支出随家庭成员数量减少而下降	收入以理财收入、养老金收入为主，或变现资产维持生计；支出结构发生变化，医疗费用比重上升，其他支出比重下降
储蓄	储蓄随家庭成员数量的增加而下降	因为事业发展，收入增加而支出稳定，子女高等教育费用逐步增加	收入达到顶峰，支出降低，是准备退休金的黄金时期	负储蓄阶段，大部分情况下支出大于收入，是耗用退休准备金阶段
居住	与父母同住或自行购房或租房	与父母同住或自行购房或租房	与父母同住或夫妻两人居住	夫妻二人居住或与子女同住
资产	积累资产能力有限，但能承受较高的投资风险	积累的资产逐年增加，对投资风险适度控制	积累的资产达到顶峰，要逐步降低投资风险，准备退休	逐渐变现之前积累的资产，应付退休生活开支，投资应以固定收益工具为主
负债	房贷、信用卡透支消费	偿还房贷本息，逐步降低负债规模	退休前还清所有负债	应无新增负债

三、家庭生命周期在家庭理财规划中的运用

理财师需要根据客户家庭生命周期不同阶段的财务特征，帮助客户设计包含保险、核心资产、信贷等配置在内的专业恰当的理财方案。家庭生命周期各阶段的理财重点如表 1－2 所示。

表 1－2　家庭生命周期各阶段的理财重点

阶段	家庭形成期	家庭成长期	家庭成熟期	家庭衰老期
保险安排	随家庭成员增加逐步增加寿险保额	以教育年金储备子女高等教育费用	以合适的养老险或递延年金产品储备养老金	投保长期看护险或将养老险转为即期年金
信托安排	房产购置信托	子女教育金信托	养老金信托	遗产信托
核心资产配置	预期收益高、风险适度的理财工具： 股票 50%～60% 债券 20%～30% 货币 10%～30%	预期收益较高、风险适当的理财工具： 股票 40%～50% 债券 30%～40% 货币 10%～30%	风险较低、收益稳定的理财工具： 股票 50%～40% 债券 40%～50% 货币 10%～40%	风险低、收益稳定的理财工具： 股票 0%～20% 债券 50%～60% 货币 20%～50%
信贷运用	信用卡、小额贷款	房贷、车贷	还清贷款	无贷款或反按揭

技能训练

【案例】

王先生现年40岁，在事业单位工作，年收入25万元，妻子38岁，在民营企业工作，年收入10万元，两人均已参加社保，育有1个小孩，现在上小学三年级，两人拟60岁退休，期望退休后能维持较好的生活水平，预估每月需要5 000元。目前退休生活的开销为4万元/年，假定未来通胀率为3%。王先生现有现金资产20万元，假设退休前投资报酬率为5%，退休后退休金的投资报酬率为3%。请分析王先生的家庭属于家庭生命周期的哪一个阶段？理财重点应该是什么？

【操作示范】

王先生的家庭属于家庭生命周期的家庭成长期。家庭成长期，收入水平稳定增长，家庭财富迅速增加，但支出项目较多，支出金额也较高。如房贷支出、赡养父母支出、正常的家计支出、子女抚养和教育支出。同时，还要为自己的健康支出做准备，也需要为以后子女接受高等教育及自己的退休养老做准备。理财优先顺序：住房规划＞子女教育规划＞投资规划＞养老规划。

家庭成长期一般为15~20年，该阶段客户在投资方面可稍偏向积极的风格，但需兼顾本金安全，确保家庭日常消费支出。同时需要配备必要的保险，以规避不确定的风险给家庭带来的影响。金融资产比例为股票或股票型基金40%，混合型基金40%，债券型基金10%，黄金及其他10%。

实训活动

【案例】

（1）陈先生今年26岁，是家庭的独子。大学毕业后在广州一家公司担任销售工作，月收入5 000元，参加了社会保险。节假日他喜欢郊游，但平时花钱没有计划，所以每月的工资都所剩无几。

（2）张先生现年30岁，IT工程师，月薪10 000元，已婚。太太在小学任教，月薪5 000元，儿子2岁。10年期按揭购房一套，月供3 000元。张先生还要供养在农村生活的年老父母，每月1 000元，自己与太太都有社保，没有购买任何商业保险，银行存款余额8万元。

【实训任务】

请判断陈先生和张先生各自处于家庭生命周期的哪个阶段？他们各自的理财重点应该是什么？

训练二　理财价值观

每个人在其成长过程中，受到社会环境、家庭环境、受教育程度等方面的影响，逐渐形成自己独特的理财价值观，理财价值观的类型包括偏退休型、偏当前享受型、偏购房型、偏子女型，理财师应该在了解并分析客户理财价值观的基础上更好地为其提供服务。

知识要点

一、理财价值观的含义

理财价值观是指人们对个别不同理财目标的相对重要性和实现顺序的主观判断和选择。当现有资源不能满足人们全部理财目标时，客户就需要对不同理财目标的优先顺序进行评价，并做出选择。选择的目的是实现最大效用，效用的大小是个人的主观评价，价值观因人而异，没有对错之分，理财师的责任不在于扭转客户的价值观，而在于让客户了解坚持极端价值观所要承受的代价。

某些家庭支出是必须优先保证的，这类支出叫作义务性支出，通常包括三类：一是日常生活基本开销；二是已有负债的到期偿还支出，如信用卡还款、房贷等；三是已有保险的续期保险费支出。

义务性支出以外的支出称为选择性支出，客户往往选择能为其带来较高效用的支出，不同的客户因为对不同理财目标带来的效用有不同的主观评价，因而客户对选择性支出的顺序也有不同。

二、理财价值观的类型

对义务性支出和选择性支出的不同态度，决定了客户的不同理财价值观。通常理财价值观可以分为四种类型：偏退休型，又称为先牺牲后享受的“蚂蚁族”；偏当前享受型，亦称为先享受后牺牲的“蟋蟀族”；偏购房型，亦称为为壳辛苦、为壳忙碌的“蜗牛族”；偏子女型，亦称为一切为儿女着想的“慈乌族”。不同理财价值观的客户理财特点如表 1－3 所示。

表 1－3　不同理财价值观的客户理财特点

类型	偏退休型	偏当前享受型	偏购房型	偏子女型
价值观特征	习惯性将大部分选择性支出积累起来，理财最优先目标是退休后享受更高品质的生活	把大部分选择性支出用于当前消费，追求当前消费水平	义务性支出以归还房贷为主，选择性支出也以购房为目的储蓄起来	当前投入子女教育经费的比重偏高
理财特点	储蓄率高	储蓄率低	购房本息支出占收入的 25% 以上，牺牲目前与未来消费购房	子女教育支出占收入的 10% 以上，牺牲个人目前与未来消费，将大部分资产留给子女
理财目标	退休养老规划	目前消费	购房规划	教育金规划
选择的代价	年轻时可以苛待自己，退休后可能没有精力消费，甚至引发遗产问题	赚多少花多少，可能导致退休后必须大大降低生活水平或靠社会救济生活	既不能保障当前较好的生活水平，也无多余能力为退休储蓄，影响现在及退休后的生活质量	把有限的资源过多投资在子女身上，降低现在及退休后的生活质量

三、理财价值观在家庭理财规划中的运用

理财师应根据客户的理财价值观，制定与之相匹配的理财规划方案，并提供差异化的理

财产品组合。与理财价值观相匹配的理财策略如表 1－4 所示。

表 1－4　与理财价值观相匹配的理财策略

理财价值观	偏退休型	偏当前享受型	偏购房型	偏子女型
理财目标	先牺牲后享受	先享受后牺牲	为购房节衣缩食	为子女辛苦忙碌
理财策略	顺水推舟	唤起客户进行强制储蓄的意识	以基金准备购房首付款	以基金定投方式准备子女教育金
投资	平衡型投资组合	单一平衡型基金	中短期看好的股票型、混合型基金	中长期表现稳定的平衡型基金
保险	养老型或投资型保险	基本需求养老保险	短期储蓄型或房贷寿险	子女教育年金、教育保险
信贷	不常运用	信用卡	房贷	房屋抵押贷款

技能训练

【案例】

客户岳先生2003年大学毕业后到广州某银行工作，2004年用省吃俭用攒下的5万元和父母资助的1万元，买了一套70平方米的房子，房价30万元，首付20%，使用住房公积金贷款；2006年在珠江新城买了第二套房，90平方米，54万元，首付30%；2008年在天河公园附近买了第三套房，130平方米，140万元，作为和相恋多年女友的婚房，前面两套房的租金足以支付第三套房的月供。工作5年，收获3套房产，岳先生对自己的投资十分得意。婚后1年，小宝宝出生，极为疼爱女儿的岳先生迫不及待地又开始为孩子计划未来的教育金了。作为理财师，请分析岳先生的理财价值观，从理财规划的角度分析其理财目标。

【操作示范】

(1) 岳先生的理财价值观。

案例中的岳先生十分偏好购房，房产投资也为他和家庭积累了大量的财富，未来岳先生表示还将继续重点关注房产投资。由此可知，岳先生属于偏购房型的客户。岳先生宠爱女儿，刚出生就开始存教育金，说明他也是一位偏子女型的客户。对于自己的退休生活，岳先生经常说的是“我有三套房，养老不用愁”。

(2) 岳先生的理财目标。

岳先生一家三口处于家庭成长期。基于客户的理财价值观，同时分析家庭理财需求，理财师认为：首先，要做好家庭风险保障即保险规划，保险规划不仅包括人身保险，由于岳先生家庭的资产以房产为主，因此建议补充家庭财产保险；其次，子女教育规划是重点，要做好子女教育金的资产配置即金融投资规划；退休规划不作为家庭的重点理财目标，一是岳先生还年轻，二是岳先生的现金流有限，目前的房产投资占据了很大比重的收入；三是按照岳先生自己的计划，未来通过“以房养老”的方式完成退休规划也是不错的选择。

实训活动

【案例】

客户王小美，26岁，是某平台网红主播，平时兼职做平面广告模特，年收入约50万元，个人年支出40万元，主要用于购买各种化妆品、名牌包包、品牌衣服等。小美的先生李大成，任职于某国有企业，年收入约20万元，个人年支出8万元。小两口结婚2年了，即将迎来他们爱情的结晶，现在离预产期还有6个月。目前小两口住在市中心的一套小公寓里，考虑到小孩出生后，要接老人过来带，现在的房子不够住，因此，需要买一套三居室的住房。李先生觉得买房子最好是学区房，另外孩子的教育金也需要开始着手准备。为了安排好未来的财务生活，小美同丈夫李大成来到银行咨询理财师韩梅梅的意见。

【实训任务】

假如你是理财师韩梅梅，请分析客户的理财价值观，帮助客户确定理财目标。

任务四　掌握理财规划的相关计算

训练一　货币时间价值

货币时间价值是指在不考虑风险和通货膨胀的前提下，货币经过一定时间的投资和再投资而发生的增值，也称为资金的时间价值。

知识要点

一、现值和终值的计算

终值是指现在的一笔资金按给定的利率计算所得到的未来某一时刻的价值；现值是指未来的一笔资金按给定的利率计算所得到的现在时刻的价值。单利是指仅对本金计算利息，以前各期产生的利息不再计算利息的计算方式；复利是指不仅对本金计算利息，而且对以前各期产生的利息也要计利息的计算方式。

（一）单利终值与现值

1. 单利终值的计算

单利终值是指一笔资金按一定比率单利计息时，未来某一时刻的本利和。

单利终值的计算公式为：

$$FV = PV \times (1 + n \times r)$$

其中，FV 是终值，PV 是第0期的现金流，n 是期数，r 是利率

【例】李先生在银行存入10 000元，年利率3%，期限3年，请问，3年后李先生能从银行取回的本利和是多少？

$$FV = PV \times (1 + n \times r) = 10\,000 \times (1 + 3 \times 3\%) = 10\,900\text{（元）}$$

2. 单利现值的计算

单利现值是单利终值的逆运算，它是指未来时期的一笔资金按单利贴现的现在时刻的价值。

单利现值的计算公式为：

$$PV = \frac{FV}{1 + n \times r}$$

【例】李先生5年后打算购买住房，首付款为10万元，假设银行5年期存款年利率为

5%，那么他现在应该在银行存入多少资金，才能保证5年后足够支付购房首付款？

$$PV = \frac{FV}{1 + n \times r} = \frac{10}{1 + 5 \times 5\%} = 8\ (万元)$$

（二）复利终值与现值

1. 复利终值的计算

复利终值是指一笔资金按一定比率复利计息时，未来某一时刻的本利和。

复利终值的计算公式为：

$$FV = PV \times (1 + r)^n$$

【例】王先生投资10万元，年投资报酬率为6%，请问，5年后王先生该笔投资价值多少？

$$FV = PV \times (1 + r)^n = 10 \times (1 + 6\%)^5 = 13.38(万元)$$

2. 复利现值的计算

复利现值是复利终值的逆运算，它是指未来时期的一笔资金按复利贴现的现在时刻的价值。

复利现值的计算公式为：

$$PV = \frac{FV}{(1 + r)^n}$$

【例】王先生打算5年后买房，首付款为10万元，他的投资报酬率为6%，请问，王先生现在应该投资多少才能在5年后筹够首付款？

$$PV = \frac{FV}{(1 + r)^n} = \frac{10}{(1 + 6)^5} = 7.47\ (万元)$$

二、年金和年金现值终值的计算

年金是指一定期限内，时间间隔相同、不间断、金额相等、方向一致的一系列现金流。在家庭理财规划中，年金无处不在，如定期定额缴纳的房贷按揭款、退休后每月固定领取的退休金、每年或每学期固定支付的学费、租房人每月固定支付的房屋租金等。年金可以按照发生的时间和期限不同，划分为四种类型：普通年金、预付年金、递延年金、永续年金。

（一）普通年金

普通年金是指一定时期内每期期末等额发生的现金流。

1. 普通年金终值的计算

普通年金终值是指每期期末发生的现金流折算到未来某一时刻的本利和。

普通年金终值的计算公式为：

$$FV = A \times \sum_{t=0}^{n-1} (1 + r)^t = A \times \frac{(1 + r)^n - 1}{r}$$

其中，A为各期的现金流；$\frac{(1 + r)^n - 1}{r}$为普通年金终值系数，可以通过查系数表或者利用财务计算器、Excel等计算得到。

【例】李先生在连续10年里，每年年末用10 000元投资某基金，假设该基金的年投资报酬率为8%，那么，李先生在第10年年末投资本利和是多少？

$$FV=A\times\frac{1+r^{n}-1}{r}=10\ 000\times\frac{1+8\%^{10}-1}{8\%}=14.49\text{（万元）}$$

2. 普通年金现值的计算

普通年金现值是指未来每一时期末的现金流按复利贴现的现在时刻的价值之和。

普通年金现值的计算公式为：

$$PV=A\times\sum_{t=1}^{n}\frac{1}{(1+r)^{t}}=A\frac{(1+r)^{n}-1}{r(1+r)^{n}}$$

其中，$\frac{(1+r)^{n}-1}{r\ (1+r)^{n}}$为普通年金现值系数，可以通过查系数表或者利用财务计算器、Excel 等计算得到。

【例】王先生今年退休，他打算今后的 10 年中每年等额从银行取出 2 000 元补充养老金，在银行按 6% 的年利率复利计息的情况下，王先生现在应一次性存入银行多少钱？

$$A=A\frac{(1+r)^{n}-1}{r(1+r)^{n}}=2\ 000\times\frac{(1+6\%)^{10}-1}{6\%(1+6\%)^{10}}=14\ 720(\text{元})$$

（二）预付年金

预付年金是指一定时期内每期期初等额发生的现金流。

1. 预付年金终值的计算

预付年金终值是指每期期初发生的现金流折算到未来某一时刻的本利和。

预付年金终值的计算公式为：

$$FV=A\times\sum_{t=1}^{n}(1+r)^{t}=A\times\left[\frac{(1+r)^{n+1}-1}{r}-1\right]$$

其中，$\frac{(1+r)^{n+1}-1}{r}-1$ 为预付年金终值系数。

【例】王先生准备今后 5 年，每年年初等额买入某基金产品 8 000 元，如果该基金产品的年收益率为 8%，那么，第 5 年年末王先生可以得到多少投资本利和？

$$FV=A\times\left[\frac{(1+r)^{n+1}-1}{r}-1\right]=8\ 000\times\left[\frac{(1+8\%)^{5+1}-1}{8\%}-1\right]=50\ 687.43(\text{元})$$

2. 预付年金现值的计算

预付年金现值是指未来每一时期初的现金流按复利贴现的现在时刻的价值之和。

预付年金现值的计算公式为：

$$PV=A\times\sum_{t=0}^{n-1}\frac{1}{(1+r)^{t}}=A\left[\frac{1-(1+r)^{-(n-1)}}{r}+1\right]$$

其中，$\left[\frac{1-\ (1+r)^{-(n-1)}}{r}+1\right]$为预付年金现值系数。

（三）递延年金

延期年金是指一定时期以后才开始有的年金，其终值可直接根据普通年金终值公式计算。

假设前 m 期没有年金，$m+1$ 至 $m+n$ 期有 n 期普通年金 A，可根据普通年金现值公式先将 n 期的普通年金折算为 m 年年末时刻的价值，然后再向前贴现 m 期，即可得到延期年金的现值。

（四）永续年金

永续年金是指在无限期内，时间间隔相同、不间断、金额相等、方向相同的一系列现金流。优先股和无期限债券都可以视为永续年金。

永续年金现值的计算公式为：

$$PV=\frac{A}{r}$$

【例】王先生购买了10万元优先股，每年年末支付优先股股利5%，若年利率为2%，那么王先生所持有的优先股的价值为多少？

$$PV=\frac{A}{r}=\frac{10\times5\%}{2\%}=25\text{（万元）}$$

训练二　应用Excel计算货币时间价值

Excel是Office软件包中一个功能强大、使用方便的电子数据表软件，它可以进行各种数据处理、统计分析和辅助决策操作。在Excel中，有一组用于货币时间价值计算的函数，在理财规划过程中，可以利用Excel函数简化运算过程。

一、FV函数

（一）FV函数的功能

FV函数即年金（复利）终值函数，用于计算现金流量的终值。

（二）FV函数的语法

FV函数的语法：FV（Rate，Nper，Pmt，Pv，Type）。

其中，Rate为各期利率，是一个固定值；Nper为总投资（或贷款）期，即该项投资（或贷款）的付款期总数；Pmt为各期所应支付（或得到）的金额，其数值在整个年金期间（或投资期内）保持不变；通常Pmt包括本金和利息，但不包括其他费用及税款。如果忽略Pmt，则必须包括Pv参数；Pv为现值，即从该项投资（或贷款）开始计算时已经入账的款项，或一系列未来付款的当前值的累积和，也称为本金，如果省略Pv，则假设其值为零，并且必须包括Pmt参数；Type为数字0或1，用以指定各期的付款时间是在期初还是期末。0表示期末，1表示期初。如果省略Type，则假设其值为0。

（三）FV函数的使用说明

（1）Rate和Nper应保持一致。例如，四年期年利率为12%的贷款，如果按月支付，Rate应为12%/12，Nper应为4*12；如果按年支付，Rate应为12%，Nper为4。

（2）对函数涉及金额的参数具有特别规定，即，支出的款项（比如向银行存入款项）用负数表示；收入的款项（如股息收入），用正数表示。

（3）参数值不同，反映出年金类型不同。当Pmt=0，Pv≠0时，函数为复利终值；当Pv=0或省略，Pmt≠0，Type=0时，函数值为普通年金终值；当Pv=0或省略，Pmt≠0，Type=1时，函数值为预付年金终值；当Pmt、Pv均不为0，Type=0时，函数值为普通年金终值和复利终值的复合计算；当Pmt、Pv均不为0，Type=1时，函数值为预付年金终值和复利终值的复合计算。

【例】甲公司在第一年年初从银行借入5年期借款200万元，年利率为8%，银行规定每年年末偿还利息，到期归还本金，那么，该笔借款在第5年年末的终值是多少？

FV(8%,5,-200*8%,-160,0)=387.73（万元）

计算过程如图1-2所示。

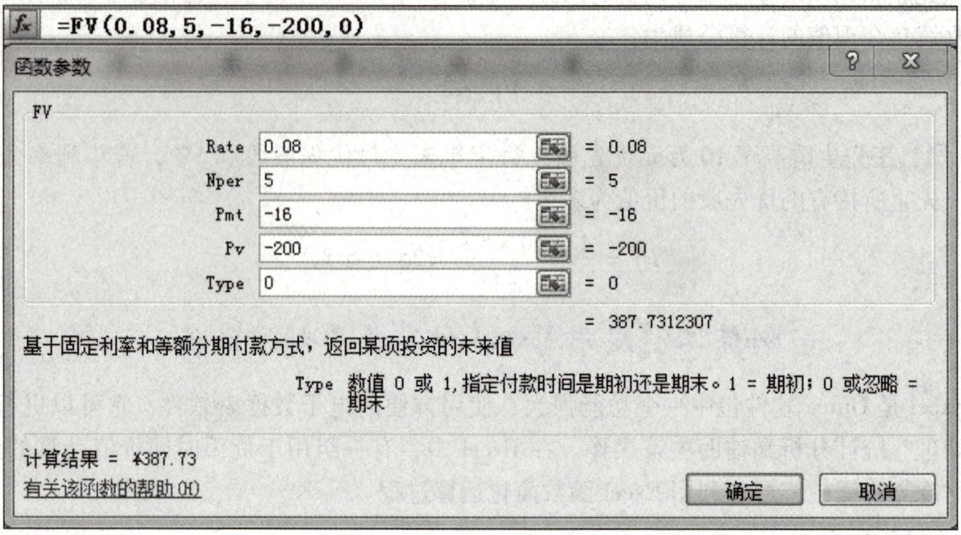

图1-2　FV函数计算示意图

二、PV函数

（一）PV函数的功能

PV函数即年金（复利）现值函数，主要功能是计算现金流量的现值。

（二）PV函数的语法

PV函数的语法：PV（Rate，Nper，Pmt，Fv，Type），语法中各参数的含义与FV函数相同。

（三）PV函数的使用说明

参数值不同，反映出年金类型不同。

（1）在Pmt=0，而Fv≠0时，函数值为复利现值。

（2）在Fv=0或省略，Pmt≠0，Type=0时，函数值为普通年金现值。

（3）在Fv=0或省略，Pmt≠0，Type=1时，函数值为预付年金现值。

（4）在Pmt、Pv均不为0，Type=0时，函数值为普通年金现值和复利现值的复合计算。

（5）在Pmt、Fv均不为0，Type=1时，函数值为预付年金现值和复利现值的复合计算。

【例】甲公司发行面值为100元，年利率为6%，期限为8年，每年年初付息的债券，如果市场利率为8%，那么该债券发行时的价格应为多少？

PV(6%，8，-100*6%，-100，1)=91.27（元）

计算过程如图1-3所示。

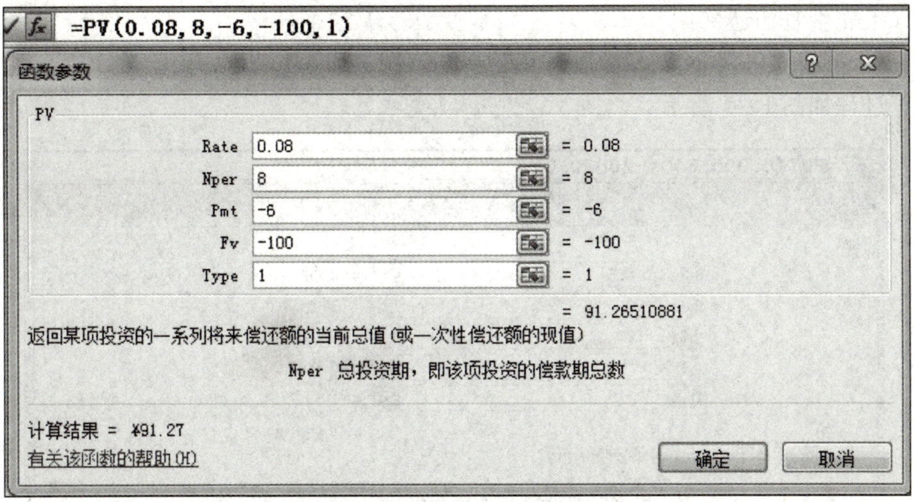

图 1－3　PV 函数计算示意图

三、PMT 函数

（一）PMT 的功能

PMT 函数即年金函数，用于计算基于固定利率及等额分期付款方式，返回投资或贷款的每期付款额，即年金（普通年金或预付年金，依 Type 的值确定）。

（二）PMT 函数的语法

PMT 函数的语法：PMT（Rate，Nper，Pv，Fv，Type），各参数及使用说明与 FV 函数相同。

【例】李先生按揭购房贷款额为 200 万元，贷款期限 25 年，贷款年利率为 6%，请问王先生每月月底还本付息额是多少？如果是每月月初还本付息呢？

如果王先生月末还款：

$$PMT(6\%/12,\ 25*12,\ -200,\ 0,\ 0)=1.29\ (万元)$$

计算过程如图 1－4 所示。

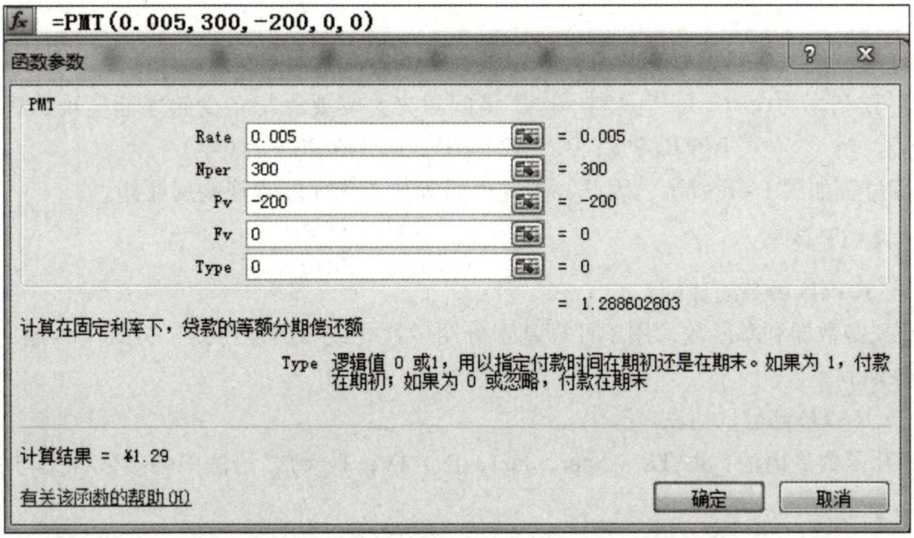

图 1－4　PMT 函数计算示意图（期末年金）

如果王先生月初还款：

PMT(6%/12，25＊12，－200，0，1)＝1.28（万元）

计算过程如图1－5所示。

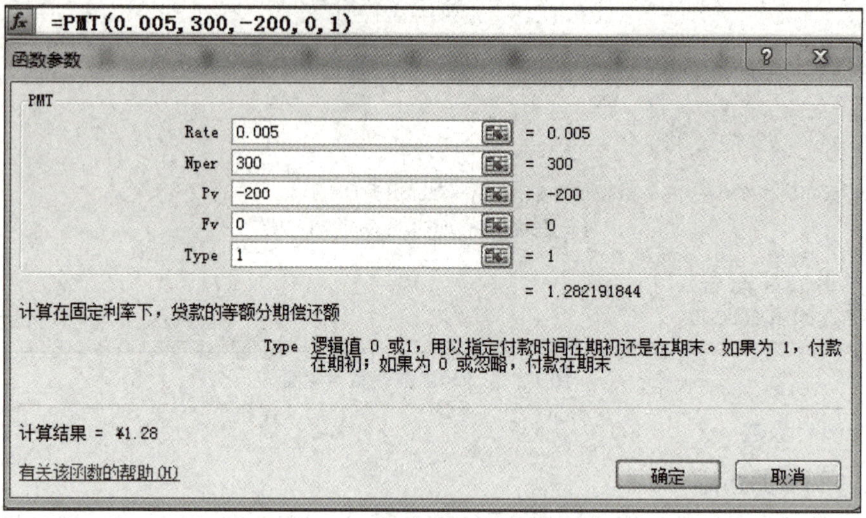

图1－5 PMT函数计算示意图（期初年金）

四、NPER函数

（一）NPER函数的功能

NPER函数即期数函数，用于计算基于固定利率及等额分期付款方式下，返回某项投资的总期数。

（二）NPER函数的语法

NPER函数的语法：NPER（Rate，Pmt，Pv，Fv，Type），语法中各参数含义与FV函数相同。

（三）NPER函数的使用说明

在Pmt与Pv、Pmt与Fv、Pv与Fv的不同组合中，数据必须是一正一负，否则会出现错误信息。

【例】王先生在银行存入25万元，以便在若干年后获得35万元用于支付购房首付款，若银行存款利率为5%，每年复利一次。请问王先生需要等待多少年才能实现购房愿望？

NPER(5%，0，－25，35，0)＝6.90≈7（年）

计算过程如图1－6所示，因此，王先生需等待七年才能实现购房愿望。

五、RATE函数

（一）RATE函数的功能

RATE函数即利率函数，用于计算基于分期付款（或一次性付款）方式下，返回投资或贷款的各期利率。

（二）RATE函数的语法

RATE函数的语法：RATE（Nper，Pmt，Pv，Fv，Type），语法中各参数含义与FV函数相同。

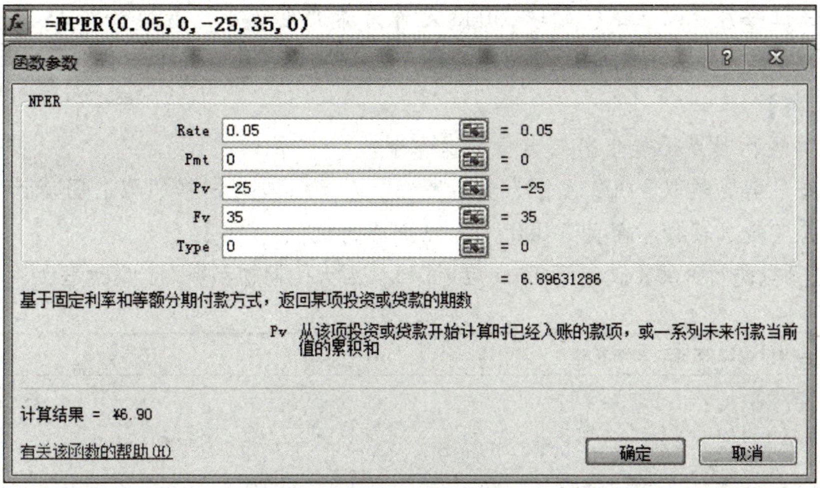

图 1-6　NPER 函数计算示意图

（三）RATE 函数的使用说明

在 Pmt 与 Pv、Pmt 与 Fv、Pv 与 Fv 的不同组合中，数据必须是一正一负，否则会出现错误信息。

【例】如果王先生现在存入银行 4 000 元，今后每月末存入 500 元，希望在 5 年后使得存款本息达到 50 000 元，计算月利率应该是多少才可以实现？

RATE(Nper，Pmt，Pv，Fv，Type) = RATE(5 * 12，-500，-4 000，50 000，1) = 0.010 8

计算过程如图 1-7 所示，月利率为 1.08%。

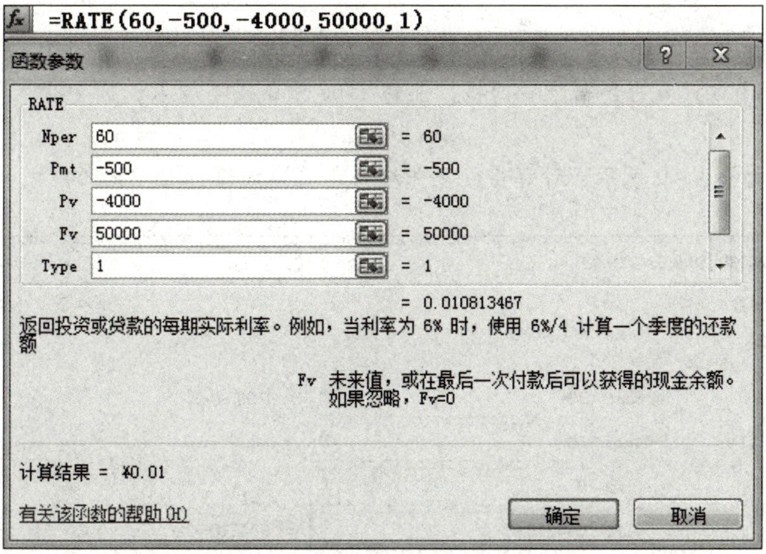

图 1-7　RATE 函数计算示意图

技能训练

【案例】

王先生 30 年后将退休，他计划现在开始为自己制定退休养老金计划，他的目标是在自已退休后，保证每月可以从银行领取 3 000 元作为养老生活费，连续领取 25 年。若存款的复利年利率为 3%，那么王先生从今年开始每年需要等额存入银行多少钱？

【操作示范】

（1）计算退休时点王先生需要准备的退休金。

退休后每月需要领取 3 000 元作为生活费，生活费一般为期初领取，因而计算退休时点的退休金，其实是求期初年金为 3 000 元的现金流的现值。

运用 PV 函数进行计算，请注意 Type 应选择 1，因为是期初年金。计算过程如图 1－8 所示。

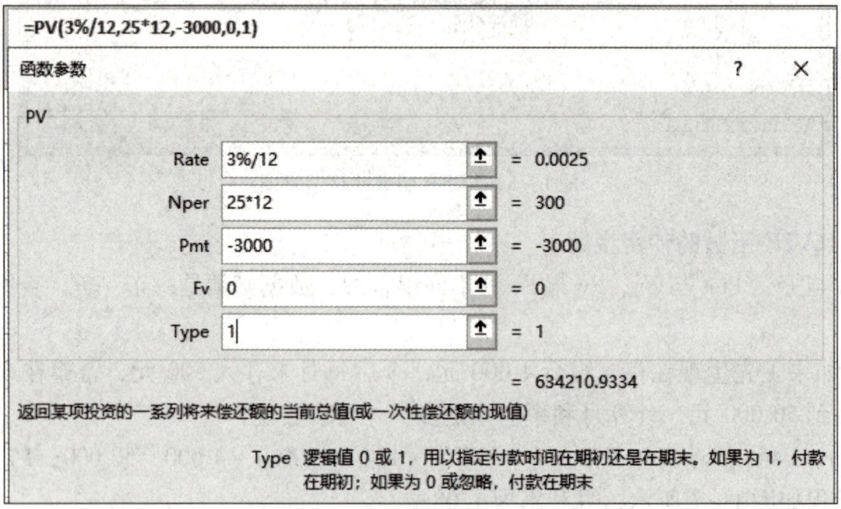

图 1－8　借助 PV 函数测算王先生退休金需求

（2）计算王先生现在每年需要准备多少钱，以实现第一步计算出的退休金需求。

运用 PMT 函数计算每年需准备的钱，注意 Type 为 0 或不输入，因为存入的钱为每年年末存入。

计算过程如图 1－9 所示，计算得到王先生每年需存入银行 13 330.64 元。

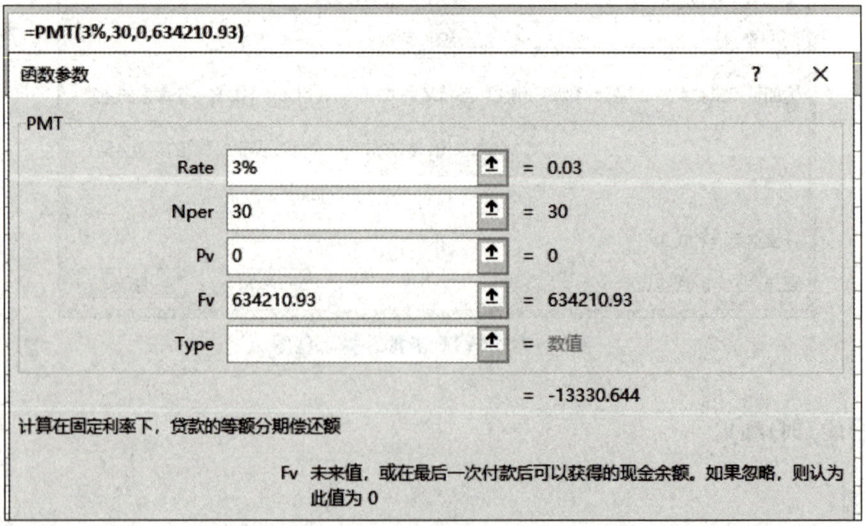

图 1－9　借助 PMT 函数测算王先生退休金供给

实训活动

【案例】

李先生的女儿今年3岁，准备18岁上大学，现在大学学费为每年6 000元，未来每年学费增长率为2%，银行存款年利率为3%。

【实训任务】

请帮李先生测算一下，他从现在开始，每年年末到银行存款多少，才能在他女儿上大学的第一年筹齐大学四年的学费？

趣味算一算

你会算吗？

综合技能实训

【操作示范】

客户吴小姐打算5年后购买价值50万元的房子；20年后子女接受高等教育，教育费需要20万元；30年后自己退休，想为自己准备100万元的退休金。吴小姐的投资报酬率为8%，房贷利率为4%，贷款20年。现有储蓄7万元，年储蓄为4万元。现吴小姐想知道自己是否能够实现以上目标。

第一步：明确理财目标。

根据吴小姐的情况，梳理得到其三个理财目标：一是5年后准备购买价值50万元的房子；二是20年后准备20万元作为子女教育金；三是30年后准备100万元作为退休金。

第二步：测算吴小姐的资金总需求现值。

购房需求的资金需求现值：

$$PV(8\%, 5, 0, 50) = 34.03\ (万元)$$

子女教育金的资金需求现值：

$$PV(8\%, 20, 0, 20) = 4.29\ (万元)$$

退休后生活费的资金需求现值：

$$PV(8\%, 30, 0, 100) = 9.94\ (万元)$$

以上资金需求现值合计：

$$34.03 + 4.29 + 9.94 = 48.26\ (万元)$$

因此，总目标资金需求现值为48.26万元。

第三步：测算吴小姐的资金总供给现值。

现有储蓄存款7万元，未来每年计划储蓄4万元。

计算每年储蓄4万元的资金供给现值：

PV(8%，30，-4，0)=45.03（万元）

现有储蓄存款7万元。

因此，吴小姐的资金总供给现值为：

45.03+7=52.03（万元）

结论：吴小姐的资金总供给大于资金总需求，因此，她的三个理财目标都能够实现。

【实训任务】

请同学们参照以上操作示范，完成以下实训任务。

王先生现年30岁，预期寿命为80岁。他希望5年后购买一套首付款为30万元的住房；50岁时，为子女出国留学准备40万元的教育金；60岁退休时能有200万元的退休金；自己去世后，希望能给子女留下150万元的遗产。王先生现有储蓄10万元，每年能够新增储蓄5万元。

请问，王先生的理财目标能否全部实现？

综合素养提升

【时政素材】

在党的二十大报告中，在对“过去五年的工作和新时代十年的伟大变革”进行回顾时提到：我国经济实力实现历史性跃升。国内生产总值从54万亿元增长到114万亿元，我国经济总量占世界经济的比重达18.5%，提高7.2%，稳居世界第二位；人均国内生产总值从39 800元增加到81 000元……

【学思践悟】

1. 请你运用所学的货币时间价值理论，计算10年间，我国国内生产总值的年均增长速度是多少？

2. 请查询其他国家近十年的国内生产总值增长数据，对比我国的增长速度，你有何感悟？

思考与拓展

扫码阅读两份材料，思考并回答以下2个问题：

1. 请问在中国，理财规划是专门为富人服务的吗？

2. 结合你的理解，请谈一谈未来理财师的职业发展前景。

《2019中国私人财富报告》解读

财富管理普惠化渐成新趋势

第三部分　项目考核与评价

项目练习题

一、单项选择题

1. 以下对理财规划的理解错误的是（　　）。

A. 理财规划是全方位的综合性服务，而不是简单的金融产品销售

B. 理财规划强调大众化，一项理财规划适用于多个人群

C. 理财规划是一项长期规划，贯穿人的一生

D. 理财规划通常由专业人士提供

2. 当个人或家庭出于对自己的财务现状有充分信心，认为现有的财富足以应对未来的财务支出和其他生活目标的实现，不会出现大的财务危机时，则个人或家庭就实现了（　　）。

A. 后顾无忧　　B. 财务安全　　C. 财务自由　　D. 收支平衡

3.（　　）已经达到了财务自由。

A. 李小姐平均每月支出 5 000 元，工资收入 3 000 元，投资收入 1 000 元

B. 李小姐平均每月支出 4 000 元，工资收入 4 000 元，投资收入 500 元

C. 李小姐平均每月支出 4 000 元，工资收入 4 000 元，投资收入 2 000 元

D. 李小姐平均每月支出 4 000 元，工资收入 3 000 元，投资收入 4 000 元

4. 王先生 2 年后可以获得 100 万元，年利率是 10%，那么这笔钱的单利现值和复利现值分别为（　　）万元。

A. 83.33；82.64　　B. 90.91；83.33　　C. 90.91；82.64　　D. 83.33；83.33

5. 李先生打算 3 年后还清 100 万元的债务，从现在起每年年末存入银行一笔款项，假定年利率为 10%，那么他每年需要存入（　　）元。

A. 274 650　　B. 302 115　　C. 333 333　　D. 356 888

二、多项选择题

1. 保证财务安全是个人理财规划要解决的首要问题，一般来说，衡量一个人或家庭的财务安全包括（　　）。

A. 是否有稳定、充足的收入　　B. 是否有适当的住房

C. 是否购买了适当的人身与财产保险　　D. 是否有充足的现金准备

2. 客户王先生今年 55 岁，再过 5 年就要退休了。结合家庭生命周期理论，你认为王先生的理财需求主要包括（　　）。

A. 获得较高的投资收益率　　B. 储备退休养老金

C. 财产传承　　D. 完善风险保障

3. 理财规划的主要内容有（　　）。

A. 退休规划　　B. 税务规划　　C. 保险规划　　D. 投资规划

三、技能操作题

全班分成 5 ~ 7 个小组，以小组为单位收集一份第三方理财机构的理财规划报告，针对这份理财规划报告，分析以下问题：

1. 该报告体现了哪几个理财规划流程?
2. 该报告涉及了哪几项理财规划内容?
3. 该报告涉及对客户家庭生命周期分析吗? 如果没有，你认为该报告中客户的家庭生命周期处于哪个阶段? 该报告的规划内容符合这个生命周期阶段的特征吗?
4. 该报告是如何体现理财规划的原则的?

四、素质提高题

以小组为单位，以“理财是富人的专利吗”为主题，收集相关信息，制作成 PPT，全班分组展示。

完整版练习题，请扫描二维码获取。

项目一练习题

学习评价表

学习目标		考核方式与标准		评价结果			
目标类别	具体目标	考核方式	考核标准	自评	互评		综评
					同伴	教师	
素质目标	具备获取知识、自我学习的能力；与人沟通协调的能力；可持续发展和创造性解决问题的能力	任务一、二、三的实训题，项目练习题（素质提高题）	分优、良、中、及格四档，详细考核标准请扫描二维码获取 项目一学习评价表				
知识目标	掌握个人理财规划的概念和主要内容；掌握理财规划的内容、流程；掌握货币时间价值原理；熟悉家庭生命周期理论和理财价值观理论；了解理财师职业和相关资格认证	项目练习题（单项选择题、多项选择题）					
技能目标	能运用家庭生命周期理论界定客户所处生命周期阶段及理财重点；能运用理财价值观理论评估客户的理财价值观及理财重点；能熟练运用 Excel 工具完成理财相关计算	任务一、二、三的实训题，项目练习题（技能操作题）					

说明：考核标准仅供参考，可根据具体情况灵活调整。

项目二　分析家庭财务状况

静以养身，俭以养德。

——诸葛亮《诫子书》

第一部分　项目导入

理财师工作实务

【实际工作案例】

客户汪女士到银行准备赎回2年前买的基金，用于一家四口旅行，问理财师韩梅梅大概几天能够到账。汪女士是某国企人力资源部人事科主管，先生是公务员，在机关某部任主任级科员。家庭月收入超过3万元，为什么还需要动用投资基金的钱去安排家庭旅行呢？汪女士一边唠叨一边计算："老二每个月奶粉、纸尿裤要花2 000元左右，保姆每个月5 000元；老大读公立小学不收学费，但各种课外培训班费用每月超过3 000元。再加上房贷每月

8 000元、车贷每月3 000元，每月零结余，有时候透支了信用卡，不能及时还款，已经多次申请分期还款了。”“现在房子太小，五座的车子也不够用，计划近两年换个四居室的房子和七座的车子。”

【理财师分析】

基于汪女士陈述的以上情况，理财师做出基本判断如下：

(1) 家庭流动资金准备不足。要赎回基金用于旅行，说明家庭资金较紧张。

(2) 家庭收支需要进行管理。汪女士家庭收入较高，但结余少，说明需要对家庭支出进行管理。家庭收支的结余是家庭财富增长的重要途径，也是实现家庭理财目标的重要基础。

(3) 家庭债务管理需要重视。信用卡不能及时还款，说明还债压力较大，在此情况下，还计划换车换房，汪女士做出这些决策需要考虑家庭的还债能力是否允许。

理财师后续还需与汪女士进一步沟通，获取更多信息并进行分析后，才能提供更具体的财务建议。

理财师工作任务

分析客户的财务状况是理财师帮助客户制定理财规划方案的基础，一般分三步进行：

第一步：收集客户财务信息，编制家庭财务报表。

第二步：分析家庭财务报表，计算财务比率。一方面，基于财务报表中各项目的值进行结构分析，通过横向对比与纵向对比分别进行分析；另一方面，计算财务比率进行交叉分析。

第三步：提出综合诊断意见。基于以上分析，对资产、负债、收入、支出提出综合管理建议。

第二部分　项目学习

学习任务概述

家庭的财务状况是制定理财规划的重要基础。本项目主要是让学习者了解需要收集客户家庭的哪些财务信息，能利用收集的财务信息编制家庭财务报表，能借助财务报表分析家庭财务状况，能综合分析结果为客户家庭提供财务诊断建议。

学习目标

目标类型	目标要求
素质目标	具备对财务信息进行分类、整理与综合分析的信息处理能力；具备自我财务管控的能力

续表

目标类型	目标要求
知识目标	了解家庭会计的基本概念，理解家庭会计与企业会计的不同；了解家庭资产、负债、收入和支出的分类；了解家庭资产负债表、家庭收支储蓄表的框架与内容；理解家庭收支结构、资产负债结构；理解财务比率的计算公式与不同含义
技能目标	会编制家庭资产负债表和家庭收支储蓄表；会基于财务报表分析和诊断客户财务状况；会计算财务比率并运用财务比率综合分析家庭财务状况；会综合各类分析结果为客户提供财务诊断建议

学习导图

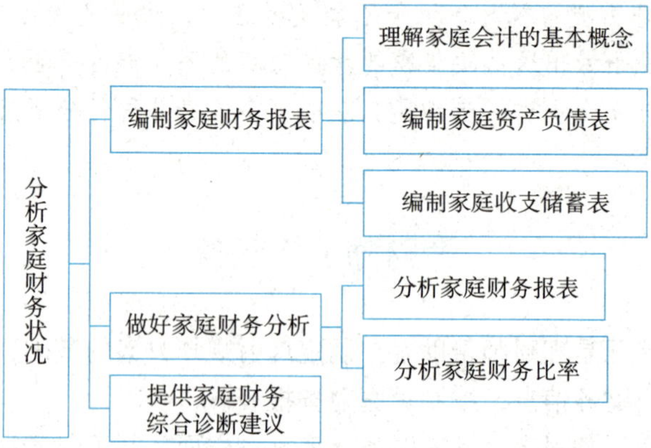

任务一　编制家庭财务报表

家庭财务报表是对家庭财务状况、经营成果和现金流量的结构性描述，是理财师为客户家庭提供理财规划服务的基础。

训练一　理解家庭会计的基本概念

家庭会计指应用企业会计和财务管理领域的方法与技术，对家庭的财务进行计划与管理的活动。

知识要点

一、会计要素与会计等式

（一）会计要素

会计要素指对家庭会计对象进行基本的分类，包括资产、负债和净资产，收入、支出和储蓄。

1. 资产

资产是指主体过去的交易或事项形成的，由主体拥有或者控制的、预期会给主体带来效用或者经济利益的资源。

2. 负债

负债是指主体过去的交易或事项形成的主体在将来的付款义务。

3. 净资产

净资产是指扣除负债后的资产余额。

4. 收入

收入是指主体在一定期间发生的导致所有者权益（净资产）增加的经济利益流入。

5. 支出

支出是指主体在一定期间发生的导致所有者权益（净资产）减少的经济利益流出。

6. 储蓄

储蓄是指主体在一定期间的经济利益成果。

（二）会计等式

资产、负债和净资产之间的关系反映为以下会计等式：

$$资产 = 负债 + 净资产$$

收入、支出和储蓄之间的关系反映为以下会计等式：

$$收入 - 支出 = 储蓄$$

二、家庭会计与企业会计的区别

家庭会计和企业会计在内容上十分接近，但比企业会计简单，两者之间区别明显，主要体现在四个方面，如表 2－1 所示。

表 2－1　家庭会计与企业会计的区别

比较项目	家庭会计	企业会计
会计核算原则不同	采用收付实现制，即现金制	采用权责发生制，即应计制
财务信息使用范围不同	财务信息使用者主要是理财规划师、保险顾问、律师以及贷款人	财务信息使用者包括投资人、债权人、经理人员、政府、雇员和工会、中介机构等
范式要求不同	不需要对外报告，不受会计准则约束	需要对外报告，受会计准则约束
记账要求不同	每日记录清楚，定期（一般是按月）进行整理与汇总，对支出的分类无严格要求	需按照会计准则要求，根据原始凭证登记日记账，并分别做好明细账和总账的登记

三、家庭会计的基本原则

（一）流量和存量

收入和支出是流量的概念，显示一段时间内收入与支出的变化，通常按月计算；资产和负债是存量的概念，显示某个结算时点的资产负债状况，通常反映月末、季末或者年末情况。

（二）权责发生制和收付实现制

权责发生制又称应计制，主要用于企业会计；收付实现制又称现金制，其确认收入和费用的时间，以现金“收到”时间和“付出”时间为准。家庭会计采用现金制。

（三）成本价值和市场价值

成本价值指资产购入时的价值，市场价值指记账基准日该资产在市场上的实际价值。编制资产负债表时，可将成本价值和市场价值同时列出。

家庭财务分析的基础

技能训练

【案例】

从2019年12月23日开始，李小美按照理财师的建议每一天记录家庭当日的收入、支出流水，以下是她这周使用手机备忘录记录的收支流水，请你帮她检查，并进行分类整理。

2019年12月23日：早餐10元，晚餐15元，奶茶18元。

2019年12月24日：看电影80元，吃小吃38元，超市购零食水果125元，交通卡充值100元。

2019年12月25日：同事聚餐（AA制）50元，京东购车厘子220元，早餐10元，晚餐28元。

2019年12月26日：超市购酸奶40元，电费280元，早餐12元，晚餐35元。

2019年12月27日：工资收入10 500元，每月服务明星奖200元，早餐12元，同事聚餐（AA）120元。

2019年12月28日：管理费150元，家庭聚餐366元，滴滴车费62元。

2019年12月29日：房租3 200元，支付春节假期去新马泰旅游团费5 800元。

【操作示范】

李小美7天的流水账记录详细，但使用手机备忘录记账，虽然能够随时快速记录，却给后期的分类整理带来了不少困难。推荐小美使用记账软件记账。

第一步：下载工具。下载手机记账软件，随时随地记录。譬如随手记APP。

第二步：随时记账。打开软件，点击“记一笔”后，记录当日流水，选择“收入/支出”后，输入金额，选择“分类”，注意“分类”包括一级分类和二级分类，还可选择资金流入或流出的账户，以及记录商家、备注等信息。如图2－1（a）和（b）所示。

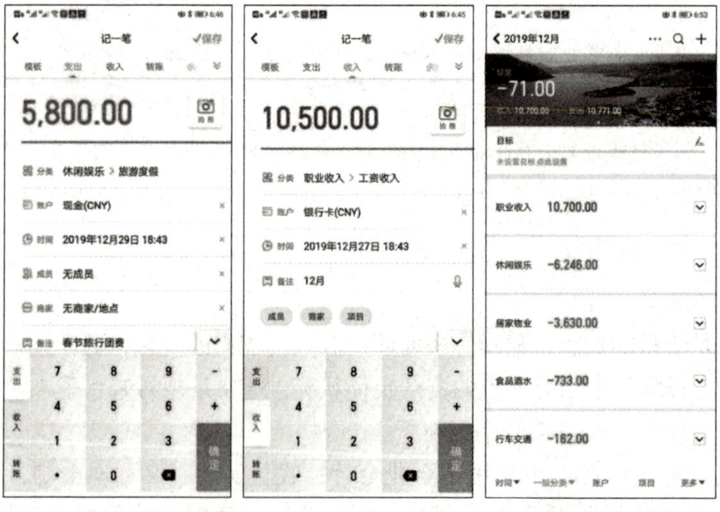

(a)　(b)　(c)

图2－1　随手记APP中收入支出登记与收支分类整理示意图

第三步：自动分类整理。通过 APP，可随时查看当月记录的收支情况，收入 10 700 元，支出 10 771 元，结余 -71 元，并可查看“收入/支出”项下的具体情况，如图 2-1（c）所示。

Tips

挑选合适的记账 APP

实训活动

【实训任务】

下载 2~3 个手机记账软件试用，试用时注意进行比较分析，试用 1 周后，从中选择一款记账软件，记录自己的收入支出情况。

训练二　编制家庭资产负债表

家庭资产负债表反映了某一时间点家庭资产和负债的情况，是对家庭财务状况的一个总括反映，如表 2-2 所示。

表 2-2　家庭资产负债表（模板）

客户：×××家庭　日期：××××年 12 月 31 日　元

资产	金额	负债和净资产	金额
现金		信用卡循环信用	
活期存款		小额消费信贷	
其他流动性资产		其他消费性负债	
流动性资产合计		**流动性负债合计**	
定期存款		金融投资借款	
外币存款		实业投资借款	
股票投资		投资性房产按揭贷款	
债券投资		其他投资性负债	
基金投资		**投资性负债合计**	
投资性房地产		自用住房按揭贷款	
保单现金价值		汽车分期	
其他投资性资产		其他自用性负债	
投资性资产合计		**自用性负债合计**	
自用房产		**负债总计**	
自用汽车			
其他自用性资产		**净资产总计**	
自用性资产合计			
资产总计		**负债和净资产总计**	

（说明：以上为基础模板，可根据客户具体情况进行调整）

知识要点

家庭资产通常分为三大类：流动性资产、投资性资产和自用性资产。相应地，家庭负债通常也分为流动性负债、投资性负债和自用性负债三大类。

一、流动性资产和流动性负债

流动性资产和流动性负债是客户用于家庭日常开销和紧急备用金的资金，如表 2－3 所示。

表 2－3　流动性资产与流动性负债

流动性资产	流动性负债
• 现金 • 活期存款 • 其他流动性资产（货币市场基金、余额宝等）	• 信用卡循环信用 • 小额消费信贷 • 其他消费性负债（房屋装修贷款、出国旅游贷款等）

（一）流动性资产

流动性资产指流动性较强的资产，特点是可保本、变现时不会有资本损失，利息收入低，可用于近期支出和偿还短期债务。主要包括现金、活期存款和其他流动性资产（如货币市场基金、余额宝等）。

（二）流动性负债

流动性负债指用于消费的短期债务，主要包括信用卡循环信用、小额消费信贷和其他消费性负债（如房屋装修贷款、出国旅游贷款等）。

二、投资性资产和投资性负债

投资性资产和投资性负债是客户为未来人生不同阶段的理财需求而进行准备的财务安排，如表 2－4 所示。

表 2－4　投资性资产与投资性负债

投资性资产	投资性负债
• 金融资产（定期存款、股票、债券、基金、外汇投资产品、纸黄金等） • 投资性房产 • 实物黄金/收藏品 • 既得权益账户（社保个人账户余额、医保个人账户余额、住房公积金个人账户余额、保单现金价值等） • 其他投资性资产（如民间债权）	• 金融投资借款 • 实业投资借款 • 投资性房产按揭贷款 • 其他投资性负债

（一）投资性资产

投资性资产指能够产生利息收入或资本利得的资产。

（二）投资性负债

投资性负债指用于投资的各种债务，主要包括金融投资借款、用于实业投资的借款、投资性房产的按揭贷款等。它体现了客户的理财积极性，在一定程度上也能反映出客户的风险属性。

三、自用性资产和自用性负债

自用性资产和自用性负债指客户当前用于维护家庭生活品质的资产和负债，如表 2－5 所示。

表 2-5　自用性资产和自用性负债

自用性资产	自用性负债
• 自用住房 • 自用汽车 • 其他自用性资产	• 自用住房按揭贷款 • 汽车分期贷款 • 其他自用性负债

（一）自用性资产

自用性资产包括自用住房、自用汽车和其他自用性资产。

（二）自用性负债

自用性负债通常是在购买自用住房、汽车等重大支出时产生的负债。

四、编制家庭资产负债表的注意事项

（1）家庭资产负债表示一个时点的存量记录，要确定是月末、季末还是年末；

（2）第一次编制家庭资产负债表时，要清点家庭资产并评估价值，分别记录成本价与市价。

技能训练

【案例】

王先生今年 40 岁，王太太 38 岁，儿子 10 岁，一家三口生活在广东省珠海市。

王先生在银行有 3 万元的活期存款，10 万元的定期存款，另外投资了 20 万元的债券型基金和 10 万元的股票型基金。自用房产于 10 年前以 100 万元购买，目前市场价值 200 万元，尚有 50 万元住房公积金贷款余额，用等额本息法还贷，还有 5 年还清，公积金贷款年利率为 3%。王先生在某国有企业担任中级主管，年税后收入 12 万元，王太太为小学老师，年税后收入为 8 万元。年税后利息债息收入 1.2 万元。一家三口的年生活费为 10 万元。

在社会保险与商业保险方面，王先生与王太太均有四险一金，目前王先生的社保年缴费基数为 14 万元，社保账户年缴存额为 1.12 万元，王太太的年缴费基数为 9 万元，社保账户年缴存额为 0.72 万元。截至年末，夫妻双方的个人养老金账户余额分别为 7 万元和 3 万元；王先生和王太太住房公积金当年缴存额（含单位缴存部分）分别为 3.36 万元和 2.16 万元，这两笔钱都用来偿还贷款了，年末账上无余额。夫妻双方医疗保险个人账户当年缴存额分别为 2 803 元和 1 803 元，夫妻两个人医疗保险金账户余额分别为 1.2 万元和 0.5 万元。王先生投保了终身寿险保单一张，保额 50 万元，年缴保费 2 万元，还要缴 15 年，目前该笔寿险保单现金价值为 7 万元。年缴保费中，保障型保费占 20%。王太太刚投保了一份保额为 20 万元的重大疾病保险，缴费期 20 年，年缴保费 1 万元，期满可领回所缴保费，该保险的保障型保费占 25%，目前保单现金价值为 0.2 万元。（案例中数据截止日期：2016 年 12 月 31 日）

【操作示范】

为王先生编制家庭资产负债表的流程如下：

填表准备：打开家庭资产负债表（模板）。

填表步骤：

（1）寻找属于资产和负债项目的内容，做好标识，分门别类填入家庭资产负债表的相应位置。

（2）将标识出的资产项目做好分类后，分别填入流动性资产、投资性资产和自用性资产项目下。

（3）将标识出的负债项目做好分类后，分别填入流动性负债、投资性负债和自用性负债项目下。

（4）计算总资产、总负债与总净资产，如表2－6所示。

表2－6　家庭资产负债表

客户：王先生家庭　日期：2016年12月31日

资产	金额/元	负债和净资产	金额/元
活期存款	30 000		
流动性资产合计	30 000	**流动性负债合计**	0
定期存款	100 000		
债券型基金	200 000	**投资性负债合计**	0
股票型基金	100 000	自住房按揭贷款	500 000
个人养老金账户	100 000	**自用性负债合计**	500 000
个人医保账户	17 000	**负债总计**	500 000
保单现金价值	72 000		
投资性资产合计	589 000		
自用房产	2 000 000	**净资产总计**	2 119 000
自用性资产合计	2 000 000		
资产总计	2 619 000	**负债和净资产总计**	2 619 000

难点点拨

易错之处

（1）定义不清。错把收入当资产，支出当负债；错将寿险保额当作资产。

（2）漏列项目。社保、住房公积金账户余额、个人养老金账户余额以及医疗保险个人账户余额，未列入资产负债表。

（3）计算错误。错将以成本计价的资产项目与以市值计价的资产项目相加汇总。

正确做法

（1）定义要清楚。当期实现的收入和支出是流量，应列入收支情况表；寿险保额非资产，只有寿险保单的现金价值才能列为资产。

（2）不遗漏项目。社保、住房公积金账户余额、个人养老金账户余额以及医疗保险个人账户余额，应列入投资性资产。

（3）计价相同方汇总。家庭资产负债表显示的是某一时点上资产负债的情况，因此要保证各项目的价值计算时间是在同一时点上，应分别制作以成本计价和以市值计价的家庭资产负债表。

实训活动

【案例】

谢先生今年40岁，是广州从化一家政府机构的公务员，税后年收入为12万元。谢太太是一名律师，今年 35 岁，税后年收入为 20 万元。夫妻俩有个儿子谢明明，今年 10 岁，在一所私立小学上四年级，每年学费 1.2 万元。一家三口的年生活花销为 12 万元。

谢太太名下有一套 140 平方米的房子，现值 300 万元，房贷余额 100 万元，剩余期限 10 年，按月等额本息还款，贷款年利率 5%。谢先生名下有 35 万元定期存款和 30 万元股票型基金，谢太太名下有 8 万元活期存款和 10 万元国债，国债年化收益率为 4%。目前谢先生的社保年缴费基数为 13 万元，社保账户年缴存额为 1.04 万元，谢太太的社保年缴费基数为 22 万元，社保账户年缴存额为 1.76 万元。截至今年年末，夫妻双方的个人养老金账户余额分别为 8 万元和 12 万元；谢先生和谢太太住房公积金当年缴存额（含单位缴存部分）分别为 3.12 万元和 5.28 万元，到年底谢先生的住房公积金账户余额为 20 万元，谢太太的公积金用来偿还贷款了，年末账上无余额。假定夫妻双方医保个人账户无余额，且当年无缴费。

【实训任务】

为谢先生编制家庭资产负债表。

训练三　编制家庭收支储蓄表

家庭收支储蓄表记录了一段时期内家庭的收入和支出情况，并能反映出家庭的储蓄情况，如表 2－7 所示。

表 2－7　家庭收支储蓄表（模板）

客户：×××家庭　日期：××××年 1 月 1 日至××××年 12 月 31 日　　元

项目	金额
工作收入	
其中：工资薪资收入	
其他工作收入	
减：生活支出	
其中：家庭生活支出	
子女教育支出	
其他生活支出	
工作储蓄	
理财收入	
其中：利息收入	
资本利得	
其他理财收入	
减：理财支出	
其中：利息支出	
保障型保费支出	
其他理财支出	
理财储蓄	
其他收入	
其他支出	
其他储蓄	
总储蓄	

（说明：以上为基础模板，可根据客户具体情况进行调整）

知识要点

一、家庭收入的分类

家庭收入的分类主要包括工作收入、理财收入和其他收入。

（一）工作收入

工作收入是指家庭成员付出体力劳动或脑力劳动而获得的收入，包括家庭成员的薪资收入（工资、奖金等）和其他工作收入（劳务报酬等）。

（二）理财收入

理财收入是指借助某一个理财工具获得的收入，主要指家庭的财产性收入，具体包括利息、资本利得和其他理财收入（房租收入等）。

（三）其他收入

其他收入是指上述两大类收入不包括的收入部分，如中奖以及其他偶然所得，包括财产继承、财产赠予所得或者来自他人的财务支持（如夫妻离异所得抚养费）等。

二、家庭支出的分类

与家庭收入相对应，家庭支出也分为三类，包括生活支出、理财支出和其他支出。

（一）生活支出

生活支出包括日常生活支出和专项支出。日常生活支出指衣食住行、娱乐休闲、医疗等方面的支出；专项支出指子女教育、赡养费、住房按揭还款等。

（二）理财支出

理财支出包括因为投资理财活动而带来的支出，现实生活中主要包括借款的利息支出、保障型保费的支出、投资理财咨询支出等。

（三）其他支出

其他支出指上述两大类支出都不包括的支出部分，包括罚款、礼金支出以及其他偶然性支出（譬如捐款）。

三、家庭储蓄的分类

家庭储蓄包括工作储蓄、理财储蓄和其他储蓄。工作储蓄是指工作收入减去生活支出后的结余；理财储蓄是指理财收入减去理财支出后的结余；其他储蓄是指其他收入减去其他支出后的结余。

四、编制家庭收支储蓄表的注意事项

（1）家庭现金流量表是一段时间的流量记录，通常按月或按年计算。

（2）记账原则为收付实现制，因此信用卡在还款时才计入支出。

（3）变现资产的现金流入包含本金与资本利得，资本利得计入收入，收回的本金为资产调整。

（4）房贷本息摊还时，利息部分计入支出，本金还款部分计入资产负债调整（负债减少，资产减少）。

（5）保费记账时，保障型保费计入理财支出，储蓄型保费计入资产（投资性资产），属于资产项目调整。保障型保费指保障型保险的费用，包括定期寿险、意外险、医疗险及失能险等；储蓄型保费指储蓄型保险的费用，包括养老险、分红险、年金险及投资型保险等。

（6）所得税与三险一金的记账。个人所得税既可以列为收入的减项，也可以列入支出；基本医疗保险和基本养老保险当期未进入个人账户的部分，以及个人失业保险均计入保障型保费支出；基本医疗保险和基本养老保险当期进入个人账户的部分，均计入储蓄，住房公积金个人与单位缴存的部分均进入个人账户，因此均计入储蓄。

技能训练

【案例】

请见“训练二　编制家庭资产负债表”中“技能训练”的王先生案例。

【操作示范】

为王先生编制家庭收支储蓄表。

填表准备：打开家庭收支储蓄表（模板）。

填表步骤：

（1）寻找属于收入和支出项目的内容。阅读案例，将属于收入、支出的项目标识出来，后面再分门别类填入家庭收支储蓄表的相应位置。

（2）填写工作收入项目。案例中工资薪金收入、社会养老保险个人账户年缴存额、社会医疗保险个人账户年缴存额和住房公积金个人年缴存额均属于家庭当年收入，注意将王先生和王太太的每一项收入加总后，并统一单位为元，将数据直接填入表格中即可。

（3）填写生活支出项目。家庭生活支出案例中已知为 10 万元，统一单位为元后，直接填入表格。

（4）填写理财收入项目。案例中的利息债息收入属于理财收入，列入理财收入项目。

（5）填写理财支出项目。案例中的理财支出包括两个部分：

第一部分：住房按揭贷款供款中当年所支付的利息。

从案例中找到相关数据：公积金贷款余额 50 万元，贷款年利率 3%，5 年还清。如图 2－2 所示，使用 Excel 中的 CUMIPMT 函数计算房贷累计偿还的利息。依次输入 Rate、Nper、Pv 和开始期数、结束期数以及 Type。计算本年度累计偿还的贷款利息，开始期数为 1，结束期数为 12，Type 输入 0，表示期末年金。计算得到当年房贷累计偿还的利息金额为 13 713.14 元。

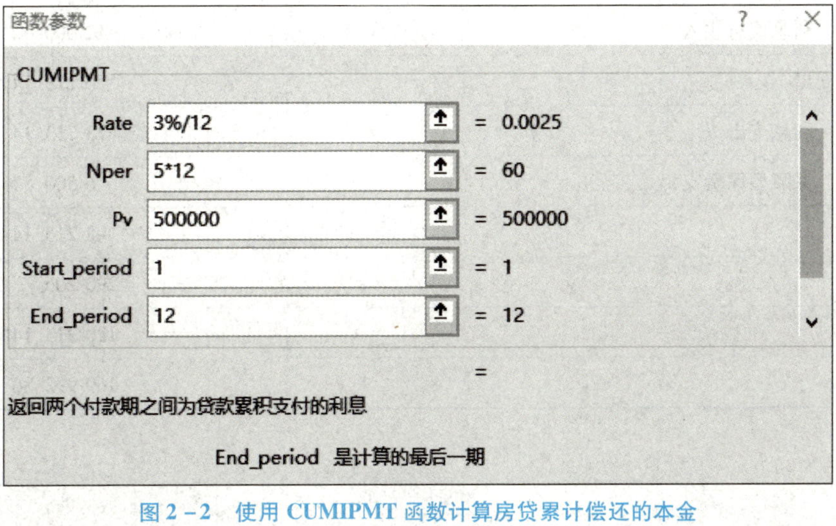

图 2－2　使用 CUMIPMT 函数计算房贷累计偿还的本金

还可以使用金拐棍 APP 中的房贷摊销计算器计算。

使用金拐棍 APP 计算房贷本息

第二部分：家庭缴纳保费中属于保障型保费的部分。

案例中说明王先生投保的终身寿险保单，年缴保费 2 万元，其中保障型保费占 20%。王太太刚投保的重大疾病保险，年缴保费 1 万元，其中保障型保费占 25%。因此，计算保障型保费如下：

$$当年缴纳的保障型保费 = 20\ 000 \times 20\% + 10\ 000 \times 25\% = 6\ 500（元）$$

王先生的家庭收支储蓄表如表 2－8 所示。

表 2－8　家庭收支储蓄表

客户：王先生家庭　日期：2016 年 1 月 1 日至 2016 年 12 月 31 日　　元

项目	金额
工作收入	278 206
其中：工资薪资收入	200 000
社会养老保险个人账户年缴存额	18 400
社会医疗保险个人账户年缴存额	4 606
住房公积金个人账户年缴存额	55 200
减：生活支出	100 000
其中：家庭生活支出	100 000
工作储蓄	178 206
理财收入	12 000
其中：利息债息收入	12 000
减：理财支出	20 213.14
其中：利息支出	13 713.14
保障型保费支出	6 500
理财储蓄	－8 213.14
总收入	290 206
总支出	120 213.14
总储蓄	169 992.86

难点点拨

易错之处

（1）账面损益计入收入。将资产成本与市价的差异即账面损益计入收入。

（2）资产出售所得计入收入。出售赚钱的股票（债券、基金），把所有的出售现金流入都计入收入。

（3）房贷月供款计入收入。房贷月供款包括房贷本金和利息，将其都计入支出。

正确做法

（1）账面损益未实现，不计入收入。账面损益仅体现在账面上，并未带来实实在在的现金流入或流出，未实现的浮盈不能视为收入，未实现的浮亏不能视为支出。

（2）资产出售所得本金和资本利得要分开记。只有资本利得部分可计入收入，本金部分仅是资产项目调整，即把股票（债券、基金）类型的资产转成现金类型的资产。

（3）房贷月供本金和利息要分开记。只有房贷利息计入支出，房贷本金属于资产负债项目调整，即资产（现金）和负债（房贷余额）同时减少。

实训活动

【案例】

请见“训练二　编制家庭资产负债表”中“实训活动”的谢先生案例。

【实训任务】

为谢先生编制家庭收支储蓄表。

任务二　做好家庭财务分析

基于家庭财务报表，理财师通过对财务报表的结构及重点项目进行分析，并进一步通过财务比率进行交叉分析，完成对家庭财务状况的全面、综合分析。

训练一　分析家庭财务报表

知识要点

一、家庭资产负债的结构

净资产分为流动性、投资性和自用性净资产三类，与各类资产、负债的关系如以下等式所示：

总资产　－　总负债　＝　净资产

‖　　　‖　　　‖

流动性资产－流动性负债＝流动性净资产

＋　　　＋　　　＋

投资性资产－投资性负债＝投资性净资产

＋　　　＋　　　＋

自用性资产－自用性负债＝自用性净资产

（一）流动性资产、负债与净资产

流动性净资产是可以用来随时支付紧急需要的开销。持有流动性资产出于交易性动机、预防性动机和投资性动机。

（二）投资性资产、负债与净资产

投资性资产在总净资产中占比较低时，家庭财富增长速度受到限制。投资性负债的比重越高，则投资性资产波动的幅度越大。

（三）自用性资产、负债与净资产

自用性资产的价值相对稳定，自用性净资产在总净资产中占比较高时，家庭财富即净资产的增长往往相对较缓慢。

二、家庭收入支出的结构

储蓄可分为工作储蓄、理财储蓄和其他储蓄，与各类收入、支出的关系如以下等式所示：

工作收入 - 生活支出 = 工作储蓄

理财收入 - 理财支出 = 理财储蓄

其他收入 - 其他支出 = 其他储蓄

（一）工作收入与理财收入

工作收入是源头活水，是其他财富的来源。分析收入，要分析工作收入与理财收入的比重，家庭要实现财务自由的理财目标，就应不断提高理财收入比重，直到理财收入能全面覆盖全部支出为止；退休以后，除有限的退休金以外，主要靠理财收入维持日常生活，因此，在工作期间应逐年提高理财收入的比重，以应对退休后收入锐减的局面。

（二）生活支出与理财支出

支出分析要分析生活支出与理财支出的比重。应当对生活支出进行预算控制，避免开支过大，以致工作储蓄过低；理财支出应当注意，在退休之前应该把贷款还清、把保费缴清，退休后就不再有理财支出，只有生活支出，这样可降低退休后的支出负担。

三、家庭储蓄的运用

家庭储蓄可分为自由储蓄和固定用途储蓄。自由储蓄指家庭可自由决定如何使用的资金。家庭储蓄的结构与用途如图 2 - 3 所示。

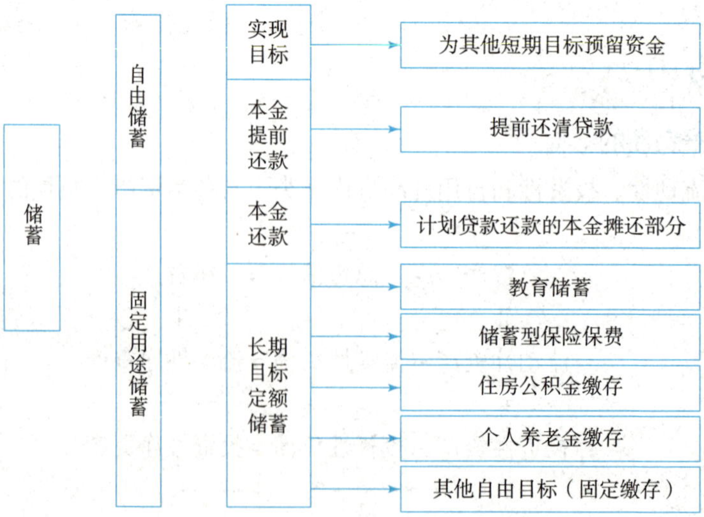

图 2 - 3　家庭储蓄的结构与用途

增加家庭储蓄，可从开源和节流两方面着手。

（一）开源

开源即增加工作收入、理财收入。工作收入的增加可以通过做好提升人力资本价值，做好职业生涯规划实现，也可考虑通过兼职等方式，开辟新的工作收入渠道；理财收入的增加可以通过增加投资性资产、提高投资收益率两个方式实现，提高投资收益率可通过做好投资规划实现。

（二）节流

节流即降低生活支出、理财支出。降低生活支出比增加工作收入的效果来得快，但要注意的是，过度降低生活支出会影响生活品质；降低理财支出可以从以下三方面努力：寻找政策性优惠贷款，如使用住房公积金贷款代替商业住房贷款；以租代购，如以租房代替购房；寿险配置以保障型寿险为主，降低保费支出。

技能训练

【案例】

请见“训练二 编制家庭资产负债表”中“技能训练”的王先生案例。（王先生家庭的流动性资产、流动性负债、投资性负债都是零。）

【操作示范】

基于前面编制的家庭资产负债表和家庭收支储蓄表，对王先生的家庭财务结构进行分析如下：

（1）王先生家庭资产负债结构分析如表2－9和图2－4所示。

表2－9 王先生家庭资产负债情况

元

结构	资产	负债	净资产
流动性	30 000	0	30 000
投资性	589 000	0	589 000
自用性	2 000 000	500 000	1 500 000
总计	2 619 000	500 000	2 119 000

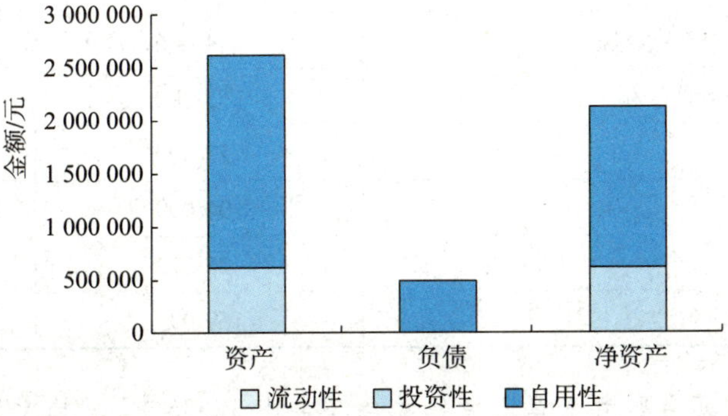

图2－4 王先生家庭资产负债结构图

①家庭资产以自用性资产为主，投资性资产占比较低；

②家庭负债均为自用性负债；

③净资产远超负债，以自用性为主。

（2）王先生家庭收入支出结构分析如表2－10和图2－5所示。

表2－10　王先生家庭收支储蓄情况

元

结构	收入	支出	储蓄
工作（生活）	278 206	100 000	178 206
理财	12 000	20 213	－8 213
其他	0	0	0
总计	290 206	120 213	169 993

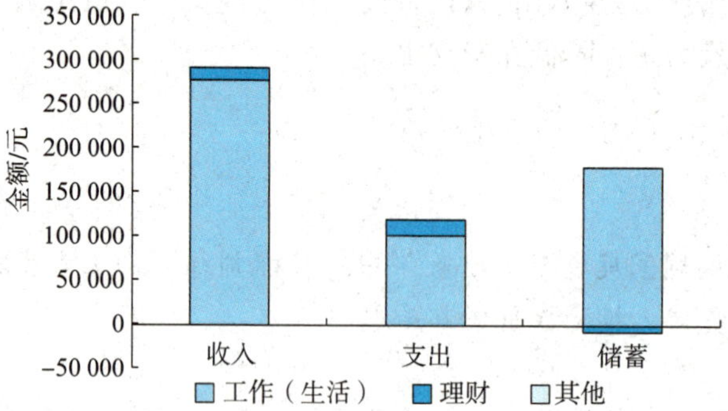

图2－5　王先生家庭收支储蓄结构图

①家庭收入以工作收入为主，理财收入占比很低；

②家庭支出以生活支出为主；

③家庭储蓄来源于工作储蓄，理财储蓄为负。

（3）王先生家庭储蓄运用情况分析如表2－11所示。

表2－11　王先生家庭储蓄运用情况分析

储蓄	金额/元	比例/%
固定用途储蓄	195 805	115.18
社会养老保险个人账户年缴存额	18 400	10.82
社会医疗保险个人账户年缴存额	4 606	2.71
住房公积金个人账户年缴存额	55 200	32.47
储蓄型保费	23 500	13.82
还房贷本金	94 099	55.35
自由储蓄	－25 812	－15.18
总储蓄	169 993	100.00

家庭固定用途储蓄主要用于偿还房贷本金（占比55.35%），其次是住房公积金和储蓄型保费。

值得注意的是，家庭自由储蓄为负数，说明需动用之前的储蓄弥补，方能满足固定用途储蓄的需要。

实训活动

【案例】

请见“训练二　编制家庭资产负债表”中“实训活动”的谢先生案例。

【实训任务】

基于任务一中为谢先生编制的家庭资产负债表和家庭收支储蓄表，对谢先生的家庭财务结构进行分析。

训练二　分析家庭财务比率

理财师基于客户的家庭资产负债表与家庭收支储蓄表，计算出具有不同意义的财务比率，通过财务比率对客户的资产、负债、收入、支出等情况进行交叉综合分析，寻找优化客户财务状况的方法，以帮助客户实现理财目标。

知识要点

一、反映家庭偿债能力的指标

（一）负债比率

计算公式：

$$负债比率=\frac{总负债}{总资产}$$

负债比率又称资产负债率，用于衡量客户的综合偿债能力。负债比率应保持在 60% 以下，若超出此范围，说明家庭负债水平过高。

（二）流动比率

计算公式：

$$流动比率=\frac{流动性资产}{流动性负债}\times 100\%$$

流动比率用于衡量客户的短期偿债能力。流动比率应保持在 200% 以上，才能保障流动性负债及时偿还。

（三）融资比率

计算公式：

$$融资比率=\frac{投资性负债}{投资性资产}\times 100\%$$

融资比率反映客户家庭在投资过程中运用财务杠杆的情况，用于衡量投资偿债风险。融资比率应保持在 50% 以下，否则家庭面临较大的投资风险。

（四）财务负担率

计算公式：

$$财务负担率=\frac{当期本息支出}{当期可支配收入}\times 100\%$$

财务负担率用于衡量客户家庭在一定时期（一般为 1 年）财务状况是否良好。财务负担率应控制在 40% 以下，超过 40%，会影响家庭正常的生活水平，且很难再从银行增贷。

二、反映家庭应急能力的指标

反映家庭应急能力的指标是流动性比率。

计算公式：

$$流动性比率=\frac{流动性资产}{月总支出}$$

流动性比率用于衡量客户家庭的应急能力水平，是流动性资产与月总支出的比值，反映客户家庭流动性资产可以应付几个月的总支出流动性比率，应保持在 3 ~6 倍，过低会导致紧急状况出现时家庭没钱用，过高则会使得资金使用率降低，丧失获取更高投资收益的机会。一般收入稳定的家庭，应保持在 3 倍左右，收入不稳定的家庭，建议保持在 6 倍左右。

三、反映家庭保障能力的指标

（一）保费负担率

计算公式：

$$保费负担率=\frac{保费}{税后工作收入}\times 100\%$$

保费负担率用于衡量客户家庭的保费负担能力，一般以工作收入的 10% 为合理商业保险保费预算标准。

（二）保险覆盖率

计算公式：

$$保险覆盖率=\frac{已有保额}{税后工作收入}$$

保险覆盖率用于衡量客户家庭的保障水平是否足够，一般认为保额为工作收入的 10 倍比较合适，能给家庭带来较好的保障。

四、反映财富增长能力的指标

（一）储蓄率

计算公式：

$$储蓄率=\frac{总储蓄}{税后总收入}\times 100\%$$

储蓄率用于衡量客户家庭提高其净资产水平的能力，应保持在 25% 以上，否则家庭应考虑开源节流，提高储蓄率。

（二）生息资产比率

计算公式：

$$生息资产比率=\frac{生息资产}{总资产}\times 100\%$$

生息资产包括流动性资产和投资性资产。生息资产率用于衡量客户家庭资产中用于财富增值的比重。生息资产比率应保持在 50% 以上。

（三）平均投资收益率

计算公式：

$$平均投资收益率=\frac{理财收入}{生息资产}\times 100\%$$

平均投资收益率用于衡量客户家庭投资绩效，一般应比通货膨胀率高2个百分点以上，方能保证家庭财富的保值增值。

五、反映财务自由度的指标

反映财务自由度的指标是财务自由度。

计算公式：

$$财务自由度=\frac{理财收入}{年总支出}\times 100\%$$

财务自由度为100%，代表客户家庭已经实现了财务自由，即家庭成员无须工作也能维持家庭的正常运营。财务自由度一般建议在30%以上，该指标越高，说明家庭离实现财务自由的目标越近。

技能训练

【案例】

请见“训练二　编制家庭资产负债表”中“技能训练”的王先生案例。

【操作示范】

基于前面编制的表2-6家庭资产负债表和表2-8家庭收支储蓄表，根据公式计算财务比率进行数据分析，计算结果与分析如下：

$$负债比率=\frac{总负债}{总资产}\times 100\%=\frac{500\ 000}{2\ 619\ 000}\times 100\%=19.09\%$$（数据来源：表2-6家庭资产负债表）

$$流动比率=\frac{流动性资产}{流动性负债}\times 100\%=\frac{30\ 000}{0}\times 100\%=\infty$$（数据来源：表2-6家庭资产负债表）

$$融资比率=\frac{投资性负债}{投资性资产}\times 100\%=\frac{0}{589\ 000}\times 100\%=0$$（数据来源：表2-6家庭资产负债表）

$$财务负担率=\frac{当期本息支出}{当期可支配收入}\times 100\%=\frac{当期累计偿还本金+累计偿还利息}{当期可支配收入}\times 100\%$$

$$=\frac{94\ 099.01+13\ 713.14}{212\ 000}\times 100\%=50.85\%$$

计算当期本息收入的另一个方法是：计算房贷每期供款额，乘以12，即可得到12期即一年的房贷本金利息支出。（数据来源：家庭收支储蓄表，以及该训练中计算得到的累计偿还本金）

$$流动性比率=\frac{流动性资产}{月总支出}=\frac{30\ 000}{120\ 213.14/12}=2.99$$

（数据来源：表2-6家庭资产负债表、表2-8收支储蓄表）

$$保费负担率=\frac{保费}{税后工作收入}\times 100\%=\frac{20\ 000+10\ 000}{278\ 206}\times 100\%=10.78\%$$

$$保险覆盖率=\frac{已有保额}{税后工作收入}=\frac{500\ 000+200\ 000}{278\ 206}=2.52$$

$$储蓄率=\frac{总储蓄}{税后总收入}\times 100\%=\frac{169\ 992.86}{290\ 206}\times 100\%=58.58\%$$

（数据来源：表2-8家庭收支储蓄表）

$$\text{生息资产比率}=\frac{\text{生息资产}}{\text{总资产}}=\frac{\text{流动性资产}+\text{投资性资产}}{\text{总资产}}\times100\%=\frac{30\ 000+589\ 000}{2\ 619\ 000}\times100\%$$

$=23.63\%$（数据来源：表2－6 家庭资产负债表）

$$\text{平均投资收益率}=\frac{\text{理财收入}}{\text{生息资产}}\times100\%=\frac{\text{理财收入}}{\text{流动性资产}+\text{投资性资产}}\times100\%=\frac{12\ 000}{30\ 000+589\ 000}\times100\%$$

$=1.94\%$（数据来源：表2－6 家庭资产负债表，表2－8 家庭收支储蓄表）

$$\text{财务自由度}=\frac{\text{理财收入}}{\text{年总支出}}\times100\%=\frac{12\ 000}{120\ 213.14}\times100\%=9.98\%$$

（数据来源：表2－8 家庭收支储蓄表）

王先生家庭财务比率分析表如表2－12所示。

表2－12 王先生家庭财务比率分析表

类别	财务比率	数据	合理范围	数据分析
偿债能力指标	负债比率	19.09%	≤60%	家庭总体债务负担较合理，综合偿债能力较强
	流动比率	∞	≥200%	家庭无短期负债，短期偿债能力强
	融资比率	0	≤50%	家庭无投资性负债，可考虑在风险可控范围内，适度运用杠杆投资增加理财收入
	财务负担率	50.85%	≤40%	财务负担率过高，若收入减少或中断，将导致银行收回抵押物，无房可住，影响家庭生活质量
应急能力指标	流动性比率	2.99	3～6	家庭应急资金不足，拥有的流动性资产仅能维持家庭不到三个月的开支，当家庭发生意外时，容易出现现金短缺
保障能力指标	保费负担率	10.78%	5%～15%	保费预算在合理范围内，家庭保障意识较强
	保险覆盖率	2.52	≥10	就一般家庭而言，家庭保险覆盖率不足，风险发生时，不足以给家庭带来很好的保障
财富增长能力指标	储蓄率	58.58%	≥25%	储蓄率较高，说明家庭支出控制能力较强，有较好的储蓄习惯
	生息资产比率	23.63%	≥50%	生息资产比率过低，家庭财富增长缺乏后劲
	平均投资收益率	1.94%	≥5%	平均投资收益率低，表明投资理财能力较弱，需要调整资产配置
财务自由度指标	财务自由度	9.98%	≥30%	财务自由度较低，需要通过增加理财收入或降低支出提高财务自由度

实训活动

【案例】

请见“训练二　编制家庭资产负债表”中“实训活动”的谢先生案例。

【实训任务】

基于任务一中为谢先生编制的家庭资产负债表和家庭收支储蓄表，计算财务比率，对谢先生家庭的财务状况进行交叉分析。

任务三 提供家庭财务综合诊断建议

基于客户家庭财务情况的分析数据与结果，理财师要总结诊断出家庭财务问题，并对下一步的财务安排提出合理化建议。

知识要点

一、家庭现金规划

（一）紧急备用金与流动性比率

家庭紧急备用金是指为了应对可能发生的失业、疾病等意外事件而需要提前预留一定数量的现金及等价物。做好家庭的现金规划，就是要准备充足的紧急备用金以满足家庭短期资金的需要。

通常使用流动性比率衡量家庭紧急备用金额度是否足够，该比率的参考值为 3 ~ 6 倍。对于工作稳定、收入有保障的客户，流动性比率可稍低一些（须在参考值范围内）；对于工作缺乏稳定性、收入无保障的客户，流动性比率应稍高一些。

（二）现金规划的工具

现金规划工具的选取，首要因素是流动性，兼顾收益性。按流动性高低，可将现金规划工具分为现金、各类银行储蓄存款、货币市场基金等。当家庭流动性资产不足时，现金融资工具也可以迅速补充家庭紧急备用金。最常见且便利的现金融资工具主要包括信用卡、银行个人综合授信贷款、保单质押贷款、典当融资等。

二、家庭债务管理

（一）家庭债务管理的时机

家庭偿债能力指标偏离参考值范围，提示需要做好家庭债务管理。

现金规划工具——信用卡

现金与现金规划报告

（二）家庭债务管理的方向

1. 管理期限

调整贷款偿还的期限，流动比率过低，显示流动性资产难以偿还流动性负债时，可以考虑延长流动性负债的期限，譬如信用卡还款可以选择分期还款，期数可选择 3、6、12、24、36 期。

2. 降低负担

以转换贷款或债务整合降低利息负担，如以利率 12% 的小额信用贷款替换 20% 的信用卡透支债务。

3. 额度控制

控制因欲望和冲动型消费而带来的透支；根据家庭可负担能力调整信用额度或贷款额度。

三、家庭储蓄管理

（一）家庭储蓄管理的时机

家庭自由储蓄为负数或占比较低，家庭储蓄率低于参考值，均提示需要做好家庭储蓄管理。

（二）家庭储蓄管理的方向

1. 做好计划，增加收入

考虑通过多种方式增加家庭工作收入或者理财收入。

2. 明确目标，控制支出

当自由储蓄大于等于0时，家庭才不用动用之前的储蓄去满足固定用途储蓄的需要，因此，将家庭总储蓄的目标确定为大于等于家庭固定用途储蓄。本着“先储蓄，后支出”的原则，确定家庭预期支出目标，并按照此目标来控制当期支出。

家庭预期支出 = 家庭预期收入 - 家庭总储蓄

技能训练

【案例】

请见“训练二　编制家庭资产负债表”中“技能训练”的王先生案例。

【操作示范】

基于任务二中对王先生家庭进行的财务分析，为王先生家庭提供家庭财务综合诊断建议如下：

（1）家庭紧急备用金不足，须做好现金规划。

王先生家庭的流动性比率为2.99倍，表明家庭紧急备用金不足，需补充家庭流动资产。

建议采用以下两个方法：

①方法一：分割定期存款。

考虑家庭有一笔10万元的定期存款，建议将该定期存款分割为两笔或多笔，其中一笔用作家庭紧急备用金，方便随时取出，又不影响定期存款的收益。

②方法二：申办一张信用卡。

借助信用卡的透支额度，作为家庭紧急备用金的补充。

（2）家庭财务负担率过高，须做好债务管理。

家庭负债比率不高，但家庭财务负担率较高（50.85%），高于参考值（40%）。经分析，发现王先生家庭自住房50万元贷款余额是家庭的唯一负债，剩余还款年限5年，导致家庭财务负担率高的原因是还款期限短，短期还款负担加重。因此建议申请延长住房贷款还款时间，减轻家庭财务负担。

（3）家庭自由储蓄为负数，须做好储蓄管理。

家庭储蓄率较高（58.58%），但自由储蓄为负数（-25,812）且负值较大，说明固定用途储蓄远高于总储蓄，家庭需动用之前的储蓄去满足固定用途储蓄的需要。

建议有三点：

①考虑目前家庭储蓄率较高，大幅降低家庭支出可能较难，因此建议认真分析家庭支出结构，适度降低家庭支出。

②可考虑通过兼职等方式，拓宽家庭收入来源。

③通过延长住房贷款还款期限，等短期房贷压力缓解后，固定用途储蓄将有所下降。

(4) 平均投资收益率低，须做好投资规划。

家庭生息资产比率较低，平均投资收益率更低，说明家庭的投资能力较弱，需要后期进一步做好投资规划，调整家庭资产配置，提高家庭财富增长能力。

(5) 保费高保额低，须调整家庭保障方案。

家庭保费负担率较高，但保险覆盖率（2.52）远低于参考值（≥10），分析发现王先生购买的终身寿险和王太太购买的重大疾病险，其特点都是保险费率较高，但保额相对较低。因此，建议家庭增加保障型保险，譬如定期寿险，具体需通过对家庭保险需求进行全面分析后，再调整家庭保障方案。

实训活动

【案例】

请见“训练二　编制家庭资产负债表”中“实训活动”的谢先生案例。

【实训任务】

基于任务二中对谢先生家庭进行的财务分析，为谢先生家庭提供家庭财务综合诊断建议。

拓展阅读

金钱思维与消费思维

综合技能实训

【案例】

张文强，男，30岁，银行职员，新婚妻子李颖莹，28岁，企业白领，两人本科毕业后都留在广州工作，目前正在筹备婚礼，希望理财师帮助他们一起规划未来的幸福生活。

截至2019年12月31日，家庭的财务情况如下：

家庭资产负债情况：张先生名下有活期存款5万元，银行理财产品50万元，股票型基金15万元，混合型基金15万元，股票市值159 800元；张太太名下有某记账式国债，市值101 920元，指数型基金市值336 270元。家庭无负债。

家庭收入支出情况：过去一年张先生和张太太的税后年收入分别为25万元、15万元。金融投资收益分别为3万元、1万元。年支出为各3万元，其中房租支出各6 000元，目前两人均住在单位宿舍，每月租金500元。

张先生和张太太均有社保，缴费基数分别为20万元、10万元。张先生住房公积金账户余额8万元，社保养老金个人账户余额3万元，已缴费6年；张太太住房公积金账户余额3万元，社保养老金个人账户余额1万元，已缴费3年。医疗保险账户各5 000元。张先生所在银行已为员工购买团体定期寿险，保额20万元，意外保险保额50万元。张先生和张太太自己均未购买任何商业保险。

【操作示范】

一、编制家庭财务报表

张先生家庭资产负债表和张先生家庭收支储蓄表如表 2－13 和表 2－14 所示。

表 2－13　张先生家庭资产负债表

日期：2019 年 12 月 31 日　　元

资产	金额	负债和净资产	金额
活期存款	50 000		
流动性资产合计	50 000	**流动性负债合计**	0
银行理财产品	500 000		
债券	101 920	**投资性负债合计**	0
基金	636 270	自住房按揭贷款	0
股票	159 800	**自用性负债合计**	0
个人医保账户	10 000	**负债总计**	0
住房公积金账户	110 000		
社保养老金账户	40 000		
投资性资产合计	1 557 990		
自用房产	0	**净资产总计**	1 607 990
自用性资产合计	0		
资产总计	1 607 990	**负债和净资产总计**	1 607 990

说明：社保养老金账户余额属于家庭投资性资产，但由国家统一管理，家庭不可自行运用。

表 2－14　张先生家庭收支储蓄表

日期：2019 年 1 月 1 日至 2019 年 12 月 31 日　　元

项目	金额
工作收入	502 000
其中：工资薪资收入	400 000
社会养老保险个人账户年缴存额	24 000
社会医疗保险个人账户年缴存额	6 000
住房公积金个人账户年缴存额	72 000
减：生活支出	60 000
其中：家庭生活支出	60 000
工作储蓄	442 000
理财收入	40 000
其中：金融投资收益	40 000
减：理财支出	0
其中：利息支出	0
保障型保费支出	0
理财储蓄	40 000
总收入	542 000
总支出	60 000
总储蓄	482 000

二、家庭财务分析

1. 基于财务报表，分析家庭的财务结构

（1）张先生家庭资产负债结构分析如表 2－15 和图 2－6 所示。

表 2－15　张先生家庭资产负债情况　　元

结构	资产	负债	净资产
流动性	50 000	0	50 000
投资性	1 557 990	0	1 557 990
自用性	0	0	0
总计	1 607 990	0	1 607 990

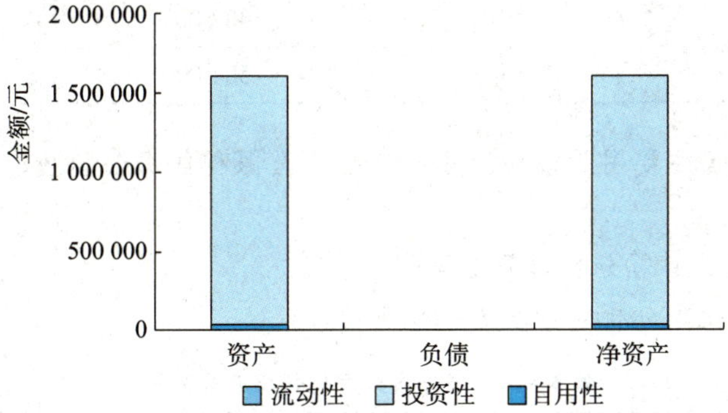

图 2－6　张先生家庭资产负债结构图

家庭资产以投资性资产为主，无自用性资产，家庭无负债。

（2）张先生家庭收入支出结构分析如表 2－16 和图 2－7 所示。

表 2－16　张先生家庭收支储蓄情况　　元

结构	收入	支出	储蓄
工作（生活）	502 000	60 000	442 000
理财	40 000		40 000
其他	0	0	0
总计	542 000	60 000	482 000

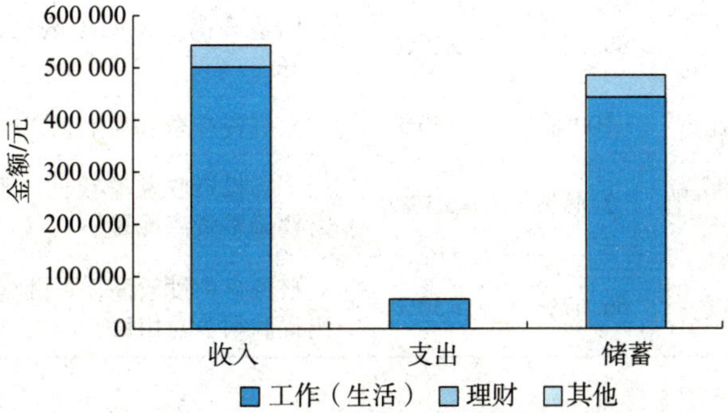

图 2－7　张先生家庭收支储蓄结构图

家庭收入以工作收入为主，理财收入占比较低；家庭支出较少，家庭储蓄率高。

（3）张先生家庭储蓄运用情况分析如表2－17所示。

表2－17 张先生家庭储蓄运用情况分析

储蓄	金额/元	比重/%
固定用途储蓄	102 000	17.47
社会养老保险个人账户年缴存额	24 000	4.11
社会医疗保险个人账户年缴存额	6 000	1.03
住房公积金个人账户年缴存额	72 000	12.33
储蓄型保费	0	0.00
还房贷本金	0	0.00
自由储蓄	482 000	82.53
总储蓄	584 000	100.00

家庭固定用途储蓄主要用于缴存社保养老金、医保和住房公积金；家庭自由储蓄额高，占总储蓄的82.53%。

2. 基于财务报表，计算分析财务比率

张先生家庭财务比率分析表如表2－18所示。

表2－18 张先生家庭财务比率分析表

类别	财务比率	数据	合理范围	数据分析
偿债能力指标	负债比率	0	≤60%	家庭无负债，财务无负担，综合偿债能力较强。可考虑在风险可控范围内，适度运用杠杆投资增加理财收入
	流动比率	∞	≥200%	
	融资比率	0	≤50%	
	财务负担率	0	≤40%	
应急能力指标	流动性比率	10	3～6	家庭应急资金充足，拥有的流动性资产能维持家庭10个月开支
保障能力指标	保费负担率	0	5%～15%	家庭未购买任何商业保险，说明家庭保障意识不足
	保险覆盖率	1.39	≥10	家庭保险覆盖率严重不足，风险发生时，不足以给家庭带来很好的保障
财富增长能力指标	储蓄率	89.37%	≥25%	储蓄率高，说明家庭支出控制能力强，储蓄习惯好
	生息资产比率	100%	≥50%	家庭资产全部为生息资产，财富增长后劲足
	平均投资收益率	2.49%	≥5%	平均投资收益率较低，表明投资理财能力较弱，需要调整资产配置
财务自由度指标	财务自由度	66.67%	≥30%	财务自由度较高，可继续增加理财收入或降低支出提高财务自由度

三、家庭财务现状小结

综上分析结果，提出家庭财务诊断意见如下：

（1）家庭无负债，储蓄率高，说明储蓄意识强，储蓄习惯好，望继续再接再厉；张先生夫妻年轻，有一定风险承受能力，可考虑利用财务杠杆加速资产成长；

（2）流动性资产充足，可适当降低流动性资产，提高投资性资产比重；

（3）平均投资收益率较低，说明资产配置组合需要调整，做好资产配置与投资规划；

（4）除了公司付费的团体险以外，家庭未购买任何商业保险，保障明显不足，应列支保费预算，增加寿险保额，做好风险管理与保险规划。

综合素养提升

【时政素材】

2022 年 12 月 1 日，全国 16 万户家庭成为新一轮“国家记账人”。怎么回事呢？请看下面一封信：

尊敬的调查户：

您好！

国家住户调查记账工作今天正式启动了。

感谢您的家庭能顾全大局，克服当前的疫情影响，积极参与住户调查试记账！经过一个月的试记账，相信您已经熟悉了住户调查电子记账的方法。

从今天起，请您接受辅助调查员的指导，使用住户调查 e 记账 APP 每天连续记账。

“人民生活更加幸福美好，居民人均可支配收入再上新台阶”是党的二十大报告提出的“到二〇三五年，我国发展的总体目标”之一。“居民人均可支配收入”这个民生指标的数据，就来源于像您的家庭这样被国家抽中的住户调查户。未来的五年，您记录的每一笔数据都将成为国家了解民生的重要依据，您家庭的付出对于国家民生事业意义非凡！

住户调查需要您的大力支持配合。统计部门也将积极贯彻落实党的二十大精神，坚持以人民为中心的发展思想，认真组织开展这项调查工作。在此，我们郑重承诺：在未来的工作中，统计部门将坚决落实习近平法治思想，严格执行《统计法》及相关法律法规，对您所填写的资料予以保密，有效保护您的权益，绝不会将您家庭的信息泄露给其他任何单位和个人。

再次感谢您及家人对住户调查工作的支持配合！为了国家的民生事业，让我们一起努力！一起坚持！一起加油！

国家统计局增城调查队

2022 年 12 月 1 日

（资料来源：微信公众号“广州增城发布”https://mp.weixin.qq.com/s/D6N0bV6yxCXNsdf6-EufotQ）

【学思践悟】

请同学们上网查询相关资料，了解“国家住户调查记账”的目的、内容与方法。如果将其与本项目我们所学习的家庭记账进行对比，有何区别呢？

思考与拓展

扫码阅读下面两份材料，结合所学知识，思考并回答以下问题：

1. 家庭应当如何积累财富？
2. 如果要为自己或自己所在家庭制定一份财富增长计划，你会怎么做？

亿万富翁家书中的财富定律　　30 元一杯的咖啡，5 年喝掉一套房

第三部分　项目考核与评价

项目练习题

一、单项选择题

1. 有关家庭资产负债表的功能，下列叙述正确的是（　　）。

A. 可以显示一段时间的家庭收支状况

B. 可以显示一个时点的现金流量状况

C. 可以显示一个时点的家庭资产与负债状况

D. 可以显示一段时间的家庭资产与负债状况

2. 以下选项中，在家庭资产负债表中属于投资性资产的是（　　）。

A. 活期存款　　B. 基金　　C. 住房　　D. 家庭炒股用的电脑

3. 家庭会计使用的会计核算原则是（　　）。

A. 收付实现制　　B. 权责发生制

D. 以上两者相结合　　D. 以上都不是

4. 财务安全与财务自由是理财规划所要达到的目标。以下选项中，实现了家庭财务自由的是（　　）。

A. 购买了充足的保险，建立了完备的家庭保障计划

B. 无负债，家庭净资产达 1 000 万元

C. 家庭年总收入为 30 万元，总支出为 15 万元，年结余 15 万元

D. 家庭理财收入完全覆盖了家庭发生的各项支出

5. 以下关于客户家庭收入说法不正确的是（　　）。

A. 客户家庭收入由工作收入、理财收入和其他收入构成

B. 客户家庭收入包括丈夫、妻子和已成年子女的收入

C. 丈夫除工作以外，业余兼职的收入也属于家庭收入

D. 买彩票中奖也属于家庭收入

二、多项选择题

1. 以下选项中，在家庭资产负债表中属于流动性资产的是（　　）。

A. 现金　　B. 衣物及日常生活用品

C. 短期债券　　D. 活期储蓄存款

2. 以下财务比率中，反映家庭偿债能力的指标有（　　）。

A. 负债比率　　B. 流动性比率　　D. 流动比率　　D. 财务负担率

3. 以下选项中不记入家庭收支储蓄表的是（　　）。

A. 年工作收入为 12 万元

B. 住房公积金账户余额当年增长了 3 万元

C. 以前没有买保险，当年购买保险，保额为 30 万元

D. 定期存款到期，将该笔存款直接用来提前还贷

三、技能操作题

请运用所学，对自己的家庭进行家庭财务分析（真实任务）。

1. 与自己的父母沟通，收集你所在家庭的全部财务信息，用文字形式描述与记录，形成真实案例；

2. 分类整理以上真实案例中的财务信息，编制家庭资产负债表和家庭收支储蓄表；

3. 对家庭财务进行分析；

4. 提出家庭财务综合诊断建议。

四、素质提高题

请从本项目学习开始，应用手机记账软件，设计自己的记账本，每日对自己的收入、支出明细进行记录，并尝试使用预算管理的方法，控制自己的支出。

完整版练习题，请扫描二维码获取。

项目二练习题

学习评价表

<table>
<tr><th colspan="2">学习目标</th><th colspan="2">考核方式与标准</th><th colspan="4">评价结果</th></tr>
<tr><th rowspan="2">目标类别</th><th rowspan="2">具体目标</th><th rowspan="2">考核方式</th><th rowspan="2">考核标准</th><th rowspan="2">自评</th><th colspan="2">互评</th><th rowspan="2">综评</th></tr>
<tr><th>同伴</th><th>教师</th></tr>
<tr><td>素质目标</td><td>具备准确记录财务信息的信息记录能力，以及对财务信息进行分类、整理与综合分析的信息处理能力；具备自我财务管控的能力</td><td>项目练习题（素质提高题）</td><td rowspan="3">分优、良、中、及格四档，详细考核标准请扫描二维码获取
项目二学习评价表</td><td></td><td></td><td></td><td></td></tr>
<tr><td>知识目标</td><td>了解家庭会计的基本概念，理解家庭会计与企业会计的不同；了解家庭资产、负债、收入和支出的分类；了解家庭资产负债表、家庭收支储蓄表的框架与内容；理解家庭收支结构、资产负债结构；理解财务比率的计算公式与不同含义</td><td>项目练习题（单项选择题、多项选择题）</td><td></td><td></td><td></td><td></td></tr>
<tr><td>技能目标</td><td>会编制家庭资产负债表和家庭收支储蓄表；会基于财务报表分析和诊断客户财务状况；会计算财务比率并运用财务比率综合分析家庭财务状况；会综合各类分析结果为客户提供财务诊断建议</td><td>任务一、二、三的实训题，项目练习题（技能操作题）</td><td></td><td></td><td></td><td></td></tr>
</table>

说明：考核标准仅供参考，可根据具体情况灵活调整。

项目三　制定保险规划方案

居安思危，思则有备，
有备无患，敢以此规。

——左丘明《左传》

第一部分　项目导入

理财师工作实务

【实际工作案例】

客户王女士拿着一张保险产品折页，见到理财师韩梅梅说要买保险，且要求现在就买。韩梅梅接过她手中的折页，发现这原来是一张万能险产品的说明书。理财师没有马上带她去柜台买保险，而是先问了她三个问题：您为什么想买保险？以前有没有买过保险？买过哪些保险？王女士回复："除了单位买的社保和医保，没有买过其他保险。"并告诉理财师要买保险的想法来自自己一位多年好友得重疾花光积蓄还导致家庭负债累累，最后无奈放弃治疗的经历。得了重疾没钱治，拖累家庭确实很痛苦，她担心自己遇到这样的情况，还担心万一自己遭遇不幸，老人和孩子怎么办，所以下决心要买保险。

【理财师分析】

基于王女士诉说的以上情况，理财师分析如下：

（1）避免因突发疾病导致医疗费用不足是其主要的保险需求，建议王女士配置健康保险。以重大疾病保险为代表的健康保险可以帮助王女士获得保险给付金，或者部分补偿医保不能报销的医疗费用，或者获取一定的住院津贴等。

（2）避免因自己离开人世导致至亲陷入生活困境是其第二个保险需求，建议王女士配置人寿保险。当被保险人发生死亡事故时，由保险公司向受益人支付保险合同约定的保额，这是人寿保险的主要功能之一，能够避免王女士所担心的“自己万一发生不幸，年迈的父母与年幼的孩子生活可能无保障”的情况。

（3）万能险难以满足王女士的以上保险需求。王女士想要购买的万能险是一种新型人寿保险，并不是一种单纯的保障型保险，根据王女士自述的购买保险的需求，万能险不是最佳选择。

理财师工作任务

理财师的工作任务之一是为客户制定合适的保险规划，以帮助其家庭建立一道风险屏障，尽量减少由于风险事故发生对家庭财务造成的不良影响。理财师为客户制定保险规划时，一般分四步进行：

第一步：识别、分析与评估风险，明确风险管理的目标及优先级别；

第二步：计算各类保险需求额度；

第三步：制定家庭基本保障计划；

第四步：制定家庭全面保障计划。

第二部分　项目学习

保险规划是每个家庭都应该做的重要规划，为家庭制定保险规划可以减少风险给个人和家庭造成的经济损失，减轻风险事故对家庭生活的影响，保证个人和家庭生活的安全、稳定。本项目主要是让学习者能够全面分析个人和家庭面临的风险，能够掌握保险的概念和保险的种类，能够明确客户的保险规划目标，能够分析家庭保险需求，能够计算保险需求额度，能够为客户家庭制定保险规划方案。

学习任务概述

学习目标

目标类型	目标要求
素质目标	具备较强的协调沟通能力；具备全面风险管理的意识与能力；具备主动获取新知识、新技能的能力
知识目标	了解风险的概念与风险管理的内涵，了解个人与家庭面临的风险和风险管理对策；理解保险基本知识；理解保险规划的意义；掌握保险的种类与特征；掌握保险规划的流程
技能目标	能识别家庭面临的风险；能运用不同种类保险应对不同风险；能分析家庭保险规划需求；能计算家庭寿险额度需求；能制定家庭基本保障计划；能制定家庭全面保障计划

学习导图

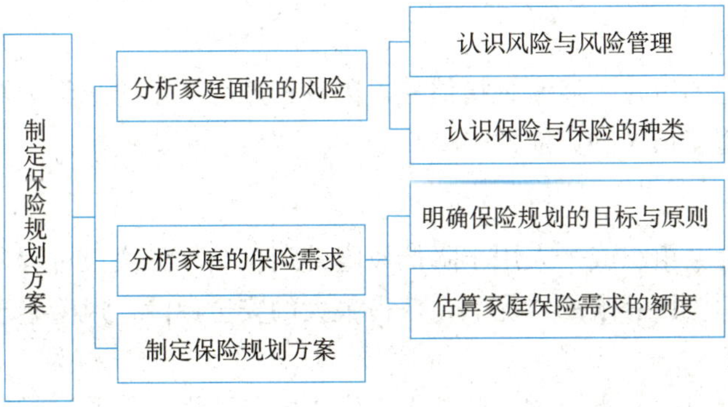

任务一　分析家庭面临的风险

训练一　认识风险与风险管理

知识要点

一、风险的种类

按风险的对象不同分类，个人和家庭面临的风险包括人身风险、财产损失风险、责任风险和信用风险。

（一）人身风险

人身风险是指在日常生活以及经济活动过程中，个人或家庭成员的生命或身体遭受各种损害，因此造成经济收入能力降低或灭失的风险。人身风险事故的发生可能导致个人或家庭的经济收入减少、中断或利益受损。人身风险如表 3－1 所示。

表 3－1　人身风险

风险	风险类别	说明
人身风险	死亡、全残	家庭永久失去生产能力、收入能力
	部分残废	家庭丧失部分生产能力（赚钱能力）
	疾病	罹患疾病（重大或普通）所需的医疗费用以及因此带来的收入损失
	老年	退休时未准备足够晚年生活与健康保障需要的退休金

（二）财产损失风险

财产损失风险是指个人和家庭拥有或使用的财产，由于自然灾害、盗窃、碰撞等风险事故而造成的财产损失。

（三）责任风险

责任风险是指因个人或团体的疏忽或过失行为，造成他人财产损失或人身伤亡的，按照法律应负法律责任或按照契约应负契约责任的风险。除个人或家庭外，企业及其他组织都有可能成为责任风险的来源。责任风险可能给个人或家庭造成损害赔偿金、法律相关费用和法院相关费用三类经济损失。

（四）信用风险

信用风险又称违约风险，通常是指债务人因种种原因，不愿或无力履行合同条件而构成违约，致使债权人遭受损失的可能性。

二、风险管理

风险管理是指社会组织或个人用于降低风险的消极结果的决策过程。风险管理的对象是风险，目标是在可用资源有限的情况下，获得最大的安全保障。风险管理有四种方法：

（一）回避风险

回避风险指杜绝风险暴露，主动避开损失发生的可能性，但并不是所有的风险都可以回避或应该回避，回避风险会带来较高的机会成本。譬如，担心发生空难的风险而改乘坐轮船，虽然回避了空难风险，但是带来了发生海难的风险，并且耗费了时间。

（二）预防风险

预防风险指采取预防措施，以减少损失发生的可能性及损失程度。譬如兴修水利预防洪水和干旱、建造防护林预防沙尘暴。

（三）自留风险

自留风险指主动承担风险，一般适用于对付发生概率小且损失程度低的风险。

（四）转移风险

转移风险指通过某种安排，把自己面临的风险全部或部分转移给另一方。

识别风险与风险管理

技能训练

【案例】

张小武夫妇今年均 35 岁，儿子 5 岁。张小武供职于某外企，税后年收入 40 万元，妻子全职在家照顾孩子，家庭每月生活开支14 000元，非住家保姆每月工资4 000元，家庭每月供奉双方父母各1 000元。

家庭现住的房产是10年前张小武以20年按揭贷款购买的（总价120万元，贷款年利率5.35%，未偿还本金756 445.81元）；家庭有小汽车一辆，5年前购置价为20万元。

请帮助张小武进行家庭风险分析。

【操作示范】

根据案例中说明的张小武家庭情况，分析其个人和家庭风险如下：

（1）家庭收入来源者的死亡、残疾、重大疾病是家庭主要的风险。

（2）财产损失风险重点注意房产与汽车的财产损失风险。

（3）责任风险重点要注意汽车所带来的责任损失风险，也需要风险转移。

实训活动

结合自己所在原生家庭的现状，进行家庭风险分析。

保险小故事

关于保险起源的3个小故事

训练二　认识保险与保险的种类

知识要点

一、保险的定义

保险是指投保人根据合同约定，向保险人支付保险费，保险人对于合同约定的可能发生的事故因其发生所造成的财产损失承担赔偿保险金责任，或者当被保险人死亡、伤残、疾病或者等到合同约定的年龄、期限等条件时承担给付保险金责任的商业保险行为。

二、保险的种类

按照保险标的不同，保险可以分为人身保险、财产保险、责任保险和信用（保证）保险。

人身保险的种类与功能

（一）人身保险

应对人身风险的保险产品有人寿保险、意外伤害保险和健康保险。

1. 人寿保险

人寿保险是指以被保险人的寿命为保险标的，以被保险人的生存或死亡为保险事故的一种保险。在保险期间，当被保险人发生合同约定的保险事故（生存或死亡）时，由保险公司按照合同约定给付保险金。

（1）死亡保险是指以被保险人的死亡作为给付保险金条件的人寿保险，按照期限不同分为定期寿险和终身寿险。定期寿险指被保险人在约定的保险期限内死亡时，保险人都要履行给付保险金责任的保险，如果超出保险期限被保险人仍然生存，保险人不承担保险责任。定期寿险提供的是固定期限内单纯的风险保障，相比其他寿险产品，保费相对较低。终身寿险指无论被保险人何时死亡，保险人都要履行给付保险金责任的保险。终身寿险提供的是终身保障，与定期寿险不同，终身寿险具有保单现金价值。

（2）生存保险是指以被保险人的生存作为给付保险金条件的人寿保险，通常在保险合同中约定，当被保险人生存一定年数（如 10 年、20 年）或生存至某一特定年龄（如 18 岁、65 岁）时，由保险人承担给付保险金的责任。生存保险金如果按约定的时间间隔分期给领取人，则称为年金保险。目前在保险市场上，年金保险通常包括两类：一类是养老年金保险，另一类是教育年金保险，分别以养老保障和子女教育金积累为目的。

（3）两全寿险又称生死合险，是指无论被保险人在保险期间死亡或在保险期满时仍然生存，保险人均给付保险金的人寿保险，通常被认为是定期寿险和生存保险的结合。其优点在于既可以使受益人在保险存续期间得到保障，又可以使被保险人在保险期届满时享受到保险金利益。

2. 意外伤害保险

意外伤害保险又称意外险，是指被保险人因遭受意外伤害，而导致身体残疾、死亡，保险公司按照合同约定的残疾给付比例支付残疾保险金，或者按规定的保险金额支付身故保险金的一种人身保险产品。

意外伤害保险是专门针对意外伤害事件承担保险责任的保险产品，意外伤害事件具有外来的、突发的、非本意的和非疾病的特点。

3. 健康保险

健康保险是指以被保险人的身体作为保险标的，对被保险人因疾病或意外事故所致伤害时发生的直接费用和间接损失进行补偿的一种人身保险。按照保险保障内容的不同，健康保险可分为疾病保险、医疗保险、失能收入损失保险和长期护理保险。

（1）疾病保险是指以保险合同约定的疾病的发生为给付保险金条件的保险，给付方式通常为一经确诊为约定疾病则一次性支付保险金额。目前我国最重要的疾病保险产品主要是重大疾病保险。

（2）医疗保险是指以保险合同约定的医疗行为的发生为给付保险金条件，为被保险人接受诊疗期间的医疗费用支出提供保障的保险，给付方式包括费用补偿型和定额给付型两种方式。

（3）失能收入损失保险是指当被保险人因合同约定的疾病或意外伤害导致工作能力丧失为给付保险金条件，为被保险人在一定时期内收入减少或中断提供保障的保险。

（4）长期护理保险是指因年老、疾病、伤残导致日常生活能力障碍而需要长期照顾的被保险人提供长期护理服务费用的保险。长期护理保险的保险金给付期限通常有 1 年、数年直至终身等方式，可供客户选择。

（二）财产保险

广义的财产保险是指以财产及其有关的经济利益和损害赔偿责任为保险标的的保险；狭义的财产保险是指以物质财产为保险标的的保险，狭义的财产保险又称为财产损失保险。

1. 财产损失保险

财产损失保险分为企业财产保险与家庭财产保险。目前常见的家庭财产保险包括普通家庭财产保险、家庭财产两全险、投资保障型家庭财产保险和个人贷款抵押房屋保险。

2. 机动车辆保险

机动车辆保险既包含财产损失保险，也包含责任保险，是目前财产保险公司业务最大的险种，包括基本险和附加险两部分。基本险包括机动车辆损失险、机动车交通事故责任强制保险（简称交强险）和机动车商业第三者责任保险；附加险包括全车盗抢险、玻璃单独破碎险、自燃损失险等，未购买基本险的，不能购买附加险。

（三）责任保险

责任保险是指以被保险人对第三者依法应负的赔偿责任为保险标的的一种保险。与财产损失保险不同，责任保险的保险标的并不是具体的物质财产，而是被保险人在法律上应负的民事损害赔偿责任。根据承保责任范围不同，主要分为公众责任保险、产品责任保险、雇主责任保险和职业责任保险。

（四）信用（保证）保险

信用（保证）保险是以信用风险为保险标的保险，指由保险人（保证人）为信用关系的义务人（被保险人）提供信用担保的一类保险业务，是一种担保性质的保险。按照投保人不同可分为信用保险和保证保险。个人贷款信用保险是个人或家庭常见的一种信用（保证）保险。

技能训练

【案例1】

请见“训练一　认识风险与风险管理”中“技能训练”的张小武案例，根据家庭风险分析的结果，为张小武选择合适的保险品种以实现风险的转移。

【操作示范】

基于训练一中对张小武家庭风险分析的结果，建议张小武家庭可以选择如表3－2所示的保险品种。

表3－2　可选择的保险品种

可选择的保险品种	与之对应的家庭风险描述
定期寿险、终身寿险、意外伤害保险、重大疾病保险	张小武作为家庭唯一经济来源，一旦发生意外，出现死亡、残疾、疾病等风险事故，家庭不仅面临经济生活来源的中断，还会面临因无力偿还房贷而无处安身的风险
普通家庭财产保险	火灾等自然灾害引起的家庭房屋财产损失
机动车辆损失险、机动车交通事故责任强制保险（简称交强险）和机动车商业第三者责任保险，附加险（全车盗抢险、玻璃破碎险）	因自然灾害或者意外事故带来的财产损失和责任风险，因盗窃等事故引起的汽车财产损失风险

【案例2】

2020年年初，新型冠状病毒性肺炎肆虐全球，病毒传染性极强，全部人群都属于易感人群，人人都有被传染的风险，因此人人出门都要戴口罩。除了口罩以外，我们可以怎样运用保险来做好风险转移呢？

【操作示范】

常见的保险有意外险、医疗险、重疾险、定期寿险和终身寿险等，对于因新型冠状病毒而导致的医疗或者身故，配置哪种保险可以获得赔偿呢？下面分别来看看：

（1）意外险。新冠病毒性肺炎属于疾病，而非意外，因此，由于新冠肺炎所导致的死亡，意外险不赔付。

（2）定期寿险。定期寿险，倘若在保险期内因新冠病毒性肺炎不幸身故，可以获得赔付。

（3）重大疾病保险。重大疾病保险，是指由保险公司经办的以特定重大疾病，如恶性肿瘤、心肌梗死、脑出血等为风险发生时，当被保险人达到保险条款所约定的重大疾病状态后，由保险公司根据保险合同约定支付保险金的商业保险行为。新冠病毒性肺炎不属于保险条款约定的重大疾病，无法获得给付。

（4）医疗保险。扣除医保报销及免赔额以后，属于医疗保险保障范围内的医疗费用均能获得报销。因此，新型冠状病毒性肺炎能否赔付，关键看是否属于保险合同约定的保障范围。

将以上分析总结如下：对于新型冠状病毒性肺炎患者，如果之前购买了意外险，是无法获得赔付的；如果之前购买了定期寿险，一旦发生身故事件，一般可以获得赔付；如果之前购买了医疗险，扣除医保报销及免赔额以后，属于医疗保险保障范围内的医疗费用均能获得报销。

（以上案例改编自 https://mp.weixin.qq.com/s/9CRJUYIeiRDctc－PodFmDA）

实训活动

【案例】

王小梅，女，23 岁，大学本科毕业后在一家旅行社从事导游工作，目前工作期间住公司提供的单身宿舍，非工作期间与父母同住。

【实训任务】

请为案例中的王小梅进行风险分析，为其选择合适的保险品种以转移风险。

Tips

家庭出游，该购买哪些适合的保险

任务二　分析家庭的保险需求

保险是家庭进行风险管理的必备工具，不同家庭的保障需求可能不同，理财师在为家庭进行保险规划前，需要认真分析家庭的保险需求。

训练一　明确保险规划的目标与原则

家庭需要在全面进行个人和家庭风险分析的基础上，明确保险保障目标，进一步做好保险规划。

知识要点

一、保险规划的目的

个人或家庭购买保险是为了避免风险事故发生后导致的人身伤害、家庭财产损失或责任损失，危害到家庭现有的生活。因而，保险规划的首要目的是获得保障，以保证个人和家庭生活的安全、稳定，但随着保险产品功能的完善，家庭购买保险的目的有所不同，主要分以下三种情况：

（一）纯风险保障

风险保障是保险规划的主要功能。一是为了应对家庭收入者在发生生命风险的情况下，家庭仍然能保持一定收入水平或生活水平或维持原理财目标，可通过定期寿险、意外伤害保险获得保障；二是为了应对在因疾病等健康原因导致的费用支出或收入损失的情况下，有足够的医疗费用或者补偿家庭的收入，可通过健康保险获得保障；三是为了应对家庭财产如房产汽车等因自然灾害或者意外出现损失时，有一定的经济补偿，可通过家庭财产保险和机动车辆相关险种及其附加险获得保障。

（二）风险保障＋投资储蓄

在此情形下，风险保障的目的与纯风险保障相同。集风险保障与投资储蓄于一身的保险主要是人寿保险中的终身寿险（含分红）、两全寿险（含分红）、投资连结保单和万能寿险。被保险人在保险期限内死亡时，既可获得风险保障（如风险保额），又可获得投资储蓄收益（如现金价值）；被保险人生存至保险期满时，可获得保险金，形成生存风险的保障或者形成特定的经济保障（如小孩的教育基金、被保险人自身的退休养老金）。

（三）风险保障＋遗产

在此情形下，购买保险的目的是既满足风险保障的需要，同时满足家庭遗产规划的需要。人寿保险是遗产规划的有效工具，因为被保险人的死亡保险金（指定受益人），是不作为被保险人的死后遗产的。因而被保险人可以根据自身遗产规划需求的大小，提前购买与遗产金额相当的保额的终身保险，从而实现遗产的巧妙继承。在开征遗产税的国家，人寿保险在遗产规划中的作用巨大。

二、家庭生命周期与保险规划目标

人生不同阶段面临的风险不同，因此，每个阶段保险规划的目的与重点也有所不同。不同家庭生命周期的保险规划如表3－3所示。

表3－3　不同家庭生命周期的保险规划

人生阶段	单身期	家庭形成期（筑巢期）	家庭成长期（满巢期）	家庭成熟期（离巢期）	家庭衰老期（空巢期）
阶段描述	年轻、奔波，意外事故发生率较高，保费非常便宜	成家立业，工作压力较大，可能贷款买房	子女出生，家庭负担重，工作压力大，子女教育费用高，自身健康要注意	最大子女完成学业，家庭责任减轻，家庭收入达到顶峰，随着年龄增长，医疗费用增加	夫妻均退休，收入大幅减少，医疗费用大幅增加

续表

人生阶段	单身期	家庭形成期（筑巢期）	家庭成长期（满巢期）	家庭成熟期（离巢期）	家庭衰老期（空巢期）
保险规划目的	纯风险保障，以父母为受益人	以风险保障为主，以配偶为受益人	以风险保障为主，兼顾投资储蓄需求，增加子女为受益人	以风险保障为主，兼顾投资储蓄需求	风险保障＋遗产规划需求
适合险种	意外伤害保险； 定期寿险； 住院医疗保险	定期寿险/终身寿险； 意外伤害保险； 住院医疗保险； 重大疾病保险	定期寿险/终身寿险； 意外伤害保险； 重大疾病保险； 住院医疗保险； 子女教育保险； 养老年金保险	定期寿险/终身寿险； 意外伤害保险； 重大疾病保险； 住院医疗保险； 养老年金保险	意外伤害保险； 住院医疗保险； 终身寿险

三、保险规划的原则

保险规划的原则可以归纳为以风险缺口为基础，保障为先，分清主次，优化组合，量力而行。

（一）以风险缺口为基础

家庭总风险缺口对应总保险需求，分项缺口对应分项保额。

（二）保障为先

风险保障是保险的基本功能，也是保险最为独特的功能，而储蓄投资和遗产避税等功能是保险产品衍生出来的功能。因此，个人和家庭在进行保险规划时，应优先做好风险保障，再考虑储蓄投资、遗产避税。

（三）分清主次

保险规划时，要注意风险防范的顺序。一是按照风险事件影响程度进行风险排序，一般按照死亡全残风险、部分全残风险、重大疾病风险、普通疾病与医疗费用风险、房屋火灾风险、汽车碰撞风险、责任风险与老年风险的优先次序进行；二是按照保险标的对家庭经济的贡献程度进行风险排序，首先考虑家庭主要收入者，再考虑家庭次要收入者。家庭保险规划时的优先次序如表 3－4 所示。

表 3－4　家庭保险规划时的优先次序

风险	风险类别	所需保险	优先顺序
人身保险	死亡、全残	人寿保险	1
	部分残废	意外伤害保险、失能保险	2
	重大疾病	重大疾病保险	3
	普通疾病		4
	退休养老	养老年金保险	8
财产损失保险	房子火灾	家庭财产保险	5
	汽车碰撞	与机动车有关的财产保险	6

续表

风险	风险类别	所需保险	优先顺序
责任保险	个人责任、专业责任	家庭责任保险、第三者责任险、车上责任险、交强险、业务过失责任保险	7

（四）优化组合

优化组合的目标是用最少的保费做最大的风险保障，可充分利用附加险、保费豁免、消费型险种等，避免重复投保。

1. 充分利用附加险

附加险指附加在主险合同下的附加合同，是对主险基本保障功能的扩充，使保险保障更加全面。其优势是以低保费成本获得高保险保障。例如，某客户因不明物下坠砸伤所致的医疗费，如果投保终身寿险时附加了意外伤害医疗保险，则本次因意外伤害产生的医疗费用就能获赔。

2. 充分利用保费豁免

保费豁免指投保人或被保险人在缴费期内发生合同约定的保险事故（如身故、残疾或重疾等），可免交主险或长期附加险合同剩余的各期保费，而合同依然有效。例如，带有保费豁免条款的教育金保险，如果缴费期间父母有重大疾病或发生意外而失去缴纳保费能力时，保险合同依然有效。

（五）量力而行

给客户家庭制定保险规划时，理财师应综合分析客户目前和未来的财务状况与经济实力。当家庭收入水平与保费预算有限时，可考虑以下两种方式：一是集中资源做好重要风险保障，譬如死亡全残风险等；二是充分利用免赔额、消费型保险，在保障内容不变的情况下，降低保费支出。

1. 充分利用免赔额

免赔额即免赔的额度，指由保险人和被保险人事先约定，损失额在规定数额之内，被保险人自行承担损失，保险人不负责赔偿的额度。因为免赔额消除了许多小额索赔，损失理赔费用就大为减少，因而有免赔额的保险费率相对降低。

2. 充分利用消费型险种

消费型险种与储蓄型险种相比较，保障内容差异不大，差异主要在于不返还保费、保险期限较短等方面，譬如定期寿险与终身寿险、消费型重疾险与普通重疾险、消费型医疗险与普通医疗险。在保费预算不足时，可以考虑使用消费型险种代替普通险种。

技能训练

【案例1】

附加险，买还是不买

李先生在2015年投保了一份某保险公司的终身寿险（保额10万元），同时附加了10年定期寿险（10万元）、重疾险（保额10万元）、意外伤害险以及意外伤害医疗保险；王先生也跟风购买了同一款终身寿险产品（保额10万元），但并未购买附加险。2023年2月，李先生确诊肺癌晚期，3个月后去世。王先生警醒，也去医院做癌症筛查，结果发现自己患淋巴癌中期，目前正在治疗中。请问李先生和王先生是否都能从保险公司获赔呢？能获得多少赔付？

【案例解析】

（1）李先生购买了终身寿险，并附加了定期寿险、重大疾病险等，终身寿险、定期寿险和重大疾病险均属于给付型保险，根据该案例描述，李先生确诊为肺癌晚期，确诊后即可获赔重大疾病保险的保额10万元，3个月后李先生去世，受益人即可获赔终身寿险的10万元和定期寿险的10万元，因此，李先生一共可从保险公司获得30万元的赔付。

（2）王先生只购买了终身寿险，因为终身寿险是以死亡作为给付条件的，而王先生目前患癌正在治疗中，因此不能获得赔付。

【案例启示】

附加险能够以低保费成本获得更全面、更高额的保险保障，投保人在投保时应当充分利用附加险这一优势。

【案例2】

重复投保的单先生

单先生分别在四家保险公司买了四份保额均为1万元的意外伤害医疗保险。上个月他因车祸入院治疗，治疗共花去5 800元。单先生本来以为自己可以获得四份理赔共计2万多元，但最后只拿到医保报销的3 800元，加上一家保险公司报销的2 000元，总共获赔5 800元。请问单先生能如愿以偿拿到2万多元的赔偿吗？

【案例解析】

意外伤害医疗保险是一种补偿型保险，适用财产险的补偿原则，即保险金的赔偿不能超过被保险人实际支出的医疗费用，因此，单先生不可能获得超过他治疗实际花费的理赔费用。

【案例启示】

（1）购买意外伤害医疗保险切忌重复投保，以免浪费不必要的保费支出。

（2）赔付顺序建议是先医保后商业保险。因为医保中心只收原始凭证，不认同分割单，因此，一旦发生保险事故，最好先从医保报销，再凭医保的结算清单到保险公司申请理赔。

实训活动

【案例】

小张和相恋多年的女友终于修成正果领取结婚证了，在做保险的朋友的建议下，认识到了保险的重要性，小张准备买一份保险送给自己的太太。

【实训任务】

请你从家庭生命周期的角度为小张制定保险规划的目标，并提供购买保险产品的建议。

训练二 估算家庭保险需求的额度

知识要点

一、寿险需求额度估算

（一）倍数法则

倍数法则是以简单倍数关系估计寿险保障的经验法则，最常用的是“双十法则”，即家庭需要的寿险保额约为家庭税后收入的 10 倍，保费支出占家庭税后收入的 1/10。当不能全面掌握客户的家庭资产状况时，可以运用倍数法则大致估算客户的保险需求。倍数法则简单明了，便于客户理解，但缺乏准确性与适应性，不能适用于所有个人或家庭。

（二）生命价值法

生命价值法又称净收入弥补法，是以家庭成员的生命价值为依据，来确定家庭寿险保额的基本方法。人的生命价值指个人未来收入或个人服务价值减去个人生活费用后的资本化价值，是个人未来工作期间净收入的资本化价值。估算因家庭成员不幸而给家庭带来的净收入损失，就是生命价值的损失，也是寿险保障的需求基础。

1. 运用生命价值法计算寿险需求包括四个步骤

（1）确定个人的工作或服务年限；

（2）估算未来工作期间的年收入；

（3）预期生命存续期内每年的收入与支出，计算出每年的净收入；

（4）计算未来每年净收入的贴现值，求和得到生命价值。

2. 运用生命价值法计算寿险需求的优缺点

生命价值法反映出不同个体的预期收入差异与支出差异，反映了不同生命周期的收入与消费特征，与倍数法相比，则更能反映不同的个人或家庭的差异化保险需求，因而更加科学合理，适应性更强。但主要缺陷有二：一是未基于整个家庭的收入情况综合考虑；二是未考虑当前生息资产、负债以及遗产需求情况。一般而言，生命价值法比较适用于单身客户和高净值客户家庭的寿险保额需求计算。

（三）遗属需要法

遗属需要法指从需求的角度考虑某个家庭成员发生不幸后会给家庭带来的现金缺口，主要保障以下需求：家庭债务余额、子女教育金现值、家庭未来生活费用现值、婚嫁金、丧葬费用等。该方法假定家庭主要收入者发生不幸，计算遗属一生支出现值的缺口（遗属一生支出现值 - 已累计的生息资产净值）即为家庭的寿险保额需求。遗属需要法适用于已婚及有子女的客户家庭。具体计算步骤如下：

1. 确定理财目标

客户的理财目标包括偿还贷款、子女教育、赡养老人、退休养老等。理财师要根据客户自己预期的理财目标，结合客户的资产状况和风险承受能力，帮助客户建立合理的理财目标。

2. 进行参数假设

根据当前的宏观经济情况，对未来的通货膨胀率、收入增长率、贴现率等参数进行合理假设。

3. 确认资源与责任

通过家庭资产负债表，明确家庭现有的生息资产，确认现有资源；通过现有家庭收支储蓄表，编制遗属未来生活支出表，确认未来责任。

4. 计算缺口

假定风险事件发生在不同时点，计算遗属所需收入现值与资源现值的缺口，即为寿险保障需求。

二、其他保险需求额度估算

（1）意外险保额一般为寿险保障保额的 2 ~ 5 倍。

（2）医疗险保额一般以目前重大疾病医疗费用（根据经验可设定为 60 万元）的国家基本医疗保险个人自付比例（目前经验值为 30% ~ 50%）为参照。

（3）重疾险保额应重点考虑因重大疾病产生收入损失，一般参考 3 ~ 5 年净收入。

技能训练

【案例 1】

李小汉，男，35 岁，单身，目前税后年收入 12 万元，年支出 5 万元，请计算李小汉的寿险保额需求。假设年通货膨胀率为 4%、收入增长率为 4%、贴现率（投资收益率）为 6%，退休年龄按目前法定年龄计算。

【操作示范】

方法一：按照倍数法则计算。

根据“双十法则”，李先生的寿险保额需求 = 税后年收入的 10 倍，即 120 万元。

方法二：按照生命价值法计算。

李先生的寿险保额需求应当为其退休前即未来 25(60 − 35) 年的净收入现值（即收入现值减去支出现值）。

根据题意得知：收入增长率 = 通货膨胀率，因此：

$$李先生的净收入现值 = (12 - 5) \times (60 - 35) = 175\ （万元）$$

【案例 2】

王晓阳 35 岁，妻子刘小英 30 岁，儿子 8 岁。家庭税后年收入 29 万元，其中丈夫 20 万元，妻子 9 万元。家庭年支出 22 万元，其中王先生个人支出 10 万元，妻子支出 5 万元，儿子支出 7 万元；家庭主要资产负债情况如下：银行存款 10 万元，自住房产价值 90 万元，房贷余额 50 万元。家庭理财目标如下：

（1）家庭应急基金 8 万元；

（2）准备教育基金 12 万元；

（3）准备养老基金 50 万元；

（4）临终与丧葬费用 5 万元。

请计算王先生的寿险保额需求。假设年通货膨胀率为 4%、收入增长率为 5%、贴现率（投资收益率）为 6%，退休年龄按目前法定年龄计算。

【操作示范】

对于已婚且有子女的客户，应用遗属需要法计算寿险保额需求较合适，具体步骤如下：

第一步：列表确定保险保障目标（现值），如表 3－5 所示。

表 3－5　确定保险保障目标（现值）

元

需保障的项目	金额
应急基金	80 000
教育基金	120 000
养老基金	500 000
临终与丧葬费用	50 000
偿还贷款	500 000
遗属生活费用	?
小计	

第二步：计算遗属生活费用（现值）。

如果王先生现在发生不幸，则他的收入会中断，除去妻子刘小英的收入，年收支缺口（现值）有多少。可使用 Excel 列表分别计算遗属年开支与妻子的年收入，如表 3－6 所示。

表 3－6　计算遗属生活费用（现值）

元

(1)	(2)	(3)	(4)	(5)	(6)
		通货膨胀率 4%	收入增长率 5%		贴现率 6%
年度	妻子年龄	遗属年开支	妻子年收入	年收支缺口	现值
0	30	120 000	90 000	－30 000	30 000
1	31	124 800	94 500	－30 300	28 585
2	32	129 792	99 225	－30 567	27 205
3	33	134 984	104 186	－30 797	25 858
……					
24	54	307 596	290 259	－17 338	4 282
25	55	319 900	304 772	－15 128	3 525
小计					400 312

说明：第（5）列＝第（4）列－第（3）列；第（3）列和第（4）列均使用 FV 函数计算，第（6）列使用 PV 函数计算。

第三步：确定王先生的寿险保额需求，如表 3－7 所示。

表 3－7　确定王先生的寿险保额需求

元

需保障的项目	金额
应急基金	80 000
教育基金	120 000
养老基金	500 000

续表

需保障的项目	金额
临终与丧葬费用	50 000
偿还贷款	500 000
遗属生活费用	400 312
小计	1 650 312
减：现有生息资产	100 000
王晓阳寿险保额需求	1 550 312

因此，王晓阳先生至少需要购买保额为155万元的人寿保险。

【案例3】

王先生今年32岁，年收入217 115元。按照“双十法则”，规划王先生的保费支出和保额（保额计算精确到万元）。

保险费率规定如下：

（1）以30岁男性为例，终身寿险附加重大疾病保险每10万元保险金额的保费为3 300元，年龄每增减1岁，相应保费增减100元。

（2）以30岁女性为例，终身寿险附加重大疾病保险每10万元保险金额的保费为3 000元，年龄每增减1岁，相应保费增减100元。

（3）个人普通意外伤害保险每10万元保险金额保费为200元。

请运用“双十法则”，计算王先生应当如何购买以上保险产品？保额及保费分别为多少？

【操作示范】

假设王先生购买终身寿险附加重大疾病保险x份，购买普通意外伤害保险y份。

$$3\ 500x + 200y = 21\ 711.5$$

$$100\ 000(x + y) = 2\ 171\ 150$$

计算得出：

$$x = 5.3,\ y = 16.5$$

因此，终身寿险保额为5.3份×10万元/份，即53万元，保费支出5.3份×3 500元/份，即18 550元；意外险保额为16.5份×10万元/份，即165万元，保费为16.5份×200元/份，即3 300元。

实训活动

【案例】

刘荆州36岁，妻子35岁，女儿10岁。家庭税后年收入25万元，其中丈夫15万元，妻子10万元。家庭年支出23万元，住房按揭供款3万元，女儿教育支出5万元，其余15万元均为家庭生活支出（生活支出丈夫、妻子和女儿的占比为4∶4∶2）。

家庭资产负债情况如下：银行存款15万元，自住房产价值120万元，房贷余额40万元。家庭理财目标如下：

（1）家庭应急基金8万元；

(2) 准备教育基金 20 万元；

(3) 准备养老基金 50 万元；

(4) 准备女儿婚嫁金 10 万元；

(5) 临终与丧葬费用 5 万元。

【实训任务】

请计算刘先生的寿险保额需求。假设年通货膨胀率为 4%、收入增长率为 5%、贴现率（投资收益率）为 6%，退休年龄按目前法定年龄计算。

任务三　制定保险规划方案

保险规划是家庭风险管理的主要内容，家庭面临的风险主要有人身风险、财产风险与投资风险等，其中对家庭影响最大的属于人身风险。因而，理财师在为客户进行保险规划时，将重点放在人身风险的管理上，本任务主要讨论对客户人身风险的保障规划。

知识要点

一、保险品种的配置规则

（一）人寿保险的配置规则

终身寿险（含分红型）应对人生终身风险，如应急基金、临终与丧葬费用开支、遗产规划等的寿险需求；定期寿险应对特定期限内的生命风险需求，如教育基金、养老基金、偿还贷款、遗属生活费用等；两全寿险（含分红型）应对特定期限的死亡风险和生存风险，即保险期限内的死亡风险和保险到期的生存风险，如教育基金、养老基金等；投资连结保险和万能寿险具有保险期限内死亡的风险保障和保险期满的生存保障，相对于两全寿险而言，其储蓄投资功能更强。

（二）意外保险的配置规则

综合意外保险的保障范围较全面，一般包含了意外身故保障、意外伤害保障、意外伤害医疗保障、意外伤害生活津贴等内容。因此，家庭在配置保险时建议优先配置综合意外保险，以应对个人或家庭面临的全方位的意外风险。

（三）健康保险的配置规则

疾病保险以保险合同约定疾病的发生为保险金给付条件；医疗保险以保险合同约定医疗行为的发生为保险金给付条件；失能收入损失保险以保险合同约定的疾病或者意外伤害导致工作能力丧失为保险金给付条件；护理保险以保险合同约定的日常生活能力障碍引发护理需要为保险金给付条件。客户家庭应根据自身风险需要选择健康保险，一般建议优先配置重大疾病保险。

二、保险同心圆险种配置法

每个保险品种的保障范围不同，首先，终身寿险范围最广，不论是何种原因死亡或何时死亡，保险公司都会理赔；其次是定期寿险，虽不论原因但有固定的有效期限；再次是意外险，须向保险公司证明是意外事故引起的死亡或伤残才给付；范围最小的是当次航空意外险或当次大巴车乘客保险，因为这些只是当次航班或者当次大巴出现意外事故时才给付。以上就是保险同心圆险种的概念，规划保单时，可利用保险同心圆的概念，预算足够时，投保大范围，预算不足时，投保小范围，投保范围小，在特定的状况下才可获得保障。

技能训练

【案例】

奇先生，35岁，单薪家庭，年收入80 000元，家庭年支出50 000元。目前家庭拥有住房一套，价值500 000元，房贷余额300 000元，20年本利摊还。年保费预算设定为家庭年收入的10%，即8 000元，家庭应有总保额为负债额加上10年的家庭支出额。请问在下列费率下，应当如何安排保单？若投保20年缴费终身寿险每万元保额年保费208元，20年定期寿险每万元保额年保费64元，意外险每万元保额年保费12元，20年期住院日额型医疗险每千元保费2 500元。假设不考虑收入增长与投资回报。

【操作示范】

1）规划分析：

（1）明确被保险人。单薪家庭，保险规划应以奇先生为主。

（2）计算应有保额。根据案例提供的数据，计算奇先生的应有寿险保额如下：

家庭总负债300 000元＋家庭年支出50 000元/年×10年＝800 000元

（3）配置保险产品。

①计算终身寿险保额与保费。

终身寿险保额＝20年后定期寿险期满时的保额需求

20年后房贷已还清，20年每年储蓄额＝收入80 000－支出50 000－保费8 000＝22 000（元），不考虑增值，20年可累计储蓄440 000元。因此，届时终身寿险的应有保额＝10年支出额－预计累积资产额＝家庭年支出50 000元/年×10年－家庭累积储蓄440 000元＝60 000元，即6万元。

终身寿险应配置保费＝6万元保额×（208元/万元保额）＝1 248元，占保费总预算1 248/8 000，即15.6%。

②计算定期寿险保额与保费。

定期寿险保额需求＝总保额需求－终身寿险保额＝800 000－60 000＝740 000（元）。即74万元。

计算定期寿险应配置保费＝74万元保额×（64元/万元保额）＝4 736元，占保费总预算的4 736/8 000，即59.2%。

③剩余保费预算用来购买意外险或医疗险。

剩余保费预算＝8 000－1 248－4 736＝2 016（元）

若全部购买意外险，可投保意外险保额为2 016元/(12元/万元保额)，即168万元；若投标全部20年期住院日额型医疗险，计算如下：2016元/(2 500元/千元保额)＝806元，可投保日额800元的医疗险。

拟折中投保，即同时投保医疗险和意外险，计划如下：购买日额300元的医疗险（保费750元），剩余保费预算（2 016－750，即1 266元）投保105万元保额的意外险。

2）规划建议：

奇先生家庭为单薪家庭，建议家庭保险保障规划应以奇先生为主，以奇先生作为被保险人购买以下保险组合，如表 3－8 所示。

表 3－8　保险组合

元

保险品种	保额	保费预算
终身寿险	60 000	1 248
20 年期定期寿险	740 000	4 736
意外险	1 050 000	1 266
20 年期住院日额型医疗险	300	750
小计		8 000

实训活动

【案例】

李小年，30 岁，男，已婚，单薪家庭，孩子 2 岁。家庭年收入 6 万元，年支出 4.5 万元。

【实训任务】

假设 20 年定期寿险每万元保额年保费为 37 元，20 年缴费终身寿险每万元保额年保费为 176 元。如果以年收入的 10 倍作为保额需求，年收入的 10% 作为保费预算。请你为李小年先生进行终身寿险与定期寿险的保险组合配置。

综合技能实训

【案例】

理财师韩梅梅与客户王女士进一步沟通后，了解到客户家庭的详细情况如下：

刘先生，40 岁，职业经理人，经常出差，目前税后年收入 35 万元；刘太太即王女士，35 岁，某民办教育机构销售顾问，目前税后年收入 8 万元。两人育有一女，刚满 6 岁。家庭年支出 18 万元，其中刘先生和刘太太年支出各 7 万元，孩子年支出 4 万元。目前家庭有银行存款 10 万元，持有银行理财产品 10 万元，基金 7 万元，自用住房成本价 200 万元，市场价 300 万元，新购自用小汽车一辆，价值 20 万元。

王女士和丈夫刘先生均打算 20 年后退休，目前家庭主要负担为：剩余房贷 60 万元，子女教育金预计需要现值 50 万元。夫妻双方仅购买了社保，均未购买任何商业保险。

【操作示范】

第一步：做必要的假设。假设投资收益率为 4%，收入与支出的增长率均为 3%，临终费用为 5 万元。

第二步：计算寿险需求。

(1) 计算王女士女儿大学毕业前遗属的生活费用（现值）。

若刘先生不幸去世，如表 3－9 所示，计算出遗属刘太太和女儿的生活费用缺口为 39 万元。若刘太太不幸去世，如表 3－10 所示，计算出遗属刘先生和女儿的生活费用无缺口，有盈余 312 万元。

表 3－9　计算遗属生活费用现值（在刘先生遭遇不幸的情况下）　元

(1)		(2)	(3)	(4)	(5)	(6)
			通货膨胀率 3%	收入增长率 3%		贴现率 4%
年度	小孩年龄	妻子年龄	遗属年开支	妻子年收入	年收支缺口	现值
0	6	35	110 000	80 000	30 000	30 000
1	7	36	113 300	82 400	30 900	29 151
2	8	37	116 699	84 872	31 827	28 326
3	9	38	120 200	87 418	32 782	27 524
4	10	39	123 806	90 041	33 765	26 745
5	11	40	127 520	92 742	34 778	25 988
6	12	41	131 346	95 524	35 822	25 253
7	13	42	135 286	98 390	36 896	24 538
8	14	43	139 345	101 342	38 003	23 844
9	15	44	143 525	104 382	39 143	23 169
10	16	45	147 831	107 513	40 317	22 513
11	17	46	152 266	110 739	41 527	21 876
12	18	47	156 834	114 061	42 773	21 257
13	19	48	161 539	117 483	44 056	20 655
14	20	49	166 385	121 007	45 378	20 071
15	21	50	171 376	124 637	46 739	19 503
小计						390 412

表 3－10　计算遗属生活费用现值（在刘太太遭遇不幸情况下）　元

(1)		(2)	(3)	(4)	(5)	(6)
			通货膨胀率 3%	收入增长率 3%		贴现率 4%
年度	小孩年龄	丈夫年龄	遗属年开支	丈夫年收入	年收支缺口	现值
0	6	40	110 000	350 000	240 000	－240 000
1	7	41	113 300	360 500	247 200	－233 208
2	8	42	116 699	371 315	254 616	－226 607
3	9	43	120 200	382 454	262 254	－220 194
4	10	44	123 806	393 928	270 122	－213 962
5	11	45	127 520	405 746	278 226	－207 906
6	12	46	131 346	417 918	286 573	－202 022
7	13	47	135 286	430 456	295 170	－196 305
8	14	48	139 345	443 370	304 025	－190 749
9	15	49	143 525	456 671	313 146	－185 350
10	16	50	147 831	470 371	322 540	－180 105
11	17	51	152 266	484 482	332 216	－175 007
12	18	52	156 834	499 016	342 183	－170 054
13	19	53	161 539	513 987	352 448	－165 241
14	20	54	166 385	529 406	363 022	－160 565
15	21	55	171 376	545 289	373 912	－156 020
小计						－3 123 297

(2) 计算刘先生与刘太太的寿险保额需求，如表3－11所示。

表3－11　计算刘先生与刘太太的寿险保额需求

元

需保障的项目	刘先生保险需求	刘太太保险需求
应急基金	90 000	90 000
教育基金	500 000	500 000
临终与丧葬费用	50 000	50 000
偿还贷款	600 000	600 000
遗属生活费用	390 000（缺口）	－3 120 000（盈余）
减去：现有生息资产	270 000	270 000
小计	1 360 000	－2 150 000

因此，刘先生应有保额为136万元，而刘太太（王女士）的应有保额小于零，可选择不购买寿险。

第三步：确定保险标的与保费预算。

双薪家庭，丈夫刘先生的收入占家庭总收入的81%，是家庭经济支柱，应重点做好刘先生的寿险保障计划，从保额需求计算结果来看，刘先生的寿险保额需求为136万元。根据"双十法则"，刘先生家庭每年税后收入43万元，每年的保费支出控制在43 000元左右。

第四步：配置保险品种组合。

通过向日葵保险专家网页（http://www.xiangrikui.com/）查找相关保险产品并试算保费，分别为刘先生、刘太太进行保险产品配置。

(1) 刘先生（40岁男性）的保险组合建议。

刘先生的寿险保额需求为136万元，因此，需要配置至少136万元保额的人寿保险，考虑到意外风险，为其增加配置综合意外伤害保险，并增加重大疾病保险和住院津贴型保险，如表3－12所示。

表3－12　刘先生（40岁男性）的保险组合建议

保险品种	缴费期限	保障期间	保额/万元	保费预算/元	参考保险产品	备注
定期寿险	20年	20年	120	4 740	安联安创未来定期寿险	
终身寿险	20年	终身	20	5 360	平安福终身寿险(2015)	
附加长期意外保险	30年	至70岁	50	1 750	平安附加长期意外伤害保险(2013)	公共交通或自驾意外身故100万元
综合意外保险	1年	1年	50	465	人保悦享人生意外险1～4类2019版	
重大疾病保险	20年	终身	50	18 250	太平洋福佑安康重大疾病保险	可附加太平洋附加乐享安康住院补贴医疗保险以及太平洋人寿附加保费豁免重大疾病保险
小计				30 565		

说明：充分利用附加险，扩大保障利益。表3－12中太平洋附加乐享安康住院补贴医疗保险和太平洋人寿附加保费豁免重大疾病保险尚未找到保费费率，因此未计入保费预算。

（2）刘太太（35 岁女性）的保险组合建议。

经分析，刘太太的寿险应有保额需求小于零，因此，可不配备人寿保险，其保险配置重点为意外伤害保险和重大疾病保险并附加住院津贴型保险。

综上，刘先生和刘太太的保险 39 873 元，未超出家庭保费预算。由于附加的住院津贴型保险和保险豁免费用并未纳入支出预算，预计未来保险支出会超过 39 873 元，但基本控制在家庭保费预算 43 000 元左右。

【实训任务】

请同学们参照以上操作示范，完成以下实训任务。

汪先生，35 岁，职业经理人，经常出差，目前税后年收入 30 万元；汪太太，30 岁，全职在家照顾孩子。两人育有一女，刚满 5 岁。家庭年支出 12 万元，其中汪先生和汪太太年支出各 5 万元，孩子年支出 2 万元。目前家庭有银行存款 20 万元，持有国债 10 万元，自用住房市场价 200 万元，新购自用小汽车一辆，价值 20 万元。

汪先生和汪太太均打算 25 年后退休，目前家庭主要负担为：剩余房贷 50 万元，子女教育金预计需要现值 30 万元。汪先生夫妻双方仅购买了社保，均未购买任何商业保险。

请为汪先生家庭制定保险规划方案。

综合素养提升

【时政素材】

2023 年 4 月 14 日，银保监会①官网消息，银保监会于近日印发《关于银行业保险业做好 2023 年全面推进乡村振兴重点工作的通知》（简称《通知》）。《通知》指出，要提升农民人身险保障水平，支持保险机构面向城乡低收入人群、农业转移人口、脱贫群众等，研发投保门槛低、责任适度、价格实惠、条款易懂的意外险、定期寿险和补充医疗保险产品，创新发展各类投保简单、交费灵活、收益稳健、领取形式多样的养老保险产品。认真落实大病保险、医疗救助对脱贫群众的优惠政策，不断完善防止返贫保险。

【学思践悟】

请你运用所学知识分析如何利用保险产品助力巩固脱贫攻坚成果？

思考与拓展

扫码阅读材料，结合所学知识，思考以下问题：

未来你打算在各个不同的人生阶段如何给自己以及未来的新生家庭做好保险规划？

保险已成国家政策，《人民日报》手把手教您买保险

① 2023 年 5 月 17 日中国银保监会已改名为国家金融监督管理总局。

第三部分　项目考核与评价

项目练习题

一、单项选择题

1. 在下列所有保险中，保险期限最长的是（　　）。

A. 财产保险　　B. 终身寿险　　D. 意外伤害保险　　D. 健康保险

2. 旅客乘坐飞机或其他交通工具时购买的人身保险是（　　）。

A. 财产保险　　B. 人寿保险　　D. 意外伤害保险　　D. 健康保险

3. 人寿保险又称生命保险，是以人的生命为保险标的，以人的（　　）为保险事故，当发生保险事故时，保险人对被保险人履行给付保险金责任的一种保险。

A. 生存　　B. 死亡　　C. 生存或死亡　　D. 以上都不是

4. 以下产品中不属于健康保险的有（　　）。

A. 重大疾病保险　　B. 综合意外伤害保险

D. 医疗保险　　D. 护理保险

5. 王小五，男，30 岁，单身，目前税后年收入 10 万元，年支出 6 万元，请计算王小五的寿险保额需求。使用“双十法则”计算王小五的寿险额度和保费预算（　　）。

A. 保额 100 万元，保费 6 000 元　　B. 保额 60 万元，保费 6 000 元

C. 保额 100 万元，保费 1 万元　　D. 保额 60 万元，保费 1 万元

二、多项选择题

1. 以下风险中，属于家庭风险的有（　　）。

A. 财产损失风险　　B. 生命长度超过预期的风险

D. 意外死亡的风险　　D. 突发疾病的风险

2. 小王大学毕业刚刚参加工作，找理财师咨询保险规划事宜，理财师在为其计算保额需求时，可以使用（　　）计算。

A. 遗属需要法　　B. 生命价值法　　D. “双十法则”　　D. 以上都可以

3. 以下选项中的保单具有现金价值的是（　　）。

A. 定期寿险　　B. 综合意外伤害保险

D. 终身寿险　　D. 两全保险

三、技能操作题

郭先生今年 40 岁，郭太太为全职家庭主妇，儿子小熊今年 3 岁。郭先生年税后收入 18 万元，家庭年生活支出 7.2 万元，其中郭先生、郭太太和儿子小熊的生活支出均为每月 2 000 元。目前资产负债情况如下：银行理财产品 20 万元，定期存款 5 万元，债券基金 5 万元，另有郭先生购买的保额为 20 万元的终身寿险保单现金价值 2 万元，房贷余额 50 万元。经推测，预计小熊年满 18 岁读大学时的教育金需求约为 8 万元；郭先生 60 岁退休后，届时家庭需准备 100 万元养老金，夫妻俩各 50 万元。假定年贴现率为 5%，不考虑通货膨胀。

请分别按照生命价值法和遗属需要法计算郭先生应增加的寿险保额。

四、素质提高题

请运用所学制定保险规划方案知识，为你所在的原生家庭制定保险规划方案。

完整版练习题，请扫描二维码获取。

项目三练习题

学习评价表

<table>
<tr><th colspan="2">学习目标</th><th colspan="2">考核方式与标准</th><th colspan="4">评价结果</th></tr>
<tr><th rowspan="2">目标类别</th><th rowspan="2">具体目标</th><th rowspan="2">考核方式</th><th rowspan="2">考核标准</th><th rowspan="2">自评</th><th colspan="2">互评</th><th rowspan="2">综评</th></tr>
<tr><th>同伴</th><th>教师</th></tr>
<tr><td>素质目标</td><td>具备较强的协调沟通能力；具备全面风险管理的意识与能力；具备主动获取新知识、新技能的能力</td><td>任务一、二、三的实训题、项目练习题（素质提高题）</td><td rowspan="3">分优、良、中、及格四档，详细考核标准请扫描二维码获取
项目三学习评价表</td><td></td><td></td><td></td><td></td></tr>
<tr><td>知识目标</td><td>了解风险的概念与风险管理的内涵，了解个人与家庭面临的风险和风险管理对策；理解保险基本知识；理解保险规划的意义；掌握保险的种类与特征；掌握保险规划的流程</td><td>项目练习题（单项选择题、多项选择题）</td><td></td><td></td><td></td><td></td></tr>
<tr><td>技能目标</td><td>能识别家庭面临的风险；能运用不同种类保险应对不同风险；能分析家庭保险规划需求；能计算家庭寿险额度需求；能制定家庭基本保障计划；能制定家庭全面保障计划</td><td>任务一、二、三的实训题、项目练习题（技能操作题）</td><td></td><td></td><td></td><td></td></tr>
</table>

说明：考核标准仅供参考，可根据具体情况灵活调整。

项目四　制定居住规划方案

山不在高，有仙则名。
水不在深，有龙则灵。

——刘禹锡《陋室铭》

第一部分　项目导入

理财师工作实务

【实际工作案例】

理财师韩梅梅最近碰到两位客户，都找她咨询购房的相关事宜。

第一位客户谢先生，27岁，已婚，夫妻二人均从事销售工作，家庭税后月收入14 000元。目前每月房租3 500元，日常开销3 000元，计划购买一套两居室住房，想咨询首套房贷款购房有何优惠。

第二位客户顾先生，39岁，公务员，月收入15 000元，太太任财务经理，月收入8 000元，家中两个孩子主要由老人照顾，请保姆做家务。家庭日常开销8 000元/月，保姆工资2 000/月。计划换一套三居室或者四居室的大房子，由于现有自住房尚有贷款未还清，因此想咨询如何准备换房资金。

【理财师分析】

基于两位客户的情况，理财师给出了一些基本建议：

(1) 购房或换房时需要首先明确可负担房价。需要通过家庭的资产与收支等财务情况确定可负担房价。

(2) 准备首付款并选择贷款方式。首付款需根据家庭流动性资产来确定，目前我国住房贷款分为住房公积金贷款、住房商业贷款和组合贷款，一般家庭首选公积金贷款，公积金贷款额度不够时可使用公积金贷款与商业贷款的组合贷款。公积金贷款额度与贷款利率根据当地相关政策而定。

(3) 确定还款方式。还款方式目前主要有等额本息和等额本金两种还款方式，如何选择要根据家庭收支情况确定。

理财师工作任务

理财师的工作任务是根据客户居住需求，帮助其制定居住规划方案，其工作一般分三步进行：

第一步：与客户沟通获取详细的住房需求信息，包括客户对于住房面积和区位的要求，帮助客户进行租房、买房甚至换房的决策；

第二步：充分搜集和分析客户的财务信息，对客户的家庭财务状况进行分析，帮助客户制定合理的购房目标、选择合适的贷款方式和还款方式；

第三步：基于以上分析，帮助客户实施购房或换房计划，实现客户的居住目标。

第二部分　项目学习

学习任务概述

住房消费支出在家庭消费支出中占比高，如果规划不当，将严重影响家庭现金流，家庭可能出现财务危机，因此，为客户家庭制定合理的居住规划方案，是理财师的必修课。本项目主要是让学习者能收集客户家庭住房需求信息，能借助客户财务信息确定住房贷款方式和还款方式，能利用收集的信息帮客户做出租房、购房、换房决策。

学习目标

目标类型	目标要求
素质目标	具备对家庭住房需求信息的分析能力；具备实现住房需求的实施能力
知识目标	了解我国的房产制度，了解个人住房贷款方式，了解个人住房贷款还款方式的差别；熟悉居住规划流程，熟悉租房与购房的优缺点，熟悉购房规划的实施流程；掌握租房或购房的决策方法，会测算可负担房价，并掌握等额本金还款法和等额本息还款法的计算方法

续表

目标类型	目标要求
技能目标	能根据客户情况做出租房或购房决策；帮助客户选择住房贷款方式与还款方式；为客户提供住房规划建议

学习导图

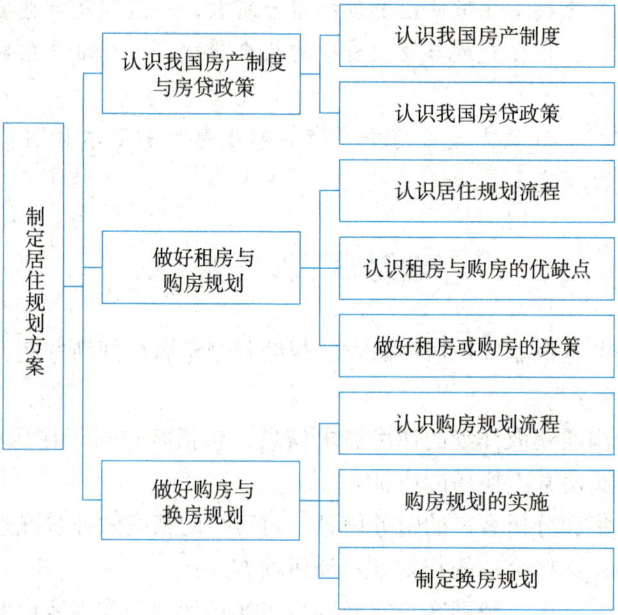

任务一　认识我国房产制度与房贷政策

训练一　认识我国房产制度

房地产制度是整个经济制度的一部分，它是随房地产业的产生和发展而创立和发展的。房地产制度是指由房地产政策、法律所规定的，用于调整和指导人们从事房地产开发、经营、管理和服务的行为规范准则。

知识要点

一、土地国有化

土地国有化是指土地产权归国家所有，由国家统一规划管理土地用途，但使用权可有偿出让。国家以土地所有者的身份，将国有土地使用权在一定年限内出让给土地使用者，而土地使用者向国家支付土地使用出让金。土地使用的出让年限根据该地块的用途不同而有所不同，一般而言，居住用地 70 年，工业用地 50 年。根据 2021 年 1 月 1 日起施行的《中华人民共和国民法典》第 359 条中的规定：“住宅建设用地使用权期限届满的，自动续期。续期费用的缴纳或者减免，依照法律、行政法规的规定办理。非住宅建设用地使用权期限届满后的续期，依照法律规定办理。该土地上的房屋以及其他不动产的归属，有约定的，按照约定；没有约定或者约定不明确的，依照法律、行政法规的规定办理。”

二、住房补贴

（一）住房补贴的定义

住房补贴是国家为职工解决住房问题而给予的补贴资助，即将单位原有用于建房、购房的资金转化为住房补贴，分次（如按月）或一次性地发给职工，再由职工到住房市场上通过购买或租赁等方式解决自己的住房问题。

企事业单位的住房补贴发放的对象是职工，经济发达地方的行政机关和事业单位已经实施，企业根据自身的条件参照执行，经济欠发展的地区还无法实施。已按房改优惠政策购买了规定面积标准住房的职工不享受住房补贴；承租公有住房的职工在自愿退出所租住的住房后，可以享受住房补贴。职工住房面积未达到规定标准的住房补贴办法和职工住房面积标准按地方政府规定施行。

（二）补贴额度和形式

向职工发放的住房补贴额 = 每平方米建筑面积补贴额 × 该职工的住房补贴面积

（无房职工的补贴面积，按规定的住房补贴面积标准计算）

发放住房补贴应考虑在建立住房公积金制度前的职工工龄。

发放住房补贴的基本形式有一次性住房补贴、基本补贴加一次性补贴和按月补贴三种形式。

三、住房公积金

（一）住房公积金的定义

住房公积金，是指国家机关、国有企业、城镇集体企业、外商投资企业、城镇私营企业及其他城镇企业、事业单位、民办非企业单位、社会团体及其在职职工缴存的长期住房储金。

（二）把握住房公积金的定义要注意五个方面

（1）住房公积金只在城镇建立，农村不建立住房公积金制度。

（2）只有在职职工才建立住房公积金制度。无工作的城镇居民、离退休职工不实行住房公积金制度，即不用缴纳。

（3）住房公积金由两部分组成：一部分由职工所在单位缴存；另一部分由职工个人缴存。职工个人缴存部分由单位代扣后，连同单位缴存部分一并缴存到住房公积金个人账户内。

（4）住房公积金缴存的长期性。住房公积金制度一经建立，职工在职期间必须不间断地按规定缴存，除职工离退休或发生《住房公积金管理条例》规定的其他情形外，不得中止和中断。

（5）住房公积金是职工按规定存储起来的专项用于住房消费支出的个人住房储金。

实训活动

【实训任务】

选择两个城市，调查两地的经济适用房政策，比较相同点和不同点。找出造成两地经济适用房政策不同点的原因。

训练二 认识我国房贷政策

知识要点

一、我国的个人住房贷款政策的发展历程

1980年，在全国城市房屋住宅工作会议上，住房商品化作为今后的工作设想被提出来，同时提出的还有购房可分期付款的思路。20世纪80年代中期，烟台、蚌埠两市分别成立了住房储蓄银行，开始发放住房贷款。1997年，中国人民银行先后颁布了《个人住房担保贷款管理试行办法》等一系列关于个人住房贷款的制度办法，标志着我国住房贷款业务的正式全面启动。

二、个人住房贷款政策主要涉及的要素

个人住房贷款政策主要涉及的要素包括贷款对象、贷款利率、贷款期限、还款方式、担保方式和贷款额度等。

（一）贷款对象

个人住房贷款的对象应是具有完全民事行为能力的中华人民共和国公民或符合国家规定的境外自然人。

（二）贷款利率

个人住房贷款的利率按商业性贷款利率执行，上限放开，实行下限管理。

（三）贷款期限

个人一手房贷款和二手房贷款的最长贷款期限都为30年。男性自然人的还款期限不超过65岁，符合条件可放宽至70岁；女性自然人还款期限不超过60岁，符合条件可放宽至65岁。

（四）还款方式

一般来说，贷款期限在1年以内（含1年）的，借款人可采取一次还本付息法，即在贷款到期日前一次性还清贷款本息。贷款期限在1年以上的，可采用等额本息还款法和等额本金还款法等。借款人可以根据需要选择还款方法，但一笔借款合同只能选择一种还款方法。

（五）担保方式

个人住房贷款可实行抵押、质押和保证三种担保方式，以抵押担保为主。

（六）贷款额度

个人住房贷款最低首付款比例为20%。具体情况如表4-1所示。

表4-1 个人住房贷款额度

形式	首套房/%	二套房（贷款已结）	二套房（贷款未结）/%
不限购	25（可下浮5）	同首套	30
限购	30	同首套	40

（以上数据仅供参考，具体须参考当地当时的相关政策）

任务二　做好租房与购房规划

训练一　认识居住规划流程

知识要点

理财师为客户制定居住规划方案的流程如图4－1所示。

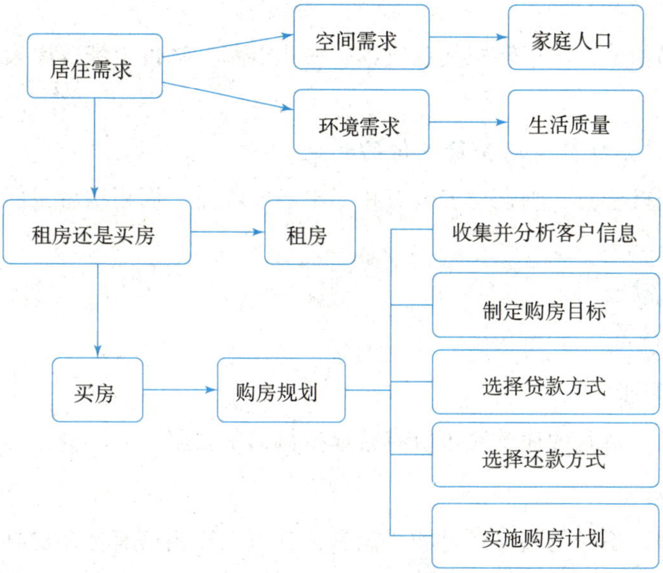

住房规划与住房规划流程

图4－1　制定居住规划方案的流程

训练二　认识租房与购房的优缺点

知识要点

一、租房的优缺点

（一）租房的优点

1. 有能力使用更多的居住空间

相比于动辄上百万的购房资金，租房的资金成本会低很多。

2. 比较能够应对家庭收入的变化

购房后成本固定，以后不管收入如何，都要负担同样的房贷。但是对于家庭收入不稳定的人而言，选择租房灵活性更大。在财务上，租房比购房的弹性大。

3. 资金较自由，可寻找更有利的利用渠道

租房提供了相同的居住效用，并且不租房时，首付款可寻找更有利的运用途径，来实现其他目标。

4. 有较大的迁徙自由度

人们有时候会因职务调动的关系而迁徙，此时租房就显得比购房有自由度。

（二）租房的缺点

1. 面临非自愿搬离的风险

有时候房东要将房屋收回自住，或者卖掉房屋，要求租房人搬迁。

2. 无法自主装修房屋

目前租房大多附带装潢与家具，租房人无法按照自己的期望装修房屋。

3. 面临房租上涨的风险

中介恶意抬高租金、房东转嫁加息成本、禁止群租、物价上涨等因素都会带动房租飞速上涨。

4. 无法运用财务杠杆追求房价差价的利益

当房价有上涨机会时，则购房者会有相当丰厚的收益；而租房者只能坐视房租随着房价上涨。

二、购房的优缺点

（一）购房的优点

1. 对抗通货膨胀

房贷时间很长，每月的还款额可以有效地抵御通货膨胀。

2. 提高居住质量

由于是自用房，不论是装修还是购买家具，都可以比租房有更多更好的选择，而这些选择往往可以提高居住质量。

3. 信用增强效果

购房在一定程度上代表了个人的经济实力，而且房贷的年限和金额也体现了个人的收入能力和稳定性，这些都对一个人的信用有增强的效果。

4. 满足拥有自宅的心理效用

租房对于某些人来说始终有一种漂泊不定的感觉，拥有一套属于自己的房子，在心理上会稳定很多。

除此之外，购房的优点还包括：强迫储蓄，可以累积实质财富；同时提供了居住效用和资本增值的机会。

（二）购房的缺点

1. 缺乏流动性

如果要换房或者要变现的时候，也许会因为房地产市场变化或者是变现需求的紧迫性要被迫降价出售。

2. 维持成本高

投入装潢虽然可以提高居住品质，但是也代表了较高的维持成本。

租房与购房的优劣势分析

3. 赔本损失的风险

赔本损失的风险包括房屋损毁风险、房屋市场价格整体下跌的风险。

实训活动

【实训任务】

调查毕业5年内的学生选择买房和租房的比例，并整理选择的原因。

训练三　做好租房或购房的决策

理财师除了可以利用定性分析的方法帮助客户做出居住规划决策外，还可以通过定量分析的方法，依据数据测算得到决策结果。下面介绍租房与购房决策的两种方法——年成本法和净现值法。

知识要点

租房与购房的决策方法如下：

一、年成本法

年成本法又称为等年值法，它是将项目投资支出换算为一个等值的年成本均匀序列的数额，加上一些年度生产成本和税费等，然后与年度收入比较或与其他方案的年成本比较，来评价项目投资经济效果的方法。计算公式为：

租房年成本 = 押金 × 机会成本率 + 年租金

购房年成本 = 首付款 × 机会成本率 + 贷款余额 × 贷款利率 + 年维修费用

二、净现值法（NPV）

这种方法是考虑在一个固定的居住期间内，将租房及购房的现金流量还原成现值，比较两者的净现值较高者为划算。可以使用财务计算器现金流计算功能计算 NPV，或用 Excel 的 NPV 财务函数进行分析。

租房与购房的决策方法

技能训练

【案例1】

王先生身居深圳，在景田附近看上了一套90平方米的住房，该住房可租可售。如果租房，房租每月是7 000元，押三付一（即押金是三个月的房租金额）；如果购房，房屋总价是600万元，可以申请贷款420万元，30年期限，房贷利率6%。假设房屋维护成本为5 000元/年，预计房价每年升值现房价的3%，押金与首付款机会成本均为3%，问该房屋应该租还是购？

【操作示范】

以第1年为例：

$$租房年成本 = 7\,000 \times 12 + 7\,000 \times 3 \times 3\% = 90\,300（元）$$

$$购房年成本 = 180 \times 3\% + 420 \times 6\% + 0.5 - 600 \times 3\% = 13.1（万元）$$

租房年成本低于购房年成本，因此王先生应该选择租房。

【案例2】

若王先生已确定要在该房屋住满5年，如果租房，第1年月租金7 000元，押三付一。此后每年的月房租增加500元，第5年年底将押金21 000元收回；如果购房，房价600万元。贷款420万元，30年期限，房贷利率6%，每年的房贷本利摊还305 125.43元，维护成本第1年5 000元，以后每年提高5 000元，假设该住房在第5年年末以725万元价格卖出。假定折现率为3%，问该房屋应该租还是购？

【操作示范】

（1）租房现金流（假定租金每年支付一次，期初支付）：

$$CF_0 = \text{押金} + \text{第1年租金} = -21\,000 - 7\,000 \times 12 = -105\,000\text{（元）}$$

$$CF_1 = \text{第2年租金} = (-7\,000 - 500) \times 12 = -90\,000\text{（元）}$$

$$CF_2 = \text{第3年租金} = (-7\,000 - 500 \times 2) \times 12 = -96\,000\text{（元）}$$

$$CF_3 = \text{第4年租金} = (-7\,000 - 500 \times 3) \times 12 = -102\,000\text{（元）}$$

$$CF_4 = \text{第5年租金} = (-7\,000 - 500 \times 4) \times 12 = -108\,000\text{（元）}$$

$$CF_5 = \text{取回押金} = 21\,000\text{（元）}$$

使用Excel中的NPV函数，依次输入Rate＝3%，Value＝－90 000、－96 000、－102 000、－108 000、21 000。得到未来第2年到第5年的租房NPV_1，最后再加上当年的CF_0＝－105 000，得到租房的$NPV = NPV_1 + CF_0 = -454\,054.11$（元）

（2）购房现金流（假定首付款期初支付，购房的房贷本息每年偿还一次，期末支付，维修成本也在期末支付）：

$$CF_0 = \text{首付款} = -1\,800\,000\text{（元）}$$

5年后的房贷余额，使用Excel中的PV函数，依次输入Rate＝6%，Nper＝25，Pmt＝－305 125.43，Fv＝0，得到Pv＝3 900 527.04（元）

$$CF_1 = \text{第1年房贷本利摊还} + \text{第1年维护成本} = -305\,125.43 - 5\,000 = -310\,125.43\text{（元）}$$

$$CF_2 = \text{第2年房贷本利摊还} + \text{第2年维护成本} = -305\,125.43 - 10\,000 = -315\,125.43\text{（元）}$$

$$CF_3 = \text{第3年房贷本利摊还} + \text{第3年维护成本} = -305\,125.43 - 15\,000 = -320\,125.43\text{（元）}$$

$$CF_4 = \text{第4年房贷本利摊还} + \text{第4年维护成本} = -305\,125.43 - 20\,000 = -325\,125.43\text{（元）}$$

$$CF_5 = \text{第5年房贷本利摊还} + \text{第5年维护成本} + \text{第5年年底房屋出售额} - \text{第5年年底房贷余额} = -305\,125.43 - 25\,000 + 7\,250\,000 - 3\,900\,527.04 = 3\,019\,347.53\text{（元）}$$

与租房一样，使用Excel中的NPV函数，依次输入Rate＝3%，Value＝－310 125.43、－315 125.43、－320 125.43、－325 125.43、3 019 347.53。得到未来第2年到第5年的购房NPV_1，最后再加上当年的CF_0＝－1 800 000，得到购房的$NPV = NPV_1 + CF_0 = -375\,442.74$（元）。

因为购房NPV比租房NPV高，所以购房划算。

另外，要注意：理财师在做测算时，应将折现率设定在首付款资金机会成本与房贷利率之间较为合理。不同的折现率和不同的房价预期都会影响到净现值法的结论。

实训活动

【案例1】

赵先生目前面临购房还是租房的选择。如果租房，房租每年60 000元，押金5 000元；如果购房，总价100万元，自备首付款30万元，可申请70万元贷款，20年期限，房贷利率7%。假定房屋维护成本为8 000元/年，押金与首付款机会成本率均为4%。如果未来房价每年涨100元/平方米。

【实训任务】

根据年成本法，问赵先生应该选择租房还是购房？

【案例2】

赵先生已确定在某房屋居住5年。如果租房，房租每年60 000元，押金5 000元；如果购房，总价100万元，自备首付款30万元，可申请70万元贷款，20年期限，房贷利率7%。每年的房贷本利摊还66 075.05元，房屋维护成本为8 000元/年，假设该住房在第5年年末能以125万元价格卖出。（假定折现率为4%）

【实训任务】

（1）根据净现值法，问赵先生应该选择租房还是购房？

（2）假如折现率为6%，其他不变。问赵先生的选择是否会发生变化？

（3）假如房屋在第5年年末的售价是110万元，其他不变。问赵先生又该怎么选择？

任务三　做好购房与换房规划

训练一　认识购房规划流程

知识要点

理财师制定购房规划开始于购房目标的确定，接着理财师依据客户要求计算购房资金总需求，然后根据客户的财务情况计算其配置在购房上的资产和储蓄比例是否足够支付首付款，从而帮助客户选择合适的贷款方式和还款方式，具体流程如图4－2所示。

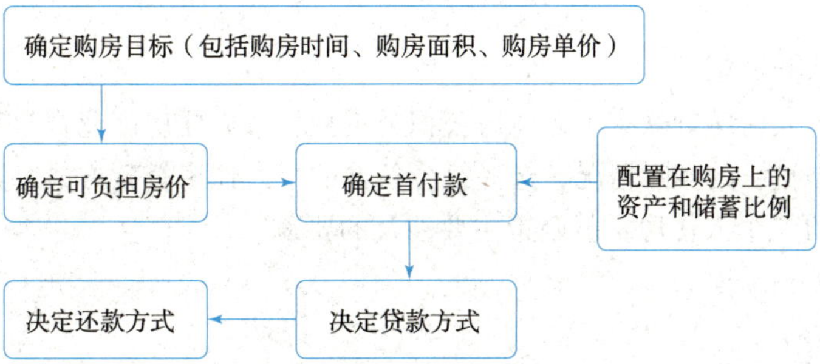

图4－2　购房规划流程

训练二　购房规划的实施

知识要点

一、购房目标的确定

（一）购房时间的确定

明确的购房时间可以帮助理财师清晰地判断客户在购房时的财务状况和家庭状况，以便于制定合理的购房规划方案。

（二）购房面积的确定

理财师要注意不能盲目追求大户型或者是一步到位，需注意量力而行。比如对于工作趋于稳定的单身客户和新婚夫妇，可选择60平方米以下的小户型。对于三口之家或者是有一定经济实力的客户，可选择90～120平方米的中等户型。

（三）购房单价的确定

这个主要受房屋所处区域的影响，同样的总房价，如果房屋地段好，购房面积必然小；地段差的房屋，相应地就会有较大的住房面积，但是交通成本和时间成本可能会增加，转手时也不会太方便。因此理财师需要综合考虑客户的实际情况，分析客户对于居住社区的生活质量、上班距离、子女上学、配套设施等方面的需求，帮助客户设定合适的购房目标。

二、可负担房价

购房资金总需求中最重要的就是客户的可负担房价，由于购房前首付款的筹备与购房后贷款的负担，对家庭现金流量与生活质量的影响长达数十年。特别是不能陷入低首付款、高贷款的陷阱，买了自己负担不起的房子。因此理财师要学会如何测算客户的可负担房价。这里介绍用年收入概算法计算可负担房价。

（一）如果房贷前期只偿还利息

$$\text{最高可负担房价}=\frac{\text{年收入}\times\text{可负担房贷比率}}{\text{房贷利率}}\div\text{贷款成数}$$

（二）如果房贷是本利平均摊还

$$\text{可负担房价}=\frac{\text{PV（I，N，PMT）}}{\text{贷款成数}}$$

其中，I为房贷利率，N为贷款年限，PMT为年收入×可负担房贷比率。

从公式可知，同样的收入，房贷利率越低，可负担房价越高；可负担房贷比率越高，可负担房价越高。

三、贷款方式的确定

我国主要的个人住房贷款有个人住房公积金贷款、个人住房商业贷款和个人住房组合贷款。客户必须根据自己的实际情况，选择符合条件的个人住房贷款方式，具体内容可详见本章任务一训练二的“个人住房贷款政策主要涉及的要素”。

四、还款方式的确定

（一）首付款的确定

对于大多数购房者而言，购房资金的来源一般分为两部分：自筹和贷款。其中，购房者在向银行申请住房贷款的时候，银行会要求借款人支付房屋总价的 20% ~40% 不等。这笔资金被称为首付款。换言之，首付款必须来源于自筹，而这笔资金对于多数购房者来说是个不小的开支。由此理财师可以帮助客户通过储蓄或其他理财活动积累首付款。

（二）还款方式的确定

个人住房贷款的贷款期限如果在 1 年以内（含 1 年），实行到期本息一次清偿的还款方式。如果贷款期限在 1 年以上，可采取等额本息还款法、等额本金还款法等。

1. 等额本息还款法

等额本息还款法是指在贷款期内每月以相等的额度平均偿还贷款本息。其中归还的本金和利息的配及比例是逐月变化的，利息逐月递减，本金逐月递增。这是个人住房抵押贷款中最常见的一种还款方式。优点在于借款人还款操作相对简单，每月相同的还款额有利于借款人安排每月收支，缺点在于整个贷款期内支付的利息金额较多。这种还款方式适用于收入稳定的家庭，如公务员、教师等。计算公式如下：

$$每月还款额=\frac{月利率\times（1+月利率）^{还款期数}}{(1+月利率)^{还款期数}-1}\times 贷款本金$$

2. 等额本金还款法

等额本金还款法是指在贷款期内每月等额偿还贷款本金，贷款利息随本金逐月递减。其优点在于月供逐月减少，所付利息也少。缺点在于每月还款额不同，不利于借款人做收支安排，而且还款初期月供负担重，对于经济尚未稳定而且是初次贷款购房的人来说是不利的。因此这种还款方式适用于经济能力较强，初期可以负担较多月供，想省利息的人。计算公式如下：

$$每月还款额=\frac{贷款本金}{还款期数}+（贷款本金-已归还本金累计额）\times 月利率$$

3. 等额累进还款法

等额累进还款法是指客户会与银行商定还款递增或递减的间隔期和额度，在初始时期，客户按固定额度还款，此后，根据间隔期和相应的递增或递减额度还款的方法，因此这种方法又分为等额递增还款法和等额递减还款法。一般情况下，等额递增还款法会使借款人分期还款额增多，减少借款人的利息负担。适合收入呈增长趋势的客户，比如工作不久的年轻人。而等额递减还款法，分期还款额减少，但是期初还款本金金额大，适用于目前还款能力较强，但预期收入会减少，或目前收入很宽裕的人，如中年人或未婚白领人士。

拓展阅读

扫码阅读并思考，你赞同哪位老太太的做法呢？

美国老太太和中国老太太

技能训练

【案例1】

小林年收入10万元，其中30%可用来缴纳房贷，假设房贷利率6%，贷款期限为20年，贷款比例70%。

【操作示范】

(1) 房贷前期只还利息。

$$最高可负担房价=[(10\times30\%)\div6\%]\div70\%=71.43（万元）$$

这个房价是小林年收入的7倍多，而且他要准备71.43×30%=21.429（万元）的首付款。

(2) 房贷本利平均摊还。

PMT=10×30%=3（万元），使用Excel中的PV函数，I=6%，N=20，Pmt=-3万元，可得PV=34.41（万元）。

$$可负担房价=34.41\div70\%=49.16（万元）$$

这个房价不到年收入的5倍，而且首付款只需准备49.16×30%=14.748（万元）。

【案例2】

赵小姐购买了一套总价300万元的新房，首付款比例25%，年利率5.5%，期限20年，如果采用等额本息还款法，赵小姐每月还款额是多少？

【操作示范】

由于首付款=300×25%=75（万元），所以赵小姐需贷款225（300-75）万元。

方法一：使用等额本息还款法的公式计算。

方法二：使用Excel中的PMT函数。

PMT函数中包含了Rate：贷款利率；Nper：贷款期限或付款期数；Pv：现值，也称为本金；Fv：终值。如果省略Fv，则假定终值为0，也就是一笔贷款的未来值为0；Type：数字0或1，用以指定各期的付款时间是在期初还是期末，如果是0或者忽略，则付款期在期末。

赵小姐如果采用等额本息还款法，则每月的还款额是188 278.49元。

在使用PMT函数的时候要注意Rate和Nper单位的一致性。例如，5年期年利率4.9%，如果按月支付，则Rate=4.9%÷12，Nper=5×12；如果按年支付，则Rate=4.9%，Nper=5。

【案例3】

赵小姐购买了一套总价300万元的新房，首付款比例25%，年利率5.5%，期限20年，如果采用等额本金还款法，赵小姐每月还款额是多少？

【操作示范】

(1) 计算贷款额。

赵小姐购房首付比例25%，因此贷款额为300×(1-25%)=225（万元）=2 250 000（元）。

(2) 计算每月还款额。可使用公式法和金拐棍APP分别计算。

方法一：使用等额本金还款法的公式计算。

由于是等额本金还款法，因此每月还款本金 $=2\ 250\ 000\div(20\times12)=9\ 375$（元），运用等额本金还款法的公式计算每月还款额：

$$\text{第一个月的还款总额}=(2\ 250\ 000\div240)+(2\ 250\ 000-0)\times5.5\%\div12$$
$$=9\ 375+10\ 312.5=19\ 687.50\ (\text{元})$$

$$\text{第二个月的还款总额}=(2\ 250\ 000\div240)+(2\ 250\ 000-9\ 375)\times5.5\%\div12$$
$$=9\ 375+10\ 269.53=19\ 644.53\ (\text{元})$$

……

$$\text{最后一个月的还款额}=(2\ 250\ 000\div240)+(2\ 250\ 000-2\ 240\ 625)\times5.5\%\div12$$
$$=9\ 417.97\ (\text{元})$$

方法二：使用金拐棍 APP 的房贷摊销计算器计算。

选择等额本金法，依次输入 Nper、I、Pv、Fv 如下：

$$Nper=20\times12$$
$$I=5.5\%/12$$
$$Pv=2\ 250\ 000$$
$$Fv=0$$

①计算第 1 期还款额：

输入“开始期数为 1，结束期数为 1”，点击“＝”，计算得到：第 1 期偿还本金额 9 375 元，偿还利息额 10 312.5 元，因此，第 1 期还款额为：

$$9\ 375+10\ 312.5=19\ 687.5\ (\text{元})$$

②第 2 期还款额的计算：

输入“开始期数为 2，结束期数为 2”，点击“＝”，计算得到：第 2 期偿还本金额 9 375 元，偿还利息额 10 269.53 元，因此，第 2 期还款额为：

$$9\ 375+10\ 269.53=19\ 644.53\ (\text{元})$$

……

③第 240 期即最后一个月还款额的计算：

输入“开始期数为 240，结束期数为 240”，点击“＝”，计算得到：第 240 期偿还本金额 9 375 元，偿还利息额 42.97 元，因此，第 240 期还款额为：

$$9\ 375+42.97=9\ 417.97\ (\text{元})$$

实训活动

【案例】

张先生 2015 年 5 月购买了一套两居室，房屋总价 300 万元，贷款比例 70%，贷款期限 25 年，贷款利率 6.5%。

【实训任务】

分别计算在等额本息还款法和等额本金还款法下，张先生每年的还款额是多少？

等额本息还款与等额本金还款对比

训练三　制定换房规划方案

随着家庭生命周期的成长，客户的居住需求也会随着发生变化，这时候客户也会产生换房的想法。因此理财师需要为客户制定换房规划方案。

知识要点

一、换房能力测算

客户在决定换房时，首先需要考虑筹多少首付款，这可以用公式计算出来：

需筹首付款 = 新房净值 - 旧房净值 =（新房总价 - 新房贷款）-（旧房总价 - 旧房贷款）

二、换房的步骤

这里主要讨论的是卖旧房和买新房的顺序问题。

（一）先买新房后卖旧房

此时需要解决资金的周转问题，因为无法从出售旧房中获得收入，所以需要额外筹集资金来缴纳首付款，如果手上有足够的积蓄，则可用储蓄来缴纳首付款；如果没有，则需要借助其他借贷渠道解决。

假设旧房 100 万元，新房 180 万元，新房可贷 126 万元，首付款 54 万元。如果先买后卖，中间间隔 3 个月。

（1）旧房无房贷，则可用旧房抵押贷款 54 万元，充当新房的首付款。等旧房出售后，再还这笔贷款。

（2）旧房仍有房贷，假设 40 万元，此时较难以旧房办理抵押贷款，如果没有其他资金来源，则需要想办法另借 54 万元来支付新房首付款，若资金成本为 10%，按年计算，额外支付的利息为：

$$540\ 000 \times 10\% \times 3 \div 12 = 13\ 500 \text{（元）}$$

（二）先卖旧房后买新房

这时主要解决的是出售旧房后无房可住的问题。除非时间间隔很短，否则通常需要租房居住。

如果租期不长，少于一年，在谈租约时，相较长租期，不易签约，或者是每月租金可能较高。假如旧房的购买方是将该房用于出租，那么可以售后回租，付给购房者租金，卖旧房后仍然居住在里面，直到搬入新房为止。

技能训练

【案例】

小林 22 岁开始工作，工作 10 年后购房，届时房价 100 万元，投资报酬率 8%，假设房贷利率 6%，贷款期限 20 年，贷款成数 60%。居住 10 年后换房，换房时新房房价 180 万元，如果旧房可以按原价出售，请问小林各阶段所需的储蓄或房贷年供额是多少？

【操作示范】

第一阶段：22 ~ 32 岁储蓄。

房屋总价 100 万元，贷款成数 60%，因此小林需要筹备首付款 = 100 × 40% = 40（万元），利用 Excel 中的 PMT 函数，Nper = 10，I = 8%，Pv = 0，Fv = 400 000，可得每年储蓄 PMT = -27 611.80（元）。

第二阶段：32 ~ 42 岁还旧房贷款。

采用等额本息还款法，利用 Excel 中的 PMT 函数，Nper =20，I =6%，Pv =600 000，Fv =0，可得房贷年供额 PMT = −52 310.73（元）。

第三阶段：42 岁换房。

（1）计算旧房房贷余额。利用 Excel 中的 PV 函数，Nper = 10，I = 6%，Pmt = −52 310.73，Fv =0，可得 PV =385 011.53（元）。

（2）旧房出售后净收入（即结清旧房贷款后的余额）=1 000 000 − 385 011.53 = 614 988.47（元）。

（3）新房贷款需求 =1 800 000 −614 988.47 =1 185 011.53（元）。

（4）换房后，假设依然采用等额本息还款法，贷款期限和房贷利率与旧房一致，利用 Excel 中的 PMT 函数，Nper =20，I =6%，Pv =1 185 011.53，Fv =0，可得房贷年供额 PMT = −103 314.70（元）。

从上例中可以看出，小林在换房后，每年还贷金额达到 10 万元以上，平均每月需还贷约 8 600 元，此外在测算换房后的房贷年供额时需注意借款人的年龄上限，一般男性借款人年龄上限不得超过 65 岁，如果小林在 42 岁换房借款，他的贷款期限最多为 23 年。

因此，理财师要提醒客户，购房并不是理财的唯一目标，如果把所有资金全部用来购房再换房，会耽搁子女教育金或退休金的筹措，可以在准备充分前暂时选择租房。

实训活动

【案例】

顾先生 25 岁开始工作，工作 5 年后购房，届时房价 200 万元，投资报酬率 8%，假设房贷利率 6.5%，贷款期限 30 年，贷款成数 70%。居住 10 年后换房，换房时新房房价 300 万元，旧房可以按原价出售。

【实训任务】

请计算顾先生各阶段所需的储蓄或房贷年供额是多少？

综合技能实训

【案例】

理财师韩梅梅与客户谢先生进一步沟通后，了解到客户家庭的补充情况如下：

谢先生一家每月税后收入 14 000 元，每月房租 3 500 元，现有存款 20 万元，家庭收入的 30% 可用来缴纳房贷，谢先生一家打算在近期购买一套总价 80 万元的两居室住房，贷款成数 70%，期限 30 年，房贷利率 5.5%。房屋维修成本 1 000 元/年。请为谢先生测算购房换房的可行性。

【操作示范】

（1）测算购房可行性。

由于谢先生打算在近期买房，故先用年成本法评估其买房决策是否合理。（押金与首付款机会成本为 3%）

租房年成本 =3 500 ×3% +3 500 ×12 =42 105（元）

购房年成本 =240 000 ×3% +560 000 ×5.5% +1 000 =39 000（元）

由于租房年成本 > 购房年成本，所以谢先生选择近期买房的决策是正确的。

之后需要知道 80 万元的房价是否符合谢先生的可负担房价范围。谢先生一家的年收入 = (8 000 + 6 000) × 12 = 16.8（万元），其中 30% 可用来缴纳房贷。

情况一：放贷前期只还利息。

$$最高可负担房价 = [(16.8 \times 30\%) \div 5.5\%] \div 70\% = 130.91（万元）$$

情况二：房贷本利平均摊还。

$$PMT = 168\ 000 \times 30\% = 5.04（万元）$$

利用 Excel 中的 PV 函数，I = 5.5%，Nper = 30，Pmt = −5.04 万元，可得：

$$PV = 73.25（万元）$$

$$可负担房价 = 73.25 \div 70\% = 104.64（万元）$$

无论是哪种情况，80 万元的房价都符合谢先生的可负担房价范围。

综上，谢先生一家的购房计划有实施的可能性。

（2）确定购房计划。

这里主要涉及的是还贷方式的选择。根据谢先生一家的实际情况。夫妻双方的工作虽然暂时收入水平可观，但是存在较大的不稳定性。所以推荐选择等额本金还款法或等额递减还款法，这两种方法初期负担较多月供，后期还款额逐渐减少，比较适合谢先生一家。每月还款情况如表 4-2 所示。

表 4-2　等额本金还款情况下每月的还款情况　　　元

月份	等额本金法		
	当月还款额	当月本金	当月利息
1	4 122.22	1 555.56	2 566.67
2	4 115.09	1 555.56	2 559.54
……			
359	1 569.81	1 555.56	14.26
360	1 562.69	1 555.56	7.13
合计	1 023 283.33	560 000.00	463 283.33

（3）确定换房计划。

假如谢先生一家居住 10 年后打算换房，彼时新房房价 160 万元，如果旧房可以按原价出售，则谢先生的换房计划如下：

10 年后谢先生 47 岁，根据个人住房贷款借款人的年龄上限规定，贷款期限最多为 65 − 47 = 18（年）。

①计算旧房房贷余额。

利用 Excel 中的 NPV 函数，Rate = 5.5%/12，Value = 3 266.67，3 259.54，3 252.41……，1 562.69。10 年后旧房房贷余额为 373 333.33 元。

②旧房出售后净收入（即结清旧房贷款后的余额）= 800 000 − 373 333.33 = 426 666.67（元）。

③新房贷款需求 = 1 600 000 − 426 666.67 = 1 173 333.33（元）。

④换房后，如果谢先生一家工作稳定，则可采用等额本息还款法，贷款期限 18 年，房贷利率与旧房一致，利用 Excel 中的 PMT 函数，Nper = 18，I = 5.5%，Pv = −1 173 333.33，Fv = 0，可得房贷每年年供额 PMT = −104 332.70（元）。

总还款额 = 104 332.70 × 18 = 1 877 988.63（元）

如果谢先生考虑到未来收入可能会下降，则可继续采用等额本金还款法，贷款期限 18 年，房贷利率与旧房一致。每年还款情况如表 4−3 所示。

表 4−3　等额本金还款情况下每年的还款情况　　元

年份	等额本金法		
	当年还款额	当年本金	当年利息
1	129 718.52	65 185.19	64 533.33
2	126 133.33	65 185.19	60 948.15
……			
17	72 355.56	65 185.19	7 170.37
18	68 770.37	65 185.19	3 585.19
合计	1 786 399.99	1 173 333.33	613 066.66

如果采用等额本金还款法，总还款额会比等额本息还款法少 9 万多元。此外，还款压力主要集中在前期，后期逐渐减少。

综合素养提升

【时政素材】

在党的二十大报告中，在“增进民生福祉，提高人民生活品质”的大框架下阐述了房地产发展方向，具体提出：“坚持房子是用来住的、不是用来炒的定位，加快建立多主体供给、多渠道保障、租购并举的住房制度。”

【学思践悟】

1. 请你谈谈对于党的二十大报告中“房住不炒”政策的理解。
2. 面对新的住房制度，你对制定居住规划方案是否有新的感悟？

思考与拓展

1. 住与行的成本思考。

假如有两套房可供你购买：一套位于市中心你工作单位旁边的住宅，100 平方米，房价 100 万元；一套位于郊区，每天上班坐地铁或者自驾车，同样是 100 平方米，房价 50 万元。如果两套购房的年成本比例相同，均为房价的 5%，你会怎么选择？在什么情况下，你的选择会发生反转？

2. 请利用本章所学知识，规划你的购房/换房时间表（即房涯规划表，如表 4−4 所示），制定你自己的未来居住规划方案。

表 4-4 房涯规划表 元

年龄	购房/换房	选房因素	预期月收入	可负担房价
青年期 <30 岁				
前中年 30~40 岁				
后中年 40~55 岁				
老年期 >55 岁				

第三部分 项目考核与评价

项目练习题

一、单项选择题

1. 适合收入稳定家庭的房贷还款方式是（ ）。

A. 等额递增还款法 B. 等额递减还款法
C. 等额本金还款法 D. 等额本息还款法

2. 适合贷款前期还款能力较弱，收入呈增长趋势的客户的还款方式是（ ）。

A. 等额递增还款法 B. 等额递减还款法
C. 等额本金还款法 D. 等额本息还款法

3. 张先生今年 40 岁，请问他的个人住房贷款期限最长是（ ）。

A. 50 年 B. 20 年 C. 25 年 D. 以上都不对

4. 以下不属于租房优点的是（ ）。

A. 有能力使用更多的居住空间 B. 有较大的迁徙自由度
C. 不用考虑房价下跌风险 D. 对抗通货膨胀

5. 马女士打算购买一套房产，目前需向银行申请 60 万元的房贷，期限为 10 年，贷款利率为 5%，按月还款；银行贷款负责人告诉马女士，房贷可以选择等额本金还款法或等额本息还款法两种还款方式，假如马女士希望还款负担在各期均等，那么马女士应当选择（ ）还款方式，在按时还款 30 期之后，剩余的贷款本金为（ ）。（答案取最接近值）

A. 等额本金 33.72 万元 B. 等额本金 45.00 万元
C. 等额本息 47.68 万元 D. 等额本息 49.12 万元

二、多项选择题

1. 下列属于理财师制定购房目标内容的有（ ）。

A. 购房时间的确定 B. 购房面积的确定
C. 购房单价的确定 D. 购房贷款方式的确定

2. 可帮助客户做出租房或购房的决策方法有（ ）。

A. 年成本法 B. 年收入概算法 C. 净现值法 D. 目标精算法

3. 以下选项中与购房选择成正比的有（ ）。

A. 房价成长率　　B. 房租成长率　　C. 利率水平　　D. 居住年数

三、技能操作题

请你运用所学，为自己的家庭制定居住规划方案（真实任务）。

1. 与自己的父母或亲友沟通，收集他们的租房、购房与换房信息，用文字形式描述与记录，形成真实案例；

2. 分类整理以上真实案例中的信息，测算家庭居住规划的数据；

3. 对居住规划进行分析，分析其合理性。如租房与购房决策是否正确、购房规划是否合理、何时换房比较恰当，等等；

4. 提出居住规划建议。

四、素质提高题

依据实际情况，对相关数据进行必要的合理假设，为自己的未来制定居住规划方案，包括租房、购房和换房阶段。

完整版练习题，请扫描二维码获取。

项目四练习题

学习评价表

<table>
<tr><th colspan="2">学习目标</th><th colspan="2">考核方式与标准</th><th colspan="4">评价结果</th></tr>
<tr><th rowspan="2">目标类别</th><th rowspan="2">具体目标</th><th rowspan="2">考核方式</th><th rowspan="2">考核标准</th><th rowspan="2">自评</th><th colspan="2">互评</th><th rowspan="2">综评</th></tr>
<tr><th>同伴</th><th>教师</th></tr>
<tr><td>素质目标</td><td>具备对家庭住房需求信息的分析能力；具备实现住房需求的实施能力</td><td>任务一、二、三的实训题、项目练习题（素质提高题）</td><td rowspan="3">分优、良、中、及格四档，详细考核标准请扫描二维码获取
项目四学习评价表</td><td></td><td></td><td></td><td></td></tr>
<tr><td>知识目标</td><td>了解我国的房产制度，了解个人住房贷款方式；熟悉居住规划流程，熟悉租房与购房的优缺点，熟悉购房规划的实施流程；掌握租房或购房的决策方法，会测算可负担房价，并掌握等额本金还款法和等额本息还款法的计算方法</td><td>项目练习题（单项选择题、多项选择题）</td><td></td><td></td><td></td><td></td></tr>
<tr><td>技能目标</td><td>能根据客户情况做出租房或购房决策；帮助客户选择住房贷款方式与还款方式；为客户提供住房规划建议</td><td>任务一、二、三的实训题、项目练习题（技能操作题）</td><td></td><td></td><td></td><td></td></tr>
</table>

说明：考核标准仅供参考，可根据具体情况灵活调整。

项目五 制定教育规划方案

性相近也，习相远也。

——孔子《论语·阳货》

第一部分 项目导入

理财师工作实务

【实际工作案例】

客户叶女士到银行找理财师韩梅梅，说准备给女儿开一个银行账户购买基金，问需要办理什么手续？韩梅梅经沟通了解后得知，叶女士的女儿目前上小学六年级，聪明漂亮，学习一直名列前茅，喜欢弹钢琴画画，除了花在基础教育上的钱，各种兴趣班也是一大笔支出。女儿前些天听说好友要去留学，希望自己也可以出国学习。叶女士家庭税后月收入40 000元，目前家里有一定的储蓄，叶女士夫妻俩父母都健在，目前叶女士和公婆一起居住，家里有一套住房，还有100万元贷款余额，月供11 000元，每月生活支出大概15 000元。考虑到现在留学费用增长很快，叶女士计划给女儿准备用于留学的教育基金，但不知应该如何投资。

【理财师分析】

基于叶女士诉说的以上情况，理财师韩梅梅做出基本判断如下：

(1) 目前留学资金准备不足。因为叶女士女儿的留学计划是新增的，目前还没有准备留学费用。

(2) 家庭收支需要进行管理。从叶女士的家庭收入来看，属于中等收入家庭，但是叶女士没有太多的储蓄，而家庭收支结余是一个家庭储蓄和资产增值的重要来源。

(3) 家庭教育规划要做好投资。从谈话可知，目前叶女士花费在孩子身上的费用很多，但是只顾眼前，没有为将来上大学的情况多做考虑。

理财师工作任务

帮助客户做好子女教育或者自己继续教育的财务安排是理财师的工作任务，一般按以下步骤进行：

第一步：与客户沟通，明确客户家庭的教育目标；

第二步：估算未来的教育资金缺口；

第三步：选取合适的教育规划工具；

第四步：制定教育规划方案。

第二部分　项目学习

学习任务概述

在2013年联合国“教育第一”全球倡议行动一周年纪念活动上，习近平总书记在贺词中指出：“百年大计，教育为本。教育是人类传承文明和知识、培养年轻一代、创造美好生活的根本途径。”教育是国之大计、党之大计。本项目主要是让学习者能够做好家庭子女教育和继续教育的财务安排。

学习目标

目标类型	目标要求
素质目标	具备高度重视教育规划的意识，具备终身学习的理念
知识目标	了解家庭教育规划的意义、特点、原则；掌握子女教育规划的步骤；了解各学段教育资金的需求、其他教育成本；掌握子女教育金的计算与运用；理解教育金运用的相关优惠政策；掌握教育金规划的主要工具
技能目标	能根据客户的财务状况帮助客户制定合理的教育目标；能测算客户各学段教育金的需求；能帮助客户制定完善的教育规划方案并协助客户执行

学习导图

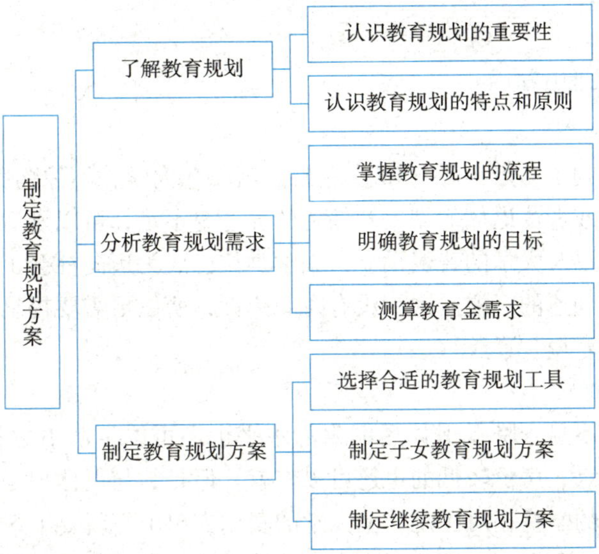

任务一　了解教育规划

训练一　认识教育规划的重要性

知识要点

一、教育规划的概念

教育规划是指为实现家庭成员预期教育目标所需要的费用而进行的一系列资金管理活动，包括明确教育需求、计算教育成本、选择理财产品和储蓄、投资方案等内容。根据教育对象不同，通常分为继续教育规划和子女教育规划两种。继续教育是父母针对自身的职业晋升和个人发展而进行专业和技术方面的继续教育，比如 MBA、岗位技能和专业证书相关的培训学习等。子女教育通常由基本教育与素质教育组成，基本教育成本包括基础教育与高等教育等常规费用，素质教育成本包括兴趣技能培训班、课外辅导班等校外课堂费用。相对于自身的继续教育，子女教育在家庭中显得尤为重要，因此，子女教育规划（即子女教育金规划）是家庭教育理财规划的核心，是本项目学习的重点。

二、教育规划的重要性

（1）教育是一种生产性投资。

（2）子女教育是一项长期的投资，跨度很大，所需资金很多。

（3）子女成长的每一个阶段都需要规划。

教育与教育规划的重要性

训练二　认识教育规划的特点和原则

知识要点

一、子女教育规划的特点

（一）缺乏时间弹性

一般来讲，子女到了一定年龄（18 岁左右）就要念大学，不像购房规划，若财力不足，可以延后几年购房；或者像退休规划，若储备的养老金不足，可以延后几年退休。但随着宏观经济的进一步发展以及大学的普遍设立，大学学位已成为迈向社会工作的基本门槛，也成为父母培养子女必须到达的门槛。因为没有时间弹性，所以更需要提早准备，否则会陷入时间到了还筹不出钱的窘境。

（二）缺乏费用弹性

退休规划若财力不足，降低退休后的生活水平也还可以生活下去；购房规划若财力不足，选择区位偏远一点、房价较低的也还可以将就。但是，与退休规划或购房规划的弹性相比较，子女高等教育的学费相对固定，上大学的费用支出 1 年就要 1.5 万元左右，这个费用对于每一个学生都是差不多的，不会因为家庭有钱没钱而有所差异。因此要预先规划，否则家庭会因财力不足而影响子女的求学发展。

（三）持续时间长

重视教育是中国家庭的良好传统，从幼儿园到大学毕业一般持续 19 年（含）以上，教育支出持续时间长。

二、子女教育规划的原则

家庭的教育负担比是指教育费用支出占家庭税后收入的比例。因此人们用家庭教育负担比来衡量一个家庭的教育负担。这个比例越高，说明家庭的教育负担越重，因此越要提前做好教育规划。

子女教育规划一般应遵循以下原则：

（一）提早规划

根据货币的时间价值，规划得越早，投入成本越低。

（二）从宽规划

父母的期望与子女的兴趣能力可能有差距，在小学初中阶段，子女的性格和发展方向还没有完全确定，应该从较宽松的角度使准备的教育金可以应付未来子女不同的选择。在留学深造方面，更应与已成年的子女沟通，看子女是否愿意工作几年后再计划出国留学，这样一方面以社会历练确定自己是否有出国深造的意愿；另一方面可自筹部分出国深造经费，以减轻父母的负担。

技能训练

【案例】

客户刘先生是中等城市的工薪阶层，有一个女儿和一个儿子，女儿今年考上了本省的一所重点大学，儿子读初中。刘先生算了一下这一年家里的教育支出；女儿的学费 8 000 元，住宿费 2 000 元，日常各项开支每月 2 000 元，往返家校路费 2 000 元，开学配置电脑、手机等费用 8 000 元。儿子一年的各种补习费用 10 000 元。而刘先生的家庭税后收入为 150 000 万元。

【操作示范】

根据刘先生的家庭收入和教育支出，计算刘先生一家的教育负担情况。

教育金费用 = 学费 + 住宿费 + 生活费

= 8 000 + 24 000 + 2 000 + 2 000 + + 8 000 + 10 000 = 54 000（元）

教育负担比 = 教育金费用/税收收入 = 54 000/150 000 × 100% = 36%

刘先生家的教育金费用占到家庭税后收入的 36%，对刘先生的家庭来说可以承受，但是负担不小，现在儿子读初一，费用较少，等儿子上高中、上大学，家庭的教育负担比会更重，肯定对家庭生活影响更大。人们用教育负担比来衡量教育开支对家庭生活的影响，一般情况下，如果教育负担比大于 30%，就负担较重，应该提早规划。

实训活动

【实训任务】

1. 测算自己的家庭教育支出金额和支出比例。
2. 测算自己的教育负担比。
3. 查找资料，了解中国目前的教育负担情况，跟发达国家相比如何？

任务二　分析教育规划需求

训练一　掌握教育规划的流程

知识要点

教育规划的流程如图 5－1 所示。

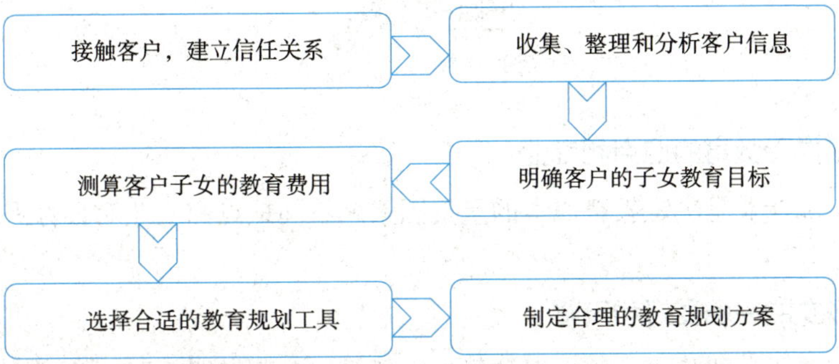

图 5－1　教育规划的流程

一、接触客户，建立信任关系

在子女教育规划里面，通过和客户沟通，重点了解客户关于子女教育规划方面的要求和想法。

二、收集、整理和分析客户信息

在交流的过程中，收集客户信息，重点是关于子女教育规划需求方面的信息，例如客户的家庭财务状况、子女的年龄、将来的求学目标等。

三、明确客户的子女教育目标

列出客户的期望，根据子女的意愿，确定合理的教育目标。

四、测算客户子女的教育费用

调查当前各学段的教育费用，根据学费增长率和通货膨胀率，测算出客户子女上学时所需要的教育金。

五、选择合适的教育规划工具

根据客户的偏好和需求选择合适的教育规划工具。

分析教育规划需求

六、制定合理的教育规划方案

制定合理的教育规划方案，并帮助客户予以实施。

训练二　明确教育规划的目标

知识要点

明确子女教育规划目标是制定教育规划方案的基础，一般从以下三个方面进行分析：

一、明确家庭对子女学历的预期

理财师需要了解客户对子女可接受教育程度的期望，这对教育投资规划的资金需求有很大影响。其中广义的学历要求包括大学类型、受教育程度、是否出国留学深造等。

Tips

中国的教育体系、学位制度

二、明确子女受教育的地点和专业

读书的地点和专业是决定教育成本的重要因素。不同地点和专业对教育需求成本差别非常大。

三、明确子女的兴趣爱好和天赋

很多家庭在孩子小的时候已经根据孩子的兴趣爱好和天赋明确了培养的方向，决定了是否出国学习，也有部分家庭和孩子在不断的学习过程中，调整自己的学习目标和方向的。

在确定教育目标的过程中，如果孩子达到一定年龄可以和孩子多沟通交流。尤其是在出国深造方面，更应该与已经成年的子女沟通，因为子女可以参加工作几年后再以社会历练确定自己是否有出国深造的意愿，还可以自筹部分深造经费来减轻父母的负担。

技能训练

【案例】

张先生在武汉市开了一个建筑设计事务处，事业已小有所成，并且希望儿子能够子承父业，继承自己的衣钵。儿子张扬今年16岁，对画画非常感兴趣，想去意大利留学，学习油画专业。但张先生期望孩子高中毕业后能够到美国麻省理工学院学习建筑专业。为此找来理财师为孩子做教育规划。

【操作示范】

在此案例中，做教育规划的第一步是确定客户子女的教育目标。

（1）需要张先生和张扬充分理性沟通，确定一个合理且可执行的教育目标。选择意大利油画专业还是麻省理工建筑专业。

（2）在制定教育目标的时候，要考虑孩子的学习成绩、专业爱好、资金情况。在这里，理财规划师不但要梳理客户的情况，还要和张扬进行充分沟通，因为张扬已经16岁了，对自己的未来应该有一定的认识和主见。

（3）我们在现实生活中会经常遇到，目标的确定可能是不容易的，在这个案例中，如果最后僵持不下，在张先生资金允许的情况下，可以两手考虑，尽量按比较贵的支出来制定教育规划方案，并且不断和孩子沟通，并在后期进行调整。

实训活动

尝试帮助自己的弟弟、妹妹或者其他亲人确定教育规划的目标。

训练三　测算教育金需求

知识要点

测算教育金时，理财师一般遵循以下步骤：

（1）查找现在各学段的教育费用；

（2）设定学费增长率和通货膨胀率；

（3）根据客户子女年龄，估算客户子女教育所需教育金；

（4）分别计算如果采用一次性投资所需投入的金额和采用分期投资计划所需支付的年金。

客户子女的年龄越小，将来要支付的教育金总额（不考虑通货膨胀）就越高，但每月支付的金额却相对较低。因此，在客户家庭财务状况允许的情况下，尽早为子女进行教育规划是明智之举。

Tips

孩子们的教育花了多少钱

技能训练

【案例】

秦文涛，男，30 岁，已婚，本科毕业，在汕头一家企业工作，月税后收入 12 000 元。秦太太高晓丽，29 岁，本科毕业，在汕头当地一家餐馆工作，月税后收入 8 000 元。两人有一个女儿，秦心怡，3 岁。要求：计算秦先生家庭女儿上大学的教育费用需求。（计算结果保留整数）

【操作示范】

（1）计算现阶段的教育费用。根据调查，按汕头一类大学学费标准计算，大学每年需要 20 000 元教育费用；

（2）假设教育费用增长率和通货膨胀率都为 3%；

（3）估算秦先生女儿的教育金需求；

女儿 18 岁时教育费用 FV = 20 000（F/P，3%，15）= 20 000 × 1.558 = 31 159.35（元）

大学四年费用（18 岁的时候）PV = 31 160（F/A，3%，4）= 119 297.03（元）

【案例分析】

（1）案例中，我们把学杂费和其他费用放在一起，没有分别计算，实际运用时，学杂费和生活费是分开的，学杂费使用学费增长率，生活费使用通货膨胀率，此题为了简便计算，假设学费增长率和通货膨胀率保持一致。

（2）准备大学费用时，把费用折算到 18 岁开始读书的时候，没有考虑大学期间的投资增长率，原因有两个：一是制定教育规划时费用要从宽准备；二是大学期间的投资一般偏保守，收益率很低。

本案例仅计算了大学教育费用，其他各学段的教育费用可参照大学教育费用计算。

实训活动

假设客户李女士的女儿年龄为 6 岁，预计 18 岁上大学，学费和生活费的上涨率为 4%。目前大学四年的学费和生活费共计 9 万元，客户打算以目前已有的 5 万元作为子女教育启动资金，投资到一个预期收益率为 5% 的项目上，请问客户未来的教育资金有缺口吗？

任务三　制定教育规划方案

训练一　选择合适的教育规划工具

知识要点

子女教育时间跨度长，消费金额高，这就为教育规划留下了很大的空间。理财师在和客户沟通以后，确定客户子女的教育目标，测算出客户子女的教育费用之后，需要合理地安排客户子女的教育储备金，以期既能实现客户子女的教育目标，又可以实现财富的增值和积累。因此教育费用的筹集方式和教育规划工具的选择就成为理财规划师的一项重要工作。

一、教育资金的主要来源

教育支出最主要的资金来源是客户自身的收入和资产。稳定的收入和充足的资产是教育支出坚实的资金保证。除客户自身的收入和资产外，理财规划师还应了解并利用其他教育资金来源，帮助客户节约成本。具体来说，其他教育资金的来源主要有以下几种：

（一）政府教育资助

政府每年都会在财政预算中拨出一部分资金用来对符合条件的人提供教育资助。这类教育资助通常有着严格的资助条件。主要包括特殊困难补助及减免学费政策、“绿色通道”政策等。

1. 特殊困难补助及减免学费政策

特殊困难补助及减免学费政策是高校资助政策的辅助性措施。这两个政策共同的特点就是无偿性资助。特殊困难补助，是各级政府和高校对经济困难学生遇到一些特殊性、突发性困难给予的临时性、一次性的无偿补助。减免学费政策是国家对部分确因经济条件所限，缴纳学费有困难的学生，特别是对孤残学生、少数民族学生及烈士子女、优抚家庭子女等实行减免学费政策。

2. “绿色通道”政策

“绿色通道”政策是指让经济困难、无法交足学费的新生在不交学费的情况下顺利办理全部入学手续的政策。

（二）奖学金

政府的教育资助有时以奖学金方式资助，但这类奖学金所占比例相对较小，各类民间机构和组织，例如企业、公司、基金、宗教慈善团体、服务机构、学术组织等都通过学校设立种类繁多的奖学金。无论是哪种奖学金，都是有条件的，它们一般要求申请人在学业、社会活动或是体育技能方面有所专长。虽然奖学金也是其他教育资金的一项来源，但客户子女能否获得奖学金，具有很大的不确定性，所以理财规划师应对客户子女的相关信息有充分了解，在做理财规划时要从稳健性原则出发，给出合理建议。

Tips

我国现行的奖学金制度

（三）工读收入

高等学校组织学生参加勤工助学活动，是高等学校收费制度改革的一项重要配套措施。这项活动的目的不仅在于能够促进学生德、智、体、美、劳全面发展，而且可以使学生通过参加劳动取得相应报酬，它强化了付出就有收获的概念，有利于大学生及早树立理财观念。客户子女通过假期和课余打工获得的工读收入也可以作为教育资金来源。但工读收入取得的时间、金额都不容易确定，所以在做教育规划时不应将工读收入计算在内。

（四）教育贷款

教育资金的来源除了客户自身拥有的资产收入和政府或民间机构的资助外，还包括政府为家庭贫困的学生提供的各种专门的低息贷款。教育贷款主要包括三种贷款形式：

1. 国家教育助学贷款

国家教育助学贷款包括商业性银行助学贷款和财政贴息的国家助学贷款两种。商业性教育助学贷款是指贷款人向借款人发放的，被监护人就读国内中学、普通高校及攻读硕士、博士等学位或已获批准在境外就读大学及攻读硕士、博士等学位所需学杂费用（包括出国的路费）的消费贷款；财政贴息的国家助学贷款是指贷款人向借款人发放的，由中央财政或地方财政贴息，用于借款人本人或其直系亲属法定被监护人在国内高等学校就读全日制本、专科或研究生所需学杂费和生活费用的助学贷款。

2. 学校学生贷款

学校学生贷款是指学生所在学校为那些无力解决在校学习期间生活费的全日制本、专科在校学生提供的无息贷款。学校学生贷款审定机构应由学生管理部门、财务部门、教师和学生等方面代表组成。如果贷款的学生违约，不能如期归还所借贷款，其担保人要承担全部还款责任，并缴纳一定数额的违约金。学生偿还贷款的形式主要有以下几种：

（1）学生毕业前，一次或分次还清；

（2）学生毕业后，由其所在的工作单位将全部贷款一次垫还给发放贷款的部门；

（3）毕业生见习期满后，在 2 ~ 5 年内由所在单位从其工资中逐月扣还；

（4）毕业生工作的所在单位，可视其工作表现，决定减免垫还的贷款；

（5）对于贷款的学生，因触犯国家法律、校纪，而被学校开除学籍、勒令退学或学生自动退学的，应由学生家长负责归还全部贷款。

3. 商业性助学贷款

一般商业性助学贷款是指各金融机构以信贷原则为指导，对高校学生、学生家长或其监护人办理的，以支持学生完成学习为目的的一种商业性贷款形式。这种助学贷款近年来也得到快速发展，是对国家资助政策的有益补充。申请商业性助学贷款的条件是必须有符合条件的信用担保，贷款人为当地居民。

（五）留学贷款

除上述几种教育贷款方式外，对于想让子女出国接受高等教育的客户来说，银行还会为符合条件的留学人员提供留学贷款。留学贷款是指银行向出国留学人员或其直系亲属或其配偶发放的，用于支付出国留学人员学费、基本生活费等必需费用的个人贷款。但是，留学贷款相比国内住房信贷、汽车信贷，条件要苛刻得多，手续也比较复杂。

Tips

留学贷款的相关要求

二、教育规划工具

教育目标确定后，测算出教育费用，选择合适的教育资金筹集方式后，理财规划师应该根据客户子女各学段所需要的教育资金选择合适的教育规划工具，为客户制定合理的教育规划方案。常用的教育规划工具主要包括短期教育规划工具和长期教育规划工具两类。

（一）短期教育规划工具

短期教育规划工具主要包括政府教育资助、奖学金、工读收入、各类教育贷款、留学贷款等，这部分内容在前面已有介绍。

（二）长期教育规划工具

如果提早进行子女教育规划，规划时间长，客户负担较小，因此与其他投资规划相比，教育规划更重视长期工具的运用和管理。

长期教育规划工具主要包括以下几种：

1. 银行储蓄

（1）一般银行存款。

通过银行储蓄进行教育金准备，是目前最为常见的方式，银行储蓄能够保证教育资金的安全性与流动性，但很难达到教育资金增值的目的。一般来说，银行储蓄可以作为客户教育投资资金积少成多的蓄水池，等积攒到一定金额，再转做其他投资。

（2）教育储蓄。

教育储蓄是指个人按国家有关规定在指定银行开户、存入规定数额资金、用于教育目的的专项储蓄，是一种专门为学生支付非义务教育所需教育金的专项储蓄。

教育储蓄的优点是无风险，收益稳定，且较活期存款回报率较高，但是也存在很大的局限性。

①投资者范围比较小。只有小学 4 年级以上的学生才能办理。

②规模非常小。储蓄的存款最高为 2 万元，对比教育费用来说不过杯水车薪。

2. 教育保险

教育保险又称教育金保险，是以为子女准备教育金为目的的保险，其主要理财功能在于强制储蓄作用以及在特定情况下可以豁免保费，相对于其他保险产品，保障功能稍弱。相较于其他教育规划工具，具有以下优点：

（1）客户范围广泛。

一般孩子只要出生 60 天就能投保教育保险，有的保险公司还扩展到 0 岁（出生 28 天且健康出院）的婴儿。

（2）可选择分红。

目前教育保险有分红型和非分红型两种，具有储蓄、保障、分红和投资等多项功能。一般情况下，如果保额相同，具有分红功能的教育保险费用要稍高一些。分红型的教育保险可以从孩子上中学开始，分期从保险公司领取保险金，一定程度上规避了物价上涨带来的货币贬值风险。

（3）强制储蓄功能。

教育保险具有强制储蓄的作用，保障性强。买了保险以后，每个月强制缴纳保费。这一点对于缺乏时间弹性、费用弹性的子女教育规划是非常合适的。另外，教育保险在保费缴纳超过一定时期后保单就会具备现金价值，如果出现不时之需，可以将保单进行质押救急，但要切记保单质押后应在规定期限内偿还，否则保单可能失效，从而影响到教育金的支付。

（4）投保人出意外，保费可豁免。

保费豁免是教育保险的一个优势。当投保的家长遭受不幸、身故或者全残时，保险公司免所有未缴保费，子女还可以继续得到保障和资助。同时，大多数教育保险，还能为子女附加各类医疗和意外伤害保险。教育保险的保障功能，不仅确保子女教育金的需求得到满足，还为家长解决了后顾之忧，保证子女的正常生活。

（5）教育保险不设上限，除了提供教育金，有的还将婚嫁金纳入保障范围。

虽然如此，教育保险也不宜多买，适合孩子的需要就够了，因为保险金额越高，每年需要缴付的保费也就越多。有的保险产品的回报率是参照购买时银行存款利率设定的，一旦银行升息，这些险种的现金回报率将低于银行存款。因此，投保人在选择教育保险产品的同时，还要考察产品收益是不是受银行储蓄存款利率变动的影响。

总体来讲，保险产品的特点在于其保障功能，并非最有效率的资金增值手段。此外，一旦加入保险计划，中途退出，往往只能拿到较低的现金价值，相对而言变现能力较低。

3. 子女教育信托

子女教育信托就是由父母委托一家专业信托机构帮忙管理自己的一笔财产，并通过合同约定这笔钱用于支付子女未来的教育和生活费用。当然，专业机构也要为自己提供的服务收取费用。由于我国目前信托业发展尚未成熟，所以这种子女教育信托业务在我国还没有完全开展，但相信随着信托业的发展，子女教育信托将在子女教育规划中发挥重要作用。

（1）设立子女教育信托具有多方面的积极意义。

①鼓励子女努力奋斗。信托家长在设立教育信托时，可以给孩子制定相应的预定目标，只有孩子实现预定目标才能取得相应的资金，这样就能给孩子一定的激励，促使其努力学习、工作。

②防止子女养成不良嗜好。设立子女教育信托后，通过受托人来定期支付孩子在国外的各种相关费用，基本满足孩子的学习生活方面的开支即可，这样就可以免去家长对孩子的担忧，也使孩子无法肆意挥霍父母的血汗钱。

③从小培养理财观念。设立子女教育信托后，孩子在大学的生活学习方面的开支都将与银行、信托机构等紧密联系，这样就能从小培养孩子节俭、合理规划的理财意识。

④规避家庭财务危机。设立子女教育信托后，信托财产不再属于父母的资产，因此不会因为父母企业经营状况的变化而发生变动，更不用担心遭到债权人追偿清算，这样就能保证子女将来的学业和工作，父母也没有后顾之忧了。

（2）教育信托比较适合三类客户。

①有大额整笔资金的家庭，设立一只子女教育信托，由受托人来管理这份财产，并指定子女为受益人。

②离异家庭，原夫妻双方可以找一个独立的受托人，以子女为受益人成立一只子女教育信托，将离婚前的共同财产交予受托人保管打理，以保障子女的养育与教育费用。

③高资产或高收入人群，可以根据不同的理财目标设立不同的信托，例如子女教育信托。

4. 证券投资基金

在众多投资理财产品中，基金是教育投资规划比较常用的工具。基金产品作为教育投资的工具，有如下优势：

（1）品种选择多。

客户还可以根据自身需要如投资时间长短和自身风险偏好，选择不同的基金或者几种基金的组合。如果子女年幼、投资时间长（如5年以上），建议多配置股票型或平衡型基金；如果离子女上大学或大笔动用教育资金的时间较短，一般建议客户多持有债券型或货币型基金。

（2）专家理财。

基金由基金经理及其投研团队管理，基金经理的专业能力和长期的投资经验，加上基金本身分散投资和严格的配置管理约束，使得绝大多数基金的投资业绩一般优于普通投资或市场平均水平。

（3）灵活方便。

客户可以根据自身的教育规划需求选择投资基金的品种、金额和时间，开户后客户可以到金融机构网点或网上选择投资或转换基金。

（4）基金定期定额投资。

教育规划作为一个长期的理财计划，定期定额投资可以在长年累月下积少成多，并且通过定期定投，一定程度上可平摊建仓的成本、降低投资的风险。基金定期定额投资成为筹备教育经费的一种常用选择。

5. 其他投资理财产品

除了以上教育规划工具外，目前市场上还有一些其他的金融工具可供客户教育投资选择，譬如股票、政府债券或公司债券、银行大额存单、银行理财产品、黄金投资等。

理财师应该根据前文所述的教育投资规划原则，从客户的实际需要出发，做好资产配置。

训练二　制定子女教育规划方案

知识要点

理财师与客户沟通，协助客户确定合理的教育目标，测算出客户子女教育资金需求，选择合适的教育规划工具，按照教育规划的原则，为客户子女制定合理的教育规划方案。

制定子女教育规划方案的时候需要注意的问题：

一、选择教育规划工具的时候，应该全面权衡，不能仅从收益率方面考虑

首先，要考虑客户的风险承受能力；其次，要考虑产品的安全性和收益性，因为教育费用没有时间和费用弹性，应该在追求安全性的前提下再考虑收益性；最后，要考虑产品的利率风险，不能投资太多长期的银行存款，如果客户子女年龄较小，可以考虑扩大投资范围，例如基金和基金定投、信托、教育保险等。

二、针对出国留学的教育规划，一定要充分考虑汇率波动的风险

如果留学国家的货币汇率变动很大，建议直接购买该国币种的投资产品，或者购买跟货

币汇率挂钩的一些理财产品。

技能训练

【案例】

秦文涛，男，30 岁，已婚，本科毕业，在汕头一家企业工作，月税后收入 12 000 元。秦太太高晓丽，29 岁，本科毕业，在汕头当地一家餐馆工作，月税后收入 8 000 元。两人有一个女儿，秦心怡，3 岁。要求：计算秦先生为准备女儿的教育费用，每年定投资金的额度。

【操作示范】

（1）确定客户子女的教育目标：秦心怡大学教育金。

（2）测算秦心怡教育资金需求，根据前面案例的计算，秦心怡大学费用 119 297.03 元。

（3）为秦心怡制定教育规划的方案。

假设我们为秦先生的女儿构建一个定投基金组合，平均收益率为 6%，需要每年投资金额如下：

$$PMT = 119\,297.03\ (F/A,\ 6\%,\ 15) = 5,\ 125.33\ （元）$$

从案例中我们可以看到，秦先生夫妻只要每年定投 5 125.33 元，就足够秦心怡小朋友将来接受高等教育的费用，对秦先生家庭来说，负担非常小。

注意：基金定投需要持续地投入，因此要求家庭收入稳定。在选择教育规划工具的时候需要注意。

训练三　制定继续教育规划方案

Tips

完善职业技术教育、高等教育、
继续教育统筹协调发展机制

知识要点

一、继续教育的方向

目前，对于在职人士来说，选择继续教育主要有四个方向：专升本教育、在职研究生教育（MBA 包括在内）、出国留学教育、技能技术教育（考证）等。

（一）专升本教育

专科或同等学力的毕业生，这部分人士通常工作生活相对稳定，因为职业发展需要，生活环境变化，需要升本教育，主要是针对中专和大专（高职）毕业的学生，毕业之后继续提升自己的学历，这是目前刚毕业的年轻人会选择的继续教育方案。

（二）在职研究生教育

在职研究生教育主要针对本科毕业或因社会发展需要而提升自己的学历，同时提升自己能力的一类人。

（三）出国留学教育

出国留学教育主要针对家庭经济条件相对较好的人士，希望孩子或者自己能够出国接受教育，但是出国留学费用相对较高，无论是自己还是孩子都需要好好规划。

（四）技能技术教育（考证）

技能技术教育（考证），这是每个终身学习的人都会不断思考的问题，也是不断实践的教育。随着社会的发展进步，面对日新月异的变化，不学习就意味着退步，因此，终身学习必不可少。随着大众创新、万众创业的发展，越来越多的人开始发展自己的第二职业，希望多学习一些知识和技能，很多人就会选择去考取一项专业的职业资格证，为自己拓展人生和职业道路。

二、理财师制定家庭继续教育规划需要注意的问题

（1）跟客户沟通交流，帮助客户确定合理的继续教育目标，且目标要具有实施的可行性，还要兼顾可能会出现的问题。

（2）通过调查分析，测算接受继续教育所需要的资金，以及可能出现的问题对资金需求的影响。

（3）选择合适的继续教育规划工具。一般继续教育从规划开始到实施的时间较短，因此建议不要投资风险太高的金融工具。

客户的家庭教育有可能会被多种因素排挤到后面，因此在计划之初，要多多考虑可能出现的情况，例如工作繁忙、无法兼顾；工作调动，学习地点没法变更；尤其是女士，有可能会遇到怀孕、生孩子、照顾家庭等多种情况。

技能训练

【案例】

叶诚2012年毕业于广东一所大学，目前在建设银行任信贷客户经理，年收入20万元，妻子是广州市小学老师，年收入15万元，两人2018年结婚，婚后在广州市黄埔区购房一套，价值250万元，其中贷款100万元，月供5 500元。叶诚工作后，想提升一下自己的学历，有个师兄推荐他读MBA，一方面可提升自己的知识和能力；另一方面也能结交不同行业的人，对自己的业务发展非常好，最重要的是可以在职读，不影响现有工作，叶诚很心动，但是想到自己刚结婚不久，准备生孩子，还有房贷，希望找你帮他做一份继续教育规划方案。

【操作要点】

（1）确定叶先生的继续教育目标。报读广州一所大学MBA，计划三年考上。

（2）测算叶先生的继续教育费用。据调查，该校MBA一年学费6万元，学制3年，一共18万元。（假设学费未调整）

（3）制定投资组合方案。因为叶先生在银行工作，就近投资银行的理财产品，构建一个投资收益率为5%的投资组合，每年需投资：

$$PMT = 180\,000\ (F/A,\ 5\%,\ 3) = 57\,097.54\ (元)$$

叶先生一边考 MBA 一边工作，尽量不影响收入，保持年收入 20 万元。加上太太的收入，家庭年结余为 10 万元，因为刚刚买房不久，家庭储蓄为 40 万元，在不影响叶先生生活的条件下，近 3 年每年拿出 57 097.54 元来投资，完全可以负担得起。

【案例分析】

(1) 叶先生在职考研，需要付出更多的精力去学习，需要合理规划事业和学习的时间分配问题。

(2) 叶先生和妻子如果决定生孩子，那么继续教育规划也要得到妻子的支持和理解。

(3) 叶先生需要合理估算参加继续教育后带来的效益，例如职位的晋升、加薪等。

实训活动

给自己制定一个工作后一边工作一边参加继续教育的教育规划方案。

综合技能实训

【案例】

根据项目导入的叶女士夫妻案例，理财师韩梅梅经过进一步沟通明白，叶女士夫妻打算送女儿去加拿大读大学，目前给女儿准备了 40 万元留学教育基金，之后再慢慢积累。请理财师帮其制定教育规划方案，实现女儿出国留学的目标。

【操作示范】

(1) 确定客户子女的教育目标。

客户子女的教育目标是在 18 岁去加拿大留学，本科四年。

(2) 测算客户子女的教育费用。

据调查，加拿大的高等教育，以滑铁卢大学学费为标准：一年大约 4 万加币，约人民币 20 万元。

按照 4% 的增长率来筹备将来的教育资金，则叶女士女儿在加拿大留学的费用计算如下：

本科费用为：

$$FV = 20\ (F/P,\ 4\%,\ 6) = 25.31\ (万元)$$

四年费用合计：

$$PV = 25.31 \times 4 = 101.23\ (万元)$$（假设投资收益率 6% 覆盖了费用增长率 4%）

(3) 选用教育规划工具。首先为叶女士做风险测试，确定其为风险中性，因此为叶女士构建一个固定收益和风险品种各占 50% 的投资组合，该组合的投资回报率在 6% 左右。

(4) 制定教育规划方案。

①对已有教育资金的安排。叶女士已经为女儿准备了 40 万元留学教育基金，投资 6 年。

$$FV = 40\ (F/P,\ 6\%,\ 6) = 56.74\ (万元)$$

②对不足教育资金的安排：

$$101.23 - 56.74 = 44.48\ (万元)$$

每年需要追加的教育资金约为：

$$PMT = 44.48\ (F/V,\ 6\%,\ 6) = 6.38\ (万元)$$

叶女士家里基本无负债，有一定的医疗和养老保障，有一定的储蓄，愿意每年追加6.38万元投资在女儿的教育经费上，规划合理。

【风险揭示】

投资组合的收益率6%是根据过去和现在的市场表现预期的，能否实现，取决于将来国内市场的表现。如果将来没有达到预期收益，可以从现有储蓄中支取补足（已跟客户沟通）。

案例中计算时点为年末，计算过程中保留小数点后四位，最终结果保留小数点后2位。

综合素养提升

【时政素材】

党的二十大报告指出：教育、科技、人才是全面建设社会主义现代化国家的基础性、战略性支撑。必须坚持科技是第一生产力、人才是第一资源、创新是第一动力，深入实施科教兴国战略、人才强国战略、创新驱动发展战略，开辟发展新领域新赛道，不断塑造发展新动能新优势。

我们要坚持教育优先发展、科技自立自强、人才引领驱动，加快建设教育强国、科技强国、人才强国，坚持为党育人、为国育才，全面提高人才自主培养质量，着力造就拔尖创新人才，聚天下英才而用之。

深入实施人才强国战略，坚持尊重劳动、尊重知识、尊重人才、尊重创造，完善人才战略布局，加快建设世界重要人才中心和创新高地，着力形成人才国际竞争的比较优势，把各方面优秀人才集聚到党和人民事业中来。

【学思践悟】

1. 请你思考，党的二十大报告中为何强调新时代我们要坚持教育优先发展？
2. 看到国家实施的人才战略，你有何感悟？

思考与拓展

阅读材料并查阅相关资料，结合所学知识，思考并回答以下问题：

1. 应如何提升自己的知识和技能？
2. 给自己或自己的家庭制定一份教育规划方案。

树立终身学习的理念，提升学习能力

第三部分　项目考核与评价

项目练习题

一、单项选择题

1. 个人教育规划在消费的实践和金额等方面的不确定性较大，（　　）通常是个人家庭理财规划的核心。

A. 住房消费规划　　B. 财富传承规划　　C. 子女教育规划　　D. 投资规划

2. 理财师在为客户制定教育规划、估算教育费用时，第一步要做的是（　　）。

A. 设定一个通货膨胀率

B. 计算所需要的各项费用

C. 按预计通货膨胀率计算所需要的最终费用

D. 分别计算如果采用一次性投资和分次投资计划每次所需支付的年金

3. 下列（　　）在做子女教育规划的时候，暂时不考虑在内。

A. 家庭储蓄　　B. 学生贷款　　C. 勤工助学　　D. 奖学金

4. 子女教育规划的步骤是（　　）。

A. 确定教育规划的目标→估算子女大学时期的教育费用→选择教育规划的工具→制定教育规划方案

B. 估算子女大学时期的教育费用→确定教育规划的目标→选择教育规划的工具→制定教育规划方案

C. 估算子女大学时期的教育费用→确定教育规划的目标→制定教育规划方案→选择教育规划的工具

D. 确定教育规划的目标→估算子女大学时期的教育费用→制定教育规划方案→选择教育规划的工具

5. 下列（　　）是教育保险的缺点。

A. 投资规模可大可小　　B. 有的教育保险可以分红

C. 有强制储蓄功能　　D. 投资范围较小

二、多项选择题

1. 家庭教育规划包括（　　）。

A. 客户子女教育规划　　B. 父母的教育规划

C. 兄弟姐妹的教育规划　　D. 客户的继续教育规划

2. 长期教育规划工具包括（　　）。

A. 基金　　B. 奖学金　　C. 股票　　D. 信托

3. 教育规划的原则是（　　）。

A. 提早规划　　B. 从宽规划

C. 整体规划　　D. 教育规划和子女保险规划相结合

三、技能操作题

2023 年，陈女士的女儿读初一，再过 6 年将读大学，她希望女儿将来在国内读 4 年大学、3 年硕士研究生，当前的各种费用如表 5－1 和表 5－2 所示。

表 5－1　本科教育费用估计

类型	学杂费	生活费	其他	合计
费用/元（2023 年）	6 500	21 000	6 500	34 000

表 5－2　硕士研究生教育费用估计

类型	学杂费	生活费	其他	合计
费用/元（2023 年）	10 200	30 000	7 500	47 700

假设学费增长率为 4%。

要求：请运用所学，帮助陈女士制定教育规划方案，并协助其实施。

四、素质提高题

请同学们结合自己的兴趣爱好和专长，好好思考一下未来的发展道路，并为自己制定一份职业教育规划方案。

完整版练习题，请扫描二维码获取。

项目五练习题

学习评价表

<table>
<tr><th colspan="2">学习目标</th><th colspan="2">考核方式与标准</th><th colspan="4">评价结果</th></tr>
<tr><th rowspan="2">目标类别</th><th rowspan="2">具体目标</th><th rowspan="2">考核方式</th><th rowspan="2">考核标准</th><th rowspan="2">自评</th><th colspan="2">互评</th><th rowspan="2">综评</th></tr>
<tr><th>同伴</th><th>教师</th></tr>
<tr><td>素质目标</td><td>具备高度重视教育规划的意识，具备终身学习的理念</td><td>素质提高题</td><td rowspan="3">分优、良、中、及格四档，详细考核标准请扫描二维码获取
项目五学习评价表</td><td></td><td></td><td></td><td></td></tr>
<tr><td>知识目标</td><td>了解家庭教育规划的意义、特点、原则；掌握子女教育规划的步骤；了解各学段教育资金的需求、其他教育成本；掌握子女教育金的计算与运用；理解教育金运用的相关优惠政策；掌握教育金规划的主要工具</td><td>项目练习题（单项选择题、多项选择题）</td><td></td><td></td><td></td><td></td></tr>
<tr><td>技能目标</td><td>能根据客户的财务状况帮助客户制定合理的教育目标；能测算客户各学段教育金的需求；能帮助客户制定完善的教育规划方案并协助客户执行</td><td>任务一、二、三的实训题、项目练习题（技能操作题）</td><td></td><td></td><td></td><td></td></tr>
</table>

项目六　制定退休规划方案

老吾老以及人之老，
幼吾幼以及人之幼。

——《孟子·梁惠王上》

第一部分　项目导入

理财师工作实务

【实际工作案例】

李先生来到银行想买基金，理财师韩梅梅为其提供咨询服务。经过沟通韩梅梅得知：李先生夫妻俩开了一家小吃店，已购买社保，计划再干 10 年（即 60 岁时）就回老家养老，希望退休后至少再活 20 年。育有一儿一女，今年分别研究生与本科毕业，因而老两口开始考虑自己的养老问题，李先生计划将手上的 10 万元用来买基金，每年能存下来的钱大概 3 万元，也可以买基金，他想请韩梅梅推荐一下买什么比较好。

【理财师分析】

（1）客户具备提前准备退休养老金的意识，非常好。退休后收入锐减，生活支出减少不明显，可能还会增加医疗护理支出，李先生今年50岁，儿女均已独立，离退休尚余10年，还来得及。

（2）准备退休资金，建议做好退休规划方案，构建投资组合。李先生想把资金全部放到基金中，由于基金投资有风险，而退休后的投资应当以稳健为第一原则，建议测算退休养老金的资金需求缺口后，根据需要选择合适的工具，构建退休养老金投资组合。

理财师工作任务

理财师的工作任务是根据客户的基本信息，量身定制退休规划方案，以实现客户期望的退休生活目标。一般按照下列步骤开展工作：

第一步：与客户沟通获取更多的财务信息；

第二步：计算客户家庭退休期间养老金总需求；

第三步：预估退休时退休金的总供给量，匡算养老金赤字；

第四步：寻找弥补养老金赤字的办法，制定退休规划方案。

第二部分　项目学习

学习任务概述

2021年我国步入深度老龄化阶段，即65岁及以上人口占比超14%，养老问题成为中国千千万万个家庭无法回避的现实问题。本项目培养学生为客户提供退休规划服务的能力，让学生了解我国社会保险制度，测算退休后养老金供给；能够根据客户家庭情况匡算退休金需求；能够根据匡算出的资金缺口为客户构建合适的退休投资组合。

学习目标

目标类型	目标要求
素质目标	具备对客户养老信息进行分类、整理与综合分析的信息处理能力；具备较强的协调沟通能力；具备获取新知识、新技术的能力
知识目标	掌握退休规划的流程；掌握养老金赤字的测算方法；掌握养老金赤字弥补办法及退休规划调整方法；熟悉退休规划的影响因素；熟悉退休规划的原则；了解退休规划的重要性
技能目标	能根据客户退休规划需求搜集并整理客户养老方面的信息；能运用工具测算客户退休养老资金需求和退休养老收入；能制定退休规划方案；能跟踪退休规划的执行，并根据相关因素变化，调整退休规划方案

学习导图

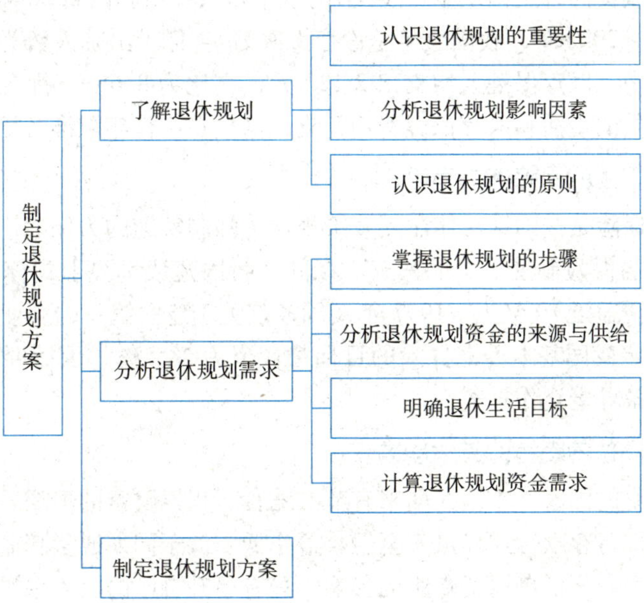

任务一　了解退休规划

退休规划是家庭理财规划的重要构成部分，对于每一个家庭而言具有重要的意义。

训练一　认识退休规划的重要性

知识要点

退休规划是指退休前为退休后的养老生活做好财务安排，为保证自己在老年时期有一个自立、自尊、高品质的退休生活而积极积累养老金的财务规划过程。

一、人口老龄化加速与预期寿命延长并存

（一）老龄化加速

截至 2021 年年底，我国 60 岁及以上老年人口达 2.67 亿人，占总人口的 18.9%，全球每 4 个老年人中就有一个中国人。预计到 21 世纪中叶，60 岁及以上人口将达到 4.87 亿人，约占总人口的 35%，我国将进入重度老龄化阶段。老龄化越严重，社会养老负担越重，养老保障能力也就越低。

（二）预期寿命延长

2022 年 7 月 12 日，国家卫生健康委员会发布的《2021 年我国卫生健康事业发展统计公报》显示，中国居民人均预期寿命由 2020 年的 77.93 岁提高到 2021 年的 78.2 岁。寿命延长意味着要准备更多的养老金。

二、生活品质提升与医疗健康费用增长并存

国家统计局发布的报告显示，党的十八大以来，我国居民收入增长较快，收入结构不断改善，消费水平持续提高，生活质量稳步提升。《中华人民共和国2022年国民经济和社会发展统计公报》显示，2022年，我国全年总诊疗人次为84亿，出院人数为2.5亿人。在全国居民人均消费支出中，医疗保健人均支出2 120元，占比为8.6%，排在第5位。可见，为保证退休后有高品质的生活和医疗保健费用开支，需要在工作年限准备更多的养老资金。

三、基本养老保险的保障能力有限

国家基本养老保险是按国家法律法规政策规定，强制实施的为保障广大离退休人员基本生活需要的一种养老保险制度。"十三五"期间，我国建成世界上规模最大的社会保障体系，基本养老保险覆盖近10亿人。1997年《国务院关于建立统一的企业职工基本养老保险制度的决定》中确定我国基本养老保险的目标替代率为58.5%，因而要保持退休前的生活水平，还需自己准备养老金作补充。

四、通货膨胀侵蚀养老金的支付能力

中国是高储蓄率的国家，中国人向来有节衣缩食、积累财富的习惯，而积累财富的方式主要是习惯性地到银行存款，这样虽安全但收益率低，低于同期通货膨胀率，导致养老金贬值，影响其支付能力。要抵御通货膨胀的影响，只有提升自己的收入水平或将养老金投资收益率提高到通货膨胀率之上。中国历年通货膨胀率如表6-1所示。

表6-1　中国历年通货膨胀率（1990—2019年）　　%

年份	通货膨胀率	年份	通货膨胀率
1990	3.1	2005	1.8
1991	3.4	2006	1.5
1992	6.4	2007	4.8
1993	14.7	2008	5.9
1994	24.1	2009	-0.7
1995	17.1	2010	3.3
1996	8.3	2011	5.4
1997	2.8	2012	2.5
1998	-0.8	2013	2.6
1999	-1.4	2014	2.0
2000	0.4	2015	1.4
2001	0.7	2016	2.0
2002	-0.8	2017	1.6
2003	1.2	2018	2.1
2004	3.9	2019	2.9

五、家庭结构变化倒逼传统养老观念转变

独生子女政策实施以来，"70后""80后"家庭结构已由正金字塔向"4、2、1"倒金字塔转变，甚至向"8、4、2、1"倒金字塔转变；国家放开二胎政策后，一对"90后"夫

妻，可能要同时赡养4个老人并抚养2个孩子，导致年轻人赡养老人心有余而力不足。因而，老年人需要提前准备好退休资金，既减轻子女的负担，又保证自己退休后能过上体面的生活。

退休规划原理

训练二　分析退休规划影响因素

知识要点

影响退休规划的因素主要有开始做退休规划的时间起点、退休年龄、预期寿命、预期退休后的目标生活品质、家庭资产状况及其他因素，如通货膨胀率、投资收益率等。

一、影响退休规划的常见因素

（一）开始做退休规划的时间起点

开始做退休规划的时间起点即客户开始准备退休养老金的时间点，这决定了养老金储蓄时间的长短。

（二）退休年龄

退休年龄决定了工作时长及在预期寿命既定下的退休后生存时长，退休时间早，则退休生活时间长，工作时间短，积累养老金时间短，而消耗养老金时间长。按照我国现行政策的规定，我国职工现行退休年龄是男性60周岁，女干部55周岁，女工人50周岁。退休年龄对养老金水平有较大影响。

（三）预期寿命

预期寿命会影响家庭养老金的需求，预期寿命越长，养老金需求越大。

（四）预期退休后的目标生活品质

预期退休后的目标生活品质决定了退休后的生活开支，影响养老金需求。

（五）家庭资产状况

家庭资产状况包括现有资产状况和未来资产状况，通过分析，可估算客户养老金供给能力。

二、影响退休规划的其他因素

影响退休规划的其他因素包括退休规划工具的选择、退休基金的投资收益率、通货膨胀率等。

训练三　认识退休规划的原则

知识要点

退休规划时间周期长，一般开始于一个人职业生涯的中期，见效于晚年。退休规划需要及早准备，具体规划退休资金时，要严格遵循以下原则：

一、及早规划原则

养老金储备越早，资金积累越多。从表6－2可以看出，在年投资收益率和年储蓄养老金规模相同的情况下，20岁开始准备是55岁开始准备的近19倍。从表6－3可以看出，年投资收益率4%，养老金目标是60岁累积200万元，20岁开始准备只有55岁才开始准备的年储蓄的约1/18。

表 6-2　退休规划开始越早，资金累积越多

养老金开始筹备年龄/岁	20	25	30	35	40	45	50	55
每年储蓄养老金规模/万元	2	2	2	2	2	2	2	2
养老金累积规模/万元	190	147.3	112.2	83.3	59.6	40	24	10.8

表 6-3　退休规划开始越早，压力越小

养老金开始筹备年龄/岁	20	25	30	35	40	45	50	55
每年储蓄养老金规模/万元	2.1	2.72	3.57	4.80	6.72	9.99	16.66	36.93
养老金累积规模/万元	200	200	200	200	200	200	200	200

二、弹性原则

弹性原则指退休规划要留有余地，以防由于某一因素考虑不周，而影响晚年的退休生活质量。做退休规划时，要适当少估算退休后的收入，多估算退休后的支出，以免出现由于养老金准备不足，被迫降低生活品质的情况发生。

三、平衡性原则

平衡性原则指退休规划要注意资金筹集和资金投资的长期性平衡，在资金筹集上，既不能因为要保证退休后的生活水平而降低退休前的生活品质，也不能过于追求即期消费而大幅降低退休后生活质量；在资金投资上，既要保证养老金投资的稳健性原则，又要保证实现能抵消通货膨胀影响的收益率，实现投资稳健性与收益性的平衡。

任务二　分析退休规划需求

退休规划实际上是平衡在职期间与退休之后的即期消费与远期消费的关系，通过合理规划，用一生中在职期间的盈余弥补退休后的亏损，实现一生收支平衡的过程。

训练一　掌握退休规划的步骤

知识要点

制定退休规划方案从建立与客户的信任关系开始，具体流程如图 6-1 所示。

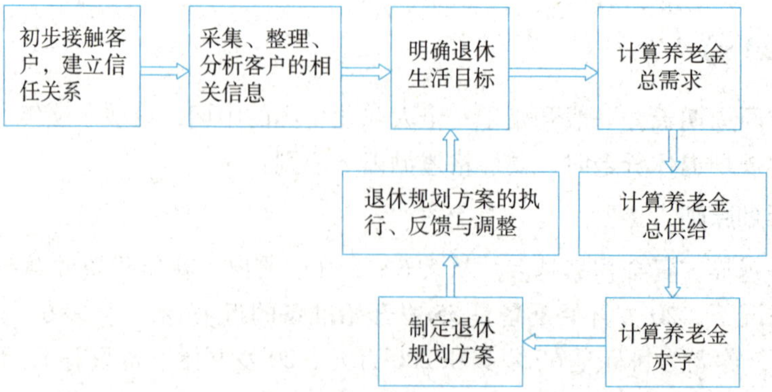

图 6-1　制定退休规划方案的流程

一、初步接触客户，建立信任关系

本阶段，理财师要帮助客户明确退休规划的意义，并在初步了解客户家庭人口结构、职业状况、生活目标、退休期望等信息的基础上，提供一些基础性建议，赢得客户对自己专业胜任能力的认同。

二、采集、整理、分析客户的相关信息

需采集的信息包括客户的基础信息、财务信息以及宏观公共信息。客户的基础信息主要包括客户的性别、年龄、职业、家庭人口结构、预期退休年龄和预期余寿，并对客户进行风险属性的测量；客户的财务信息主要包括客户的资产、负债、收入、支出信息，以及已有的保障情况。宏观公共信息主要包括通货膨胀率、经济增长水平、客户所在行业的职业和收入前景等。基于以上信息，分析家庭财务情况，为接下来的退休规划打好基础。

三、明确退休生活目标

退休生活目标会直接影响退休资金需求，理财师需要与客户沟通预期退休年龄及退休后期望的生活方式和生活水平。

四、计算养老金总需求与总供给

基于客户的退休年龄及生活方式目标，考虑通货膨胀的影响，理财师可以测算出客户退休后的养老金总需求。基于客户现有退休资金准备以及未来的储蓄能力和退休后的资金来源，理财师可以测算出客户养老金总供给。

五、计算养老金赤字

退休养老金总需求与总供给的差额，大于零，则说明存在赤字，小于零，说明养老金充足，在做好安全性保障的情况下，退休生活在财务上基本无忧。

六、制定退休规划方案

针对养老金赤字，理财师根据客户的具体情况制定切实可行的解决方案，为客户弥补养老金赤字。

七、退休规划方案的执行、反馈与调整

退休规划方案的执行是整个退休规划中最实质性的一个环节，执行过程中，理财师要持续跟踪执行情况，环境和条件变化时，要及时调整退休规划方案。理财师要对客户进行定期评估，以确定是否需要调整退休规划方案，一般来说，定期评估每年进行一次，接近退休时，每半年评估一次。

训练二　分析退休规划资金的来源与供给

知识要点

退休资金来源一般包括基本养老保险、企业年金（职业年金）和商业养老保险，以上三大来源是养老保险的三大支柱，其中基本养老保险是退休收入的最主要来源。其他退休收入来源还包括家庭存款、投资收益、其他收入等。

我国社会保障体系与退休规划

一、基本养老保险

基本养老保险（即基本养老金）是指国家立法强制征集社会保险费，并形成养老基金，当劳动者退休后支付退休金，以保证其基本生活需要的社会保障制度，是社会保障制度的最重要内容之一。目前我国基本养老保险包括三种类型，分别是企业职工基本养老保险、机关事业单位养老保险、城乡居民基本养老保险。参加基本养老保险的个人，达到法定退休年龄时累计缴费满 15 年的，按月领取基本养老金；达到法定退休年龄时累计缴费不足 15 年的，可以缴费至满 15 年，按月领取基本养老金，也可以选择将个人账户全部储存额一次性支付给本人。领取退休金时，按照参加工作时间以及退休时间，将职工划分为老人、中人、新人三种类型，分别按照不同的规定计算养老金。下面分析的是“新人”的养老金领取规定。

养老金 = 基本养老金 + 个人账户养老金

基本养老金 = 退休时上年度当地在岗职工月平均工资 ×(1 + 本人指数化月平均缴费工资)/2 × 本人累计缴费年限(含视同缴费年限) ×1%

其中：

本人指数化月平均缴费工资 = 当地上年度在岗职工月平均工资 × 本人平均缴费指数

个人账户养老金 = 个人账户储存额/本人退休年龄相对应的计发月数

基本养老保险制度与退休规划

基本养老金计算示例

退休年龄对应的个人账户退休金计发月数由国家统一公布，如表 6－4 所示。

表 6－4　退休年龄对应的个人账户退休金计发月数

退休年龄/周岁	计发月数/月	退休年龄/周岁	计发月数/月
40	233	56	164
41	230	57	158
42	226	58	152
43	223	59	145
44	220	60	139
45	216	61	132
46	212	62	125
47	208	63	117
48	204	64	109
49	199	65	101
50	195	66	93
51	190	67	84
52	185	68	75
53	180	69	65
54	175	70	56
55	170		

二、企业年金与职业年金

企业年金是指企业及其职工在依法参加基本养老保险的基础上，自愿建立的补充养老保险制度。职业年金是指机关事业单位及其工作人员在参加机关事业单位基本养老保险的基础上建立的补充养老保险制度。

企业年金与职业年金最大的区别在于：职业年金具有强制性，而企业年金的建立是企业的自愿行为。企事业单位缴纳企业年金或职业年金费用的比例每年不超过本企业上年度职工工资总额的8%，单位和职工个人缴费合计不超过本企业上年度职工工资总额的12%。职工在达到国家规定的退休条件并依法办理退休手续后，可以从本人年金个人账户中按月或者分次领取年金，直至个人账户资金领取完毕为止，也可以将本人年金个人账户资金用于一次性购买商业养老保险产品，依据保险契约领取待遇并享受相应的继承权。

三、商业养老保险

商业养老保险是商业保险的一种，它以人的生命或身体为保险对象，在被保险人年老退休或保期届满时，由保险公司按合同规定支付养老金。商业保险中的年金保险、两全保险、定期保险、终身保险都可以在不同程度上起到养老的目的，都属于商业养老保险范畴。购买商业养老保险具有强制储蓄和稳健可靠的特点。商业养老保险的缴费方式有趸缴和期缴两种，领取方式有定额、定时和一次性趸领三种。

四、其他收入来源

（一）一般账户余额

一般账户余额包括客户退休时住房公积金账户剩余的未提取金额，医疗保险个人账户上未使用金额，个人储蓄存款账户上的未提取金额。

基本医疗保险制度与退休规划

住房公积金制度与退休规划

（二）投资本金和收益

根据客户年龄及风险承受能力的不同，个人养老金投资可采取不同的策略，一般来说，年轻时可采取相对积极的投资策略，比如投资于股票型基金、偏股型基金等；接近退休年龄时应采取稳健的投资策略，比如投资于债券型基金、保本型基金等；一般不建议投资股票等高风险投资品种。

（三）房产

“房住不炒”的政策推行以来，投资房产的情况已经明显降温。近些年“倒按揭”和“以房自助养老”的方式为养老资金提供了新的来源。“倒按揭”是指拥有房产的老年人将房屋产权抵押给金融机构，金融机构按照房屋的评估价值减去预期折损及其他费用后，按人的平均寿命计算，将其房屋价值分摊到预期寿命年限中去，按年或者按月支付现金给“倒按揭”老人，直至其去世，老人去世后，金融机构获得该房屋的产权。“以房自助养老”是指老人将自己的产权房与公积金中心进行买卖交易，交易完成后，老人一次性获得房款，房屋再由公积金中心返租给老人，以补充养老金的不足。

技能训练

【案例】

李同学的父母在广州生活，年龄50岁上下，父母都有固定的工作，收入比较稳定，李同学应该建议父母如何准备退休金？假如李同学现年 28 岁，刚刚成家不久，事业处于快速上升时期，根据所处行业及工作单位现状判断，李同学未来收入增长空间很大，李同学应如何为自己准备退休金？

【操作示范】

（1）父母收入稳定，临近退休，准备养老金已迫在眉睫。首先应考虑准备一笔金额不能太少的退休基金；其次，从每月的工资收入中，固定拿出一笔资金做养老金投资。对退休基金以及每月积累的资金，不能投入股市、期货等金融市场，因为年龄越大，养老金投资越要遵循稳健性原则，这两笔资金可以投资于银行存款、国债、高等级企业债券、货币市场基金或债券型基金。

（2）28 岁的李同学工作前景美好，可准备一笔金额不大的启动资金，同时采用定期定额定投的办法强制储蓄，每期投入金额可以根据情况决定。也可以考虑用资金购买基金、国债等比较稳定、风险较小的金融产品，以获得稳健的收益，在证券市场行情较好时，也可以适当投资股票。

实训活动

【实训任务】

与你的父母做一次专题交流，了解你父母为自己的退休养老问题做了哪些准备，并就退休规划工具的选择，给你父母提供建议。

Tips

测算你能领取多少养老金

训练三　明确退休生活目标

知识要点

退休生活目标包括退休年龄、退休生活标准、退休生存时间等。而退休后的生活标准与客户的职业、生活方式、消费个性等直接相关。退休生活标准包括基本生活消费标准和特殊消费标准。退休年龄、退休生活标准与退休生存时间之间还存在此消彼长的关系，因此还需要在这几个相互联系的目标之间进行平衡。

一、明确退休年龄和预期寿命

确定了退休年龄，也就确定了客户的剩余工作年限，为结合退休目标确定储蓄率奠定了基础；确定了预期寿命，也就为测算适合退休生活标准的资金需求规模奠定了基础。如前所述，退休年龄、退休生存时间需要依据客户的实际情况、国家的相关政策以及人寿保险市场基本数据等因素来确定。

二、确定退休生活标准

退休生活标准包括基本生活消费标准和特殊消费标准。基本生活消费标准包括衣食住行的基本消费，与退休前比较，老年人的支出项目、生活方式和生活习惯会发生相应的变化，这会导致消费结构的变化，如不再供房和供子女上学，应酬、衣着、交通等也会相应减少，同时，医疗、休闲、旅游费用会相应增加；从消费水平看，部分年老退休者有条件延续退休前的消费支出水平，但是更多年老退休者会因为收入能力不足而降低消费水平。特殊消费标准是指客户除了基本生活消费标准之外，期望实现的旅游、社交、迁居、特别护理等个性化的需求，退休后的老年生活，由于更多的时间可以自由安排，老年人在经济条件允许的条件下，有希望实现自己个性化爱好的目标。

训练四　计算退休规划资金的需求

知识要点

退休规划资金需求是指退休时养老消费支出总需求的现值。测算退休规划资金需求时，一般需要将退休期间的资金总需求，使用恰当的折现率折现到退休时点的价值。

一、测算退休生活目标需求

理财师一般采取退休收入目标替代率法或养老生活消费目标替代率法测算客户退休生活目标需求。

退休收入目标替代率法是指以一定比例的退休前收入作为测算退休后收入的标准，再以该测算收入作为退休后的生活消费需求，一般经验认为该比例为60%～70%。如果某客户退休前一年收入为10 000元/月，替代率为60%的话，则认为该客户退休后每月的生活消费需求为6 000元。测算公示如下：

退休后第1年所需生活费用 = 目前的年收入 ×（1 + 收入目标替代率）×（1 + 收入增长率）^{n}

养老生活消费目标替代率法是指以退休前消费水平的一定比例作为测算退休后消费的标准，一般经验认为该比例为80%左右。如果某客户退休前一年的消费为6 000元/月，退休生活消费替代率为75%的话，则该客户退休后每月的生活消费为4 500元。测算公示如下：

退休后第1年所需生活费用 = 目前的年消费 ×（1 + 支出目标替代率）×（1 + 通货膨胀率）^{n}

二、估算余寿，测算退休生活目标的总需求

理财师根据社会平均寿命、客户身体健康状况和医疗水平等因素，合理估算客户余寿，按照确定好的退休生活目标需求，计算退休后的剩余寿命期间需要准备多少生活费用，再以恰当的折现率将基本生活消费和特殊生活消费折算为退休时点的现值。

【例】 王先生今年35岁，计划60岁退休，预期寿命为80岁。去年收入为10万元，退休收入目标替代率为70%。退休前，王先生收入增长率为3%，退休后的投资收益率为4%，计算王先生的退休生活目标需求。

解析：

退休前一年的收入水平：

FV（0.03，25，10）=20.94（万元）

退休第一年的养老需求：

$$20.94 \times 70\% = 14.66\ (万元)$$

养老需求在退休时点的现值：

$$PV\ (0.04,\ 20,\ 14.66) = 199.23\ (万元)$$

即王先生的退休生活目标需求为 199.23 万元。

技能训练

【案例】

林先生在国企工作，现年 40 岁，妻子在银行工作，现年 35 岁，按照国家退休政策规定，夫妻俩将在同一年退休，现在距离退休还有 20 年。他们想从现在开始为退休做准备，预计退休后余寿为 25 年，邀请理财师韩梅梅帮忙测算 25 年的退休养老金需求。

理财师决定采取养老生活消费目标替代率法测算林先生家庭的养老金需求。经过与客户充分沟通，掌握到客户家庭目前的支出结构如表 6－5 所示。

表 6－5　林先生家庭目前生活费用项目情况

万元

项目	食品	穿着	交通	休闲娱乐	旅游	医疗健康	房贷	保费	教育金	其他	合计
目前支出	2	1	1.5	0.5	1	0.5	1	1	1	1	10.5

请你帮助理财师测算林先生家庭的退休养老金需求。

【操作示范】

(1) 理财师首先应与客户林先生沟通了解其退休生活目标需求，然后据此将目前生活费用项目和金额调整到退休后的水平。调整后林先生的退休生活项目及金额如表 6－6 第 3 列所示。

(2) 估算林先生退休前年通货膨胀率，并据此将调整后的各项目合计金额计算到退休第 1 年的终值。假设林先生退休前的年通货膨胀率为 3%，退休第 1 年的生活费用为 14.03 万元，如表 6－6 所示。

表 6－6　林先生家庭退休资金总需求测算表

生活费用项目	目前支出/万元	退休后支出/万元	通货膨胀率/%	退休时终值/万元
食品	2	1.5	3	14.03
衣着	1	0.5		
交通	1.5	0.5		
休闲娱乐	0.5	0.2		
旅游	1	2		
医疗健康	0.5	1		
房贷	1	0		
保费	1	0		
教育金	1	0		
其他	1	1		
合计	10.5	6.7		

(3) 估算林先生退休后的通货膨胀率及投资收益率，测算25年退休生活的资金总需求。

假设林先生退休后采取稳健投资的策略，投资报酬率为3%，通货膨胀率为3%。则25年退休生活资金总需求折算到退休第1年的现值为：

$$14.03 \times 25 = 350.75\text{（万元）}$$

实训活动

【案例】

李先生现年40岁。打算60岁退休，预计余寿为25年。退休前的生活消费支出为每年10万元，估计退休后的生活费用为退休前的80%，退休前后的通货膨胀率均为3%，退休后的投资报酬率为4%。

【实训任务】

请为李先生测算退休养老金总需求。

任务三　制定退休规划方案

知识要点

测算了客户的退休养老金供给与养老金需求后，可匡算出养老金赤字，理财师需要制定退休规划方案以帮助客户弥补养老金赤字。

一、匡算养老金赤字

养老金赤字指养老金总需求大于养老金总供给的差额。制定退休规划时，往往先用退休养老金需求的折现值减去退休后收入（既定养老金）折现值，就可以得到退休养老金的缺口，这个缺口也叫大缺口，需要注意的是，折现时间点一般为退休时间。养老金赤字匡算流程如图6－2所示。

养老金大缺口＝退休生活资金需求的折现值－
退休后既定养老金供给的折现值

部分客户在退休前已经准备了部分养老金，这些养老金通过投资还在不断增值，理财师需要将到退休时已经积累的养老金计算到退休时点的终值，再用前面计算出来的养老金大缺口减去已经积累的养老金在退休时点的终值，就可以得到退休养老金小缺口（即人们一般说的养老金缺口），又称养老金赤字（简称养老赤字）。

养老金小缺口（养老金赤字）＝养老金大缺口－退休前的资金积累终值

养老金赤字的存在也就是存在退休规划需求的原因，解决养老金赤字问题就是退休规划的核心。理财师需要根据平衡原则，综合采取系列措施，实现减少赤字的目标。

【例】续前例，王先生现在已经准备了10万元的退休养老金，退休前的投资收益率为6%，试计算王先生的养老金赤字。

王先生的养老金大缺口＝199.23－68＝131.23（万元）

王先生的养老金小缺口＝133.23－FV（0.06，25，10）＝90.31（万元）

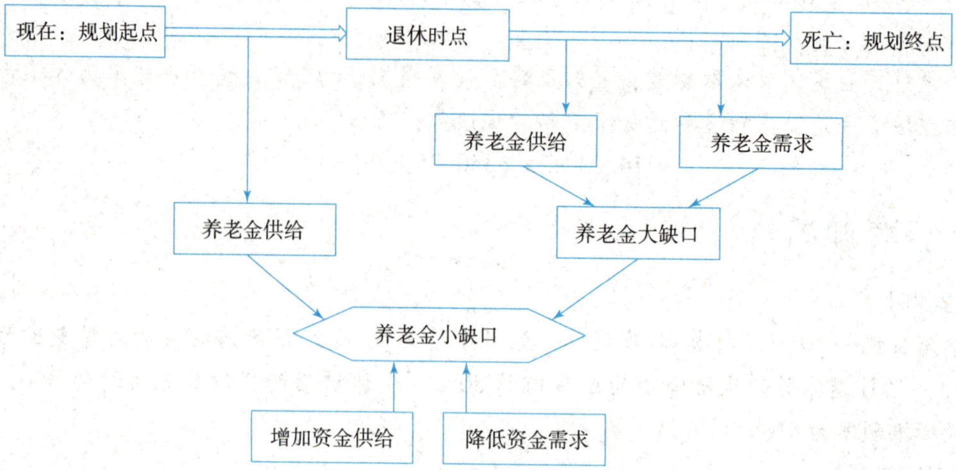

图 6－2　养老金赤字匡算流程

二、规划解决养老金赤字的方案

（一）增加退休规划资产或储蓄配置比重

增加退休规划中的资产或储蓄配置比重是常用的解决养老金赤字的办法。理财师需要审核客户的退休养老资产或储蓄配置比重是否偏低，如果偏低，则可以适当提高。资产或者储蓄的配置工具，可以选择银行存款、债券等方式，如果退休规划开始比较早，也可以在股票市场行情合适的时候，配置少量投资价值高的股票。退休养老金投资主要遵循稳健性原则，因此应当在保证资金安全的基础上关注投资收益率。

【例】续前例，王先生退休时的养老金赤字为 90.31 万元，如果王先生考虑采取基金定投的方式弥补养老金赤字，在收益率为 6% 的前提下，王先生在职期间每年的定投金额应该是多少呢？

N = 25，I = 6%，Fv = 90.31，求得 PMT = 1.65（万元），即王先生在工作期间，每年需要从工作收入中拿出 1.65 万元进行养老储蓄，并将其投资于年收益率为 6% 的定投产品上。

如果王先生有能力现在一次性拿出一笔资金弥补养老金赤字，则需要准备多少资金呢？

N = 25，I = 6%，Fv = 90.31，求得 PV = 18.32（万元），也就是说，王先生需要一次性拿出 18.32 万元，才能在退休时弥补养老金赤字。

如果客户现有条件无法满足增加资产或储蓄比重方案，则需要调整退休规划方案。

（二）采取更为积极的投资策略

采取更为积极的投资策略，可以提高投资收益率，但是也可能使养老金处于更高的风险状态。

【例】续前例，王先生退休时的养老金赤字为 90.31 万元，如果王先生的储蓄能力不能满足年储蓄 1.65 万元的要求，他决定采取更为积极的投资策略，用降低年储蓄压力的方法弥补养老金缺口，王先生将投资收益率提高到 10%，那么王先生在职期间每年需要储备的养老金是多少？

N = 25，Fv = 90.31，I = 10%，求得 PMT = 0.92（万元）。即王先生在工作期间，每年只需要从工作收入中拿出 0.92 万元进行养老储蓄，即可在退休时筹够养老金。

（三）降低退休后的生活目标

降低退休后的生活目标可以减少退休后养老金需求，这是通过减少养老金赤字的方式，减轻在职期间准备养老金的压力。但是，理财师一般不轻易向客户提出降低退休后生活目标的建议。

（四）推迟退休年龄

推迟退休年龄可以有更多的时间储蓄养老金，并且减少退休后的养老金需求。但是，理财师一般也不轻易向客户提出推迟退休年龄的建议，因为我国政府已规定了法定退休年龄，现行政策规定的退休年龄是，男性年满 60 周岁，女工人年满 50 岁，女干部年满 55 周岁，特殊行业和职业有特殊规定。

（五）其他方法

除以上方法外，客户还可以通过做好职业规划，提高在职期间收入；退休后继续兼职；减少当前消费等方式；或者多种方式混合采用等办法解决养老金赤字问题。

技能训练

【案例 1】

王刚夫妇今年均刚过 35 岁，他们俩打算 55 岁退休，在退休后的第 1 年，王刚夫妇估计两人需要 10 万元的生活费用，并且，由于通货膨胀的原因，这笔生活费用每年按照 3% 的速度增长。王刚夫妇估计会活到 85 岁，假设王刚夫妇退休后没有基本养老保险金，也没有企业年金等定期的收入，其退休费用只能依靠退休前积累的退休养老金。假设退休前的投资收益率为 6%，退休后的投资收益率为 3%，王刚夫妇现在已有 25 万元的退休养老金，问如果采取定期定投的方式，每年年底还需投入多少钱才能实现理想的退休养老金目标？

【操作示范】

（1）计算王刚夫妇退休后的资金需求折算至 55 岁的现值。

在退休后的第 1 年，王刚夫妇估计两人需要 10 万元的生活费用，估计会活到 85 岁。每年的生活费用按照 3% 的速度增长，并且退休基金的投资收益率为 3%，则投资收益率和生活费用上涨率相互抵消，王刚夫妇退休后的资金需求折算至 55 岁的现值为 300（10×30）万元。

（2）计算王刚夫妇 35 岁的 25 万元在 55 岁的终值。

王刚夫妇 35 岁的 25 万元在 55 岁会上涨为：

$$\text{FV}（0.06，20，-25）=80.18（万元）$$

（3）计算退休养老金缺口。

$$养老金缺口 =300-80.18=219.82（万元）$$

（4）计算定期定投的额度。

$$\text{PMT}（0.06，20，-219.82）=5.98（万元）$$

如果采取定期定投的方式，每年年底还需投入 5.98 元，才能实现理想的退休养老金目标。

【案例 2】

吕先生今年 38 岁，他计划在 65 岁时退休。为在退休后仍然能够保持较高的生活水平，吕先生决定聘请理财师为其量身定制一个退休规划方案。理财师陶朱通过与吕先生交流，初步形成以下认识：

（1）综合考虑各种因素后，预计吕先生退休后每年需要生活费10.5万元；

（2）按照预期寿命数据，预计吕先生可以活到80岁；

（3）吕先生准备拿出20万元作为退休规划的启动资金；

（4）吕先生准备采用定期定额投资方式，在退休前每年投入一笔资金；

（5）退休前期望的投资收益率为6%，退休后期望的投资收益率为3%。

请问：吕先生每年应投入多少资金？应如何选取投资工具组合？

【操作示范】

（1）计算吕先生退休时的退休金总需求。

PV（0.03，15，－10.5，0，1）=129.1（万元）

即退休时的退休金总需求为129.1万元。

（2）以上述计算结果作为终值，计算现在定期定投的额度。

PMT（0.06，27，20，－129.1，0）=0.51（万元）

即吕先生每年需积累约0.51万元投资于投资收益率为6%的金融工具。

说明：也可以先算出20万元的启动资金投资在6%的投资收益率下，经过27年增值为96.45万元，再以129.1万元与96.45万元的差额32.65万元作为终值进行计算，可得到同样的结果。

（3）为吕先生制定一个长期的、较为稳健的投资组合，以达到退休前平均每年6%的投资收益率的目标。考虑到大盘股票基金长期平均投资收益率为8%～12%，长期债券的平均投资收益率为4%～6%，可以考虑使用基金组合完成投资目标。如下方案可供参考：

①定期定额投资于混合型基金，该基金股票和债券大约各占50%；

②一半资金投资于中长期债券基金，一半资金投资于大盘股票基金或收入型基金。

实训活动

【案例】

张先生现年35岁，预计60岁退休，退休后希望再活20年。假设张先生在职期间的投资收益率为10%，退休后的投资收益率为4%，预计退休前一年支出为16.4万元。

【实训任务】

（1）不考虑退休后的通货膨胀，请计算张先生退休时需要储备多少养老金才能满足养老需要？

（2）假设张先生退休后，平均通货膨胀率是5%，请计算张先生退休时需要储备多少养老金才能满足支出养老需要？

（3）假设张先生退休后每月领取社会养老保险金2 000元，退休时保险金的缺口是多少？

（4）从现在起25年内，每年应定期定额储蓄多少钱才能弥补上述养老金缺口？

综合技能实训

为项目六第一部分“项目导入”案例中的李先生制定退休规划方案。

第一步：测算李先生夫妇退休养老金总需求的现值。

因为退休后的生活费用年增长率与投资收益率相等，因此李先生夫妇25年退休生活的资金总需求折算到退休时的现值为：

$$10 \times 25 = 250\text{（万元）}$$

第二步：测算李先生夫妇退休养老金总供给的终值。

$$FV\ (0.06,\ 20,\ 20) = 64.14\text{（万元）}$$

第三步：计算李先生夫妇退休养老金赤字。

$$250 - 64.14 = 185.86\text{（万元）}$$

第四步：计算李先生夫妇每年年末定期定投金额。

$$PMT\ (0.06,\ 20,\ -185.86) = 5.05\text{（万元）}$$

第五步：根据案例，李先生夫妇每年年末最多能定投3万元，5.05万元的定投金额已经超出了李先生的储蓄能力，那么理财师需要考虑其他方法，比如推迟退休年龄、降低退休生活水平等。根据客户的要求，采取推迟退休年龄的方法来给客户重新规划，即推迟5年退休。计算过程如下：

（1）原10万元的退休生活费用以每年4%的增长率增长，这笔资金5年后增长为：

$$FV\ (0.04,\ 5,\ 10) = 12.17\text{（万元）}$$

（2）由于推迟退休年龄，李先生夫妇退休养老金总需求的现值为：

$$12.17 \times 20 = 243.4\text{（万元）}$$

（3）李先生夫妇20万元的退休养老金到60岁时增值到：

$$FV\ (0.06,\ 25,\ 20) = 85.84\text{（万元）}$$

（4）调整后李先生夫妇的退休养老金赤字为：

$$243.4 - 85.84 = 157.56\text{（万元）}$$

（5）推迟5年退休后，李先生夫妇每年年末定期定投金额为：

$$PMT\ (0.06,\ 25,\ -157.56) = 2.87\text{（万元）}$$

综合素养提升

【时政素材】

在党的二十大报告中，对“过去五年的工作和新时代十年的伟大变革”进行回顾时提到：深入贯彻以人民为中心的发展思想，在幼有所育、学有所教、劳有所得、病有所医、老有所养、住有所居、弱有所扶上持续用力，人民生活全方位改善。人均预期寿命增长到78.2岁……建成世界上规模最大的教育体系、社会保障体系、医疗卫生体系，教育普及水平实现历史性跨越，基本养老保险覆盖10.4亿人，基本医疗保险参保率稳定在95%。及时调整生育政策……人民群众获得感、幸福感、安全感更加充实、更有保障、更可持续，共同富裕取得新成效。

在“九、增进民生福祉，提高人民生活品质”的“（三）健全社会保障体系”中提到：“社会保障体系是人民生活的安全网和社会运行的稳定器。健全覆盖全民、统筹城乡、公平统一、安全规范、可持续的多层次社会保障体系。完善基本养老保险全国统筹制度，发展多层次、多支柱养老保险体系。实施渐进式延迟法定退休年龄。扩大社会保险覆盖面，健全基本养老、基本医疗保险筹资和待遇调整机制，推动基本医疗保险、失业保险、工伤保险省级统筹。促进多层次医疗保障有序衔接，完善大病保险和医疗救助制度，落实异地就医结算，建立长期护理保险制度，积极发展商业医疗保险。加快完善全国统一的社会保险公共服务平台。健全社保基金保值增值和安全监管体系。健全分层分类的社会救助体系。坚持男女平等基本国策，保障妇女儿童合法权益。完善残疾人社会保障制度和关爱服务体系，促进残疾人事业全面发展。坚持房子是用来住的、不是用来炒的定位，加快建立多主体供给、多渠道保障、租购并举的住房制度。”

【学思践悟】

1. 与家中的长辈（祖辈、父辈）分别聊一聊，感受我国社会保障体系不断健全过程中对于我们生活带来的改变。

2. 健全的社会保障体系，对于家庭制定退休规划方案有何影响？

思考与拓展

阅读材料《关于延迟退休的争论》，结合本项目所学内容，思考一下，你是支持还是反对延迟退休？如果延迟退休，对退休规划将产生哪些影响？

关于延迟退休的争论

第三部分　项目考核与评价

项目练习题

一、单项选择题

1. 养老保险实行社会统筹与（　　）相结合的运行方式。

A. 个人账户　　B. 企业账户　　C. 财政账户　　D. 基础账户

2. 一般来说，退休第 1 年的消费需求不包括（　　）。

A. 休闲娱乐费用　　B. 旅游费用　　C. 子女高等教育费用　　D. 医疗费用

3. 绝大多数职工退休后最主要的养老金来源是（　　）。

A. 企业年金　　B. 职业年金

C. 基本养老保险　　D. 个人储蓄性养老保险金

4. 退休规划不是一成不变的，需要根据社会经济环境及客户情况的变化而做出相应的调整。这符合退休规划的（　　）。

A. 弹性原则　　B. 及早规划原则　　D. 平衡性原则　　D. 稳健性原则

5. 以下不能作为退休规划资金来源的是（　　）。

A. 企业年金　　B. 房产　　C. 家庭备用金　　D. 定投的基金

二、多项选择题

1. 为客户制定退休规划方案时，首先要收集客户的（　　）信息。

A. 家庭人口结构　　B. 预期寿命　　D. 投资收益率　　D. 退休年龄

2. 制定一个科学合理的退休规划方案，一般离不开（　　）程序。

A. 确定退休目标　　B. 确定养老金需求

C. 确定养老金供给　　D. 规划养老金赤字弥补方案

3. 关于养老金总需求的表述，正确的有（　　）。

A. 养老金总需求结构会发生变化，金额一般也会比在职时少

B. 做退休规划时，理财师应将客户退休生活期间的资金需求折算为退休第 1 年的现值

C. 养老金需求中的房屋按揭会上升，而子女教育金会下降

D. 对基本养老金发放的需求也构成养老金需求的一部分

三、技能操作题

运用退休规划原理，帮助自己的父母制定一份退休规划方案。

1. 与父母沟通，收集、整理制定退休规划方案需要的相关信息，并对退休养老目标、通货膨胀率、投资收益率等做出基本假设；

2. 测算父母退休后的养老金总需求，并折算为退休第 1 年的现值；

3. 测算父母退休前已经准备的养老金，将其折算为退休第 1 年的终值；测算退休后能够得到的养老金，并将其折算为退休第 1 年的现值；

4. 计算养老金赤字；

5. 规划解决养老金赤字的方案。

四、素质提高题

王先生夫妇今年均刚过 35 岁，打算 55 岁退休，估计夫妇俩退休后第 1 年的生活费用为 9 万元，考虑到通货膨胀的因素，夫妇俩每年的生活费用估计会从退休当年开始以每年 3% 的速度增长。夫妇俩希望可以活到 80 岁，并且现在拿出 10 万元作为退休基金的启动资金，每年年末投入一笔固定的资金积累退休基金。夫妇俩情况比较特殊，均没有缴纳任何社保费用。夫妇俩在退休前采取较为积极的投资策略，假定年投资收益率为 6%，退休后采取较为保守的投资策略，假定年投资收益率为 3%。问夫妇俩每年年末应投入多少资金？如果王先生夫妇每年的节余只有 3 万元，应该怎么办呢？

完整版练习题，请扫描二维码获取。

项目六练习题

学习评价表

学习目标		考核方式与标准		评价结果			
目标类别	具体目标	考核方式	考核标准	自评	互评		综评
					同伴	教师	
素质目标	具备对客户养老信息进行分类、整理与综合分析的信息处理能力；具备较强的协调沟通能力；具备获取新知识、新技术的能力	任务一、二、三的实训题、项目练习题（素质提高题）	分优、良、中、及格四档，详细考核标准请扫描二维码获取 项目六学习评价表				
知识目标	掌握退休规划的流程；掌握养老资金需求和供给的测算方法；掌握养老金赤字的测算方法；掌握养老金赤字弥补办法及退休规划调整方法；熟悉退休规划的影响因素；熟悉退休规划的原则；了解退休规划的重要性	项目练习题（单项选择题、多项选择题）					
技能目标	能根据客户退休规划需求搜集并整理客户养老方面的信息；能根据客户的退休养老信息，运用 Excel 等工具，测算客户的退休养老金需求；能根据客户的退休养老信息，运用 Excel 等工具，测算客户的退休养老金总供给；能根据退休规划原则和客户信息，制定退休规划方案	任务一、二、三的实训题、项目练习题（技能操作题）					

说明：考核标准仅供参考，可根据具体情况灵活调整。

项目七　制定投资规划方案

夏则资皮，冬则资絺，旱则资舟，水则资车，以待乏也

——范蠡

第一部分　项目导入

理财师工作实务

【实际工作案例】

客户孙先生有10万元存款，最初计划拿5万元投资股票，剩下5万元投资基金作为孩子的教育金准备。刚开始，随着股市上涨，他的5万元获得了20%的投资回报。孙先生一看这么容易赚钱，就自作主张把基金赎回，全部投入股市，结果股市下跌，一下子被套住了。而这时候，他母亲生病住院，急需2万元，孙先生不得不割肉卖出股票，却正好卖在了最低点，等他卖出去后，股市调整结束，开始上涨。事后孙先生向理财师韩梅梅陈述自己的这段投资历史，说自己再也不敢投资股票了，请其帮自己提供稳妥点的投资建议。

【理财师分析】

基于孙先生的投资情况，理财师充分肯定了孙先生的风险意识，并提出以下诊断意见：

（1）建议准备足够的家庭紧急备用金。如果做好了紧急备用金准备，急需用钱时，孙先生就不必动用股市里的钱，可避免损失。

（2）教育金准备不适合投资于股票等高风险产品。3 年后女儿就要上大学了，不适宜投资高风险产品，应选择风险较低的银行理财产品或者债券型基金产品。

同时，理财师建议孙先生无须过度担忧风险，风险与收益是孪生兄弟，做好适合自己的资产配置就可以了。

理财师工作任务

理财师为客户提供投资规划建议的具体操作步骤如下：

第一步：基于客户家庭的财务分析，掌握家庭的投资资金情况。确定家庭目前可用于投资的现有资产以及每年可用于增加投资的现金流。

第二步：确定客户的投资目标和投资期限。结合家庭理财目标确定投资目标和拟投资的期限。

第三步：确定客户的风险承受能力。客户的年龄、收入稳定性、家庭负担、投资经验与专业能力、风险态度等都会影响其风险承受能力。

第四步：提供资产配置及投资组合建议。理财师可以根据客户的风险属性、对于投资收益率的要求以及家庭理财目标综合考虑，为客户家庭提供投资组合建议。

第二部分　项目学习

学习任务概述

制定合理的投资规划方案，能够为客户家庭实现理财目标提供充裕的资金支持。进行投资规划，需要全面、细致地了解客户家庭可用于投资的资金情况，了解客户的风险偏好并评估其风险承受能力，并结合投资市场的走势，为客户选择合适的投资工具，构建投资组合。本项目主要是让学习者能熟练掌握各种类型的投资金融工具，帮助投资者明确投资目标后，对客户进行风险承受能力评估，并为其制定合理的投资规划方案。

学习目标

目标类型	目标要求
素质目标	具备对财务信息进行分类、整理与综合分析的信息处理能力；具备基于客户的信息分析，确定客户理财目标的能力；具备对客户进行风险测评与分析的能力；具备分析确定客户家庭生命周期所处阶段，提出资产配置意见，制定投资规划方案的能力

续表

目标类型	目标要求
知识目标	了解投资与投资规划的基本概念；熟悉常用的投资规划工具；了解投资规划的目标及其类型；掌握投资规划的流程
技能目标	能协助客户制定切实可行的投资目标；能评估客户的风险承受能力；能根据客户投资理财目标、客户风险属性、客户家庭生命周期阶段进行资产配置，并制定投资规划方案

学习导图

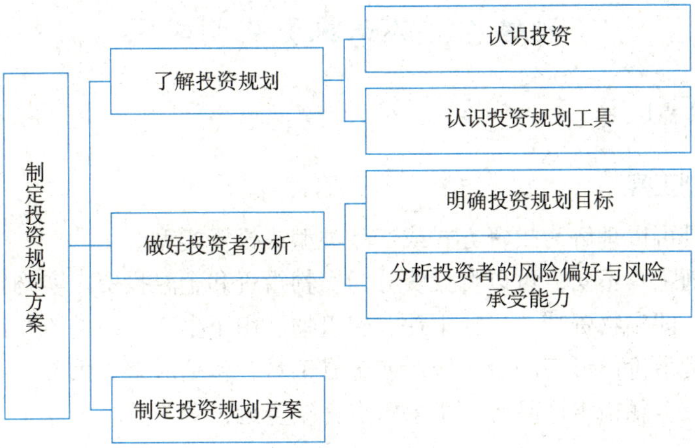

任务一　了解投资规划

训练一　认识投资

知识要点

一、投资的含义

美国金融学家威廉·夏普认为："从广义上讲，投资是为未来收入货币而奉献当前的货币。"投资一般具有两个特征：时间和风险。

二、投资对象

投资对象是指资产或资金所有者以获取资本利得为目的进行投资活动时所选择的增值对象。投资可分为实物投资和金融投资，前者是以货币投入企业，通过生产经营活动取得一定利润；后者是以货币购买股票、债券、基金等有价证券及其衍生产品，以获取红利、利息及其他资本利得的投资行为和投资过程。

三、投资风险与投资收益

（一）投资风险

投资风险是指未来投资收益的不确定性。投资风险可以分为系统风险和非系统风险两大类。系统风险，又称不可分散风险，是指给金融市场带来全局性的不确定的影响因素，是所有投资者无法避免的投资风险。非系统风险，又称非市场风险或可分散风险，是指某些因素的变化造成单个股票价格下跌，从而给股票持有人带来损失的可能性。

（二）投资收益

投资收益是指投资者在一定的会计期间通过投资所取得的回报，包括经常收益和资本利得。

（三）风险与收益的关系

一般情况下，收益与风险呈正相关关系。如果投资者追求较高的收益，通常需要承担较大的风险；相反，如果投资者不愿意承担较大的风险，那么只能获得相对较低的收益。

训练二　认识投资规划工具

知识要点

一、投资规划工具

投资规划工具可以理解为投资方式或产品类型或投资类型。

根据投资规划工具不同，可以将投资分为实物投资和金融投资。实物投资指投资于具有实物形态的资产，即实物资产，包括土地、建筑物、用于生产产品的机械设备以及知识。金融投资指投资于货币价值形态的金融资产或金融工具，包括股票、债券、各类证券基金、银行存款、外汇以及金融衍生产品等。本书重点介绍金融投资工具。

（一）股票

股票也称公司股票，是股份公司为筹集资金而公开发行的一种有价证券，是股份公司发给股东证明其所入股份的凭证。股东依据其持有的股份比例享有相应的权利。

股票投资收益来源于两方面：一是股息；二是资本利得。股息即上市公司分配给股东的利润。根据股息分配方式的不同，股息可以分为现金股息和股票股息。现金股息，即以现金方式发放股利；股票股息，即以股票作为红利发放方式。资本利得，即买卖股票所获得的差价收入。

股票投资有风险，股票投资风险也分为系统性风险和非系统性风险两类。系统性风险指某些因素导致所有股票价格都出现变动的现象，给所有投资者带来损失的可能性。非系统性风险指某些因素对一些或个别单位的股票造成损失的可能性。这种风险可以通过合理的投资组合来减少或分散，因此，也称可分散风险。非系统性风险主要由企业内部因素变化所导致，一般可分为企业风险和财务风险等。

（二）债券

债券是一种金融契约，是政府、金融机构、工商企业等直接向社会借债筹集资金时，向投资者发行，同时承诺按一定利率支付利息并按约定条件偿还本金的债权债务凭证。

债券投资收益来源于两方面：利息和资本利得。利息，即债券发行人按照票面利率约定支付给债权人超过本金的部分。资本利得，即债券买卖差价。债券投资相对股票投资而言，具有收益稳定、风险相对较小等特点。

（三）证券投资基金

证券投资基金（以下简称基金）是指通过发售基金份额募集资金形成独立的基金财产，

由基金管理人管理、基金托管人托管，以资产组合方式进行证券投资，基金份额持有人按其所持份额享受收益和承担风险的投资工具。

基金收益主要来源于基金资产运作中的利息收入、股利收入、资本利得、资本增值等。这些收益在扣除了基金运作费用（包括经理人费用和保管人费用）后，剩余的部分用于基金证券的分配。基金持有人投资于基金证券所获得的收益，主要来源于基金收益分配和基金证券的买卖差价。

值得注意的是：尽管基金本身有一定的风险防御能力，但同样面临证券市场中的系统性风险以及非系统性风险。

二、投资规划

投资规划是指在分析客户投资需求的基础上，制定资产配置和投资组合方案，实现其投资目标的过程。投资规划与投资既存在区别，也有联系。投资的目的在于追求收益与风险的平衡，而投资规划的重点在于实现客户理财目标。两者之间的联系是：投资是投资规划中的核心。

技能训练

【案例】

下载东方财富通 APP，注册模拟账号，进行股票、基金等金融工具的交易。

【操作示范】

（1）打开东方财富网（www. eastmoney. com），下载东方财富通。

（2）注册模拟账号并登录，如图 7－1 所示。

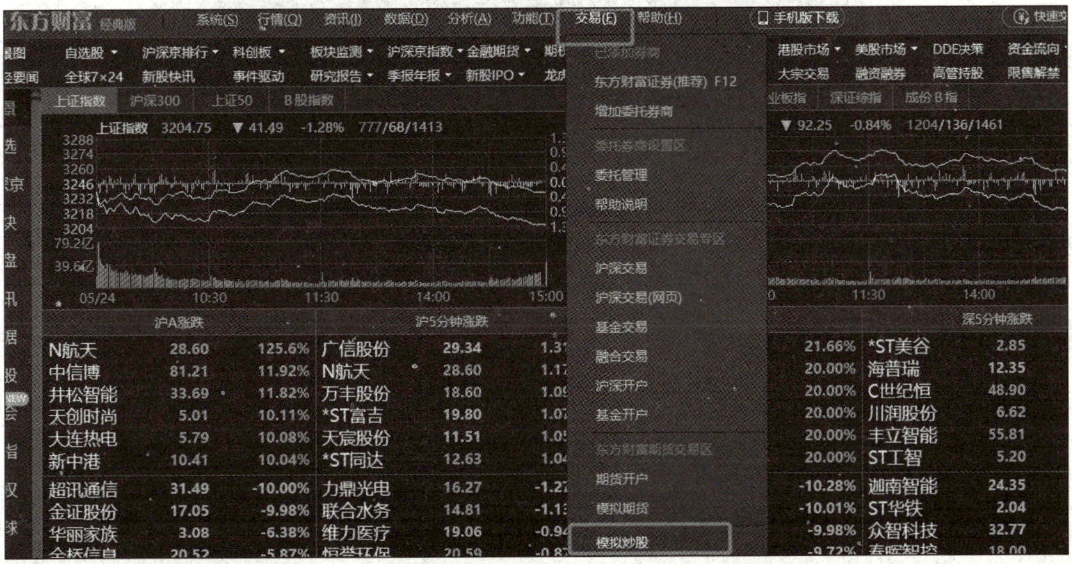

图 7－1 注册模拟账号并登录（模拟炒股注册界面图）

（3）登录账号进入模拟交易，如图 7－2 和图 7－3 所示。

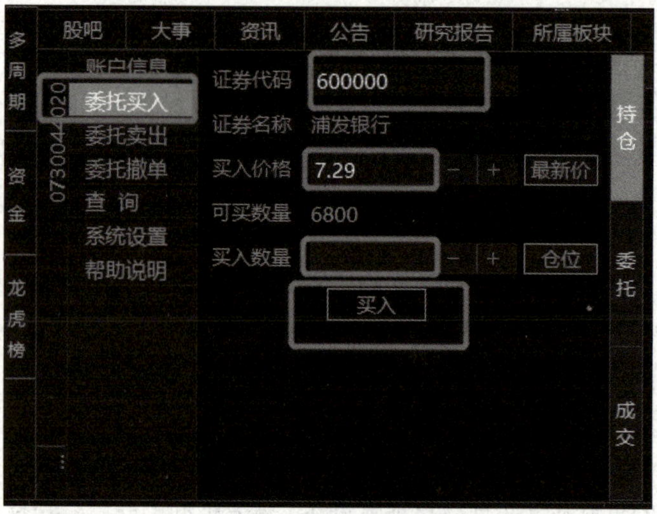

图7－2　模拟买入界面图

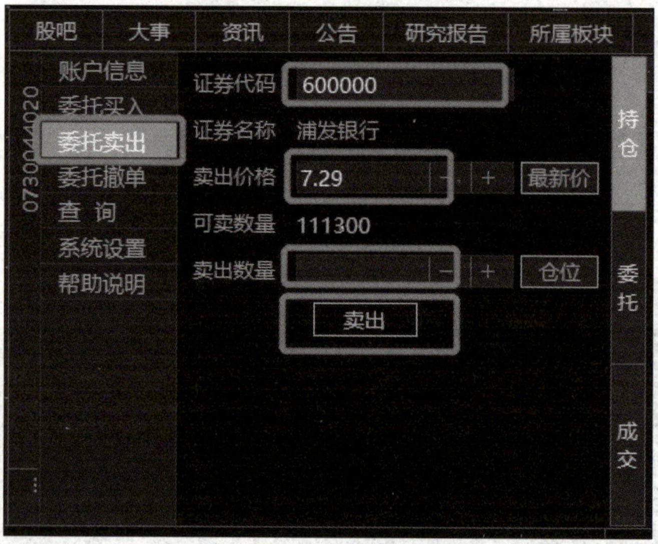

图7－3　模拟卖出界面图

实训活动

【实训任务】

注册东方财富通账号，通过自己的模拟账号选择股票、基金等金融工具进行模拟交易。

任务二　做好投资者分析

不同投资者对风险偏好、收益预期不一样，决定了构建资产组合的差异性。因此，在构建资产组合前，需要对投资者风险偏好、预期收益等信息进行整理与分析。本任务在于通过对投资者投资规划目标、风险偏好知识的学习，为构建符合不同投资者投资需求的资产组合做好铺垫。

训练一 明确投资规划目标

知识要点

投资规划目标是指客户通过投资规划需要实现的目标或者期望。在投资规划实践中，理财师发现众多客户尚不明确自己的目标，或将短期、长期目标混为一谈，或规划目标严重脱离实际。因此，在为客户制定投资规划方案前，理财师首先要帮助客户厘清投资规划目标。

一、投资规划目标的类型

根据投资规划目标的期限，将投资规划目标分为短期目标、中期目标和长期目标。

（一）短期目标

短期目标是指在短时间内（一般为 1 年）就可以实现的目标。短期目标具有易变性，如今年短期目标实现，则制定变更为另一个短期目标。

（二）中期目标

中期目标是指一般需要 1 ~ 10 年才能实现的目标，如子女的教育目标、购房目标等。

（三）长期目标

长期目标是指需要 10 年以上时间才能实现的目标，如退休养老目标、财富传承目标等。

二、确定投资规划目标的流程

（一）订立目标

帮助客户把自己的美好愿望都罗列出来，将每一个目标具体化，具体到预期实现时间和目标金额。

（二）目标排序

按照目标预期实现时间的先后、目标的可变更性与重要性，对罗列的目标按照优先顺序进行排序，注意要确保把基本理财目标（子女教育、购房、退休养老等）放在首要完成的位置上。

（三）目标分解与细化

通过计算，确定要达到各个预期目标需要的详细计划，譬如每月要投入多少资金，年化投资收益率需要达到多少。有一些目标可能不能一步实现，建议分解为若干个二级目标。

（四）动态调整

人生所处阶段不同，目标会发生变化，投资规划目标也需要跟着进行动态调整，以使其更符合实际。人生阶段与投资规划目标变化如表 7 – 1 所示。

表 7 – 1 人生阶段与投资规划目标变化

<table>
<tr><th>人生阶段</th><th>短期目标</th><th>中期目标</th><th>长期目标</th></tr>
<tr><td rowspan="2">单生贵族</td><td>储蓄</td><td>结婚</td><td>购车</td></tr>
<tr><td>教育投资</td><td>购房</td><td>投资组合</td></tr>
<tr><td rowspan="3">两人世界</td><td>储蓄</td><td>投资组合</td><td>子女教育</td></tr>
<tr><td>孕育孩子</td><td>购车</td><td>退休计划</td></tr>
<tr><td>购房</td><td>子女教育</td><td></td></tr>
</table>

续表

人生阶段	短期目标	中期目标	长期目标
三口之家	子女教育	子女教育	投资组合
	购房		退休计划
	购车		
	储蓄和国债		
步入中年	储蓄和国债	调整养老计划	制定退休旅游计划
	换房换车	安排退休计划	安排遗产
	子女教育		
	修改投资组合		

技能训练

【案例】

欣女士今年44岁，在一家中型企业任财务主管，税后年收入20万元，社会保障齐全。丈夫长她4岁，今年49岁，是一家企业的销售经理，税后年收入15万元，年终奖金按照业绩定，平均每年10万元。儿子今年20岁，读大学二年级，参加挑战杯比赛，获得广东省一等奖，未来毕业后计划自己创业。一家三口所住的房子是16年前购买的，贷款于去年年底正好还清，房子目前价值500万元，家里还有一辆小汽车，8年前买的，已经开了30万公里；现有存款10万元，国债20万元（10年期国债，年收益率为5%），银行理财产品15万元，股票市值10万元，另有家庭紧急备用金4万元存放在余额宝。目前家庭每年各项支出约15万元，儿子上大学开销每年5万元，家庭年储蓄约25万元。

欣女士有如下愿望：

（1）希望今年年底购买一辆价值25万元左右的SUV款新车，不仅让丈夫在外跑业务更安全，而且方便一家外出自驾游；

（2）欣女士一直有一个环游世界的梦想，计划儿子大学毕业全家一起游一趟欧洲，预算12万元；另外，希望自己未来退休时，能够准备一笔60万元的环游世界旅游专项基金；

（3）希望给自己和丈夫准备一笔退休养老金，按照现在国家的法定退休年龄，11年后夫妻俩同时退休，希望到时候生活水平不下降，预计需要准备200万元退休养老金；

（4）希望5年后儿子研究生毕业时，能够为其准备150万元的创业基金。

根据以上信息，请你帮助客户欣女士明确家庭的投资规划目标。

【操作示范】

第一步：订立目标。

根据欣女士的描述，帮助她将自己的愿望罗列出来，并明确目标金额与预期实现时间，如表7-2所示。

表 7－2　欣女士家庭投资规划目标

目标名称	目标金额/万元	预期实现时间/年	可变更性
购新车	25	1	不可变
儿子大学毕业全家游	12	2	可变
环游世界旅游基金	60	11	可变
退休养老金	200	11	不可变
儿子的创业基金	150	5	不可变

第二步：目标排序。

与欣女士沟通，了解到其购新车、儿子创业基金的目标是不可变的，另外，退休养老金作为家庭基本理财目标，理财师也建议尽量保持不变。另外2项目标（儿子大学毕业全家游和环游世界旅游基金）可根据家庭财务情况而有所变动，譬如延长时间或者取消计划。按照与欣女士的沟通情况，将家庭投资规划目标变动为如表7－3所示。

表 7－3　欣女士家庭投资规划目标（已变动排序）

优先顺序	目标名称	目标金额/万元	预期实现时间/年	可变更性
1	购新车	25	1	不可变
2	儿子的创业基金	150	5	不可变
3	退休养老金	200	11	不可变
4	儿子大学毕业全家游	12	2	可变
5	环游世界旅游基金	60	11	可变

第三步：目标分解与细化。

根据已确定的家庭投资目标，结合欣女士目前持有的投资资产情况，以及未来每一年的储蓄现金流，将投资目标进一步分解与细化。

假设不一定能实现所有目标，将现有资产与未来储蓄分解到对应目标后，再分别计算目标收益率，确保优先目标实现。计算过程如下：

（1）购新车。由于购新车是年内要实现的目标，欣女士不太喜欢负债消费，因此，拟将现有的存款和理财产品合计25万元，用于购买新车。

（2）儿子的创业基金。拟将现有股票资产10万元和家庭每年储蓄25万元用于准备5年后的这笔创业基金。可使用Excel计算预期目标投资收益率为4.73%，打开Excel表格，使用RATE函数计算，如图7－4所示。

（3）退休养老金。拟将现持有的10年期国债用于夫妻俩的退休养老金储备。国债收益率为5%，10年后到期本息和为30万元。欣女士退休养老金的目标是200万元，因此届时约有170万元的资金缺口。理财师建议准备完儿子的创业基金后的6年里，家庭每年的25万元储蓄可用于准备退休金。使用Excel计算预期目标投资收益率为4.99%，具体计算过程如图7－5所示。

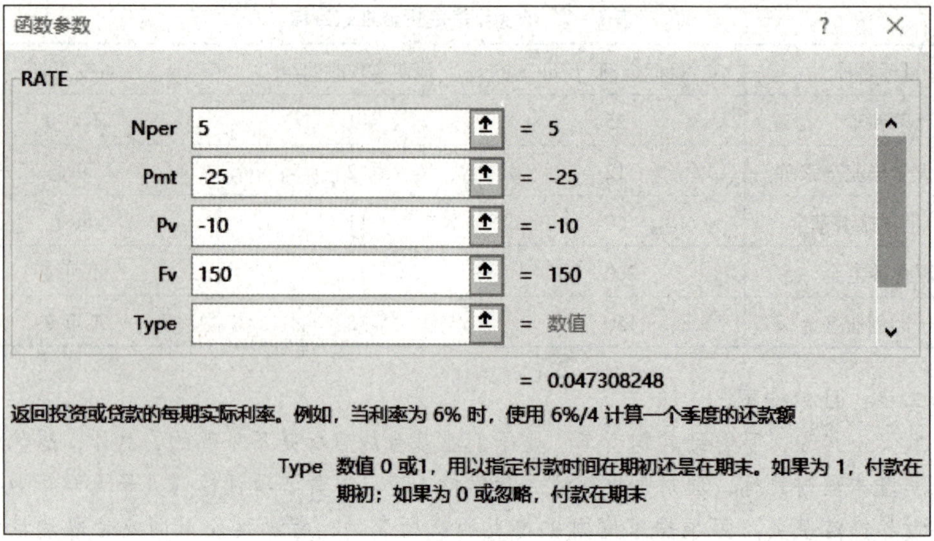

图 7－4　用 RATE 函数计算示意图

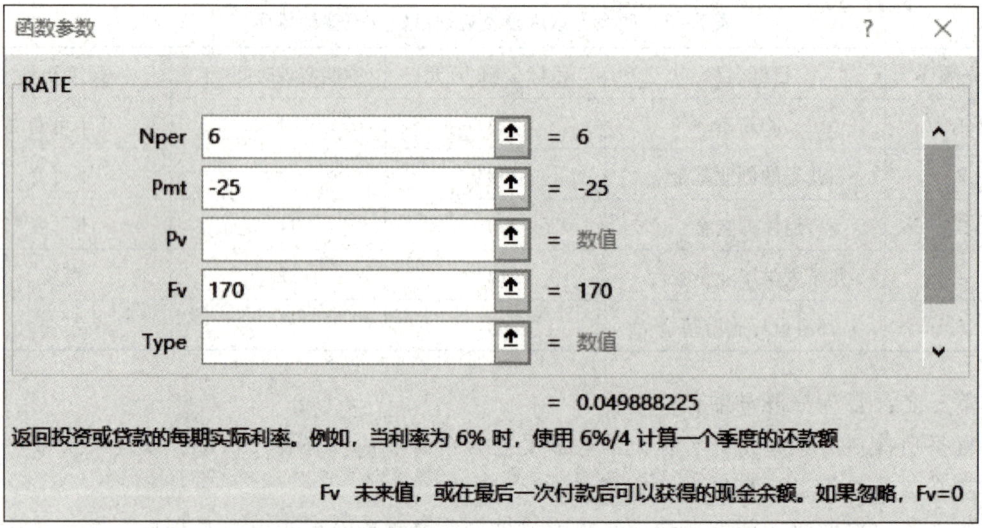

图 7－5　用 Excel 计算预期目标投资收益率

至此，欣女士家庭的现有资产和未来储蓄现金流已经安排完毕，因此第 4、5 项目标需要另行准备，或者期待投资组合取得比预期更高的投资收益率，届时才会有足够的资金来实现。欣女士家庭投资规划目标资金安排如表 7－4 所示。

表 7－4　欣女士家庭投资规划目标资金安排

排序	目标名称	目标金额/万元	拟实现时间/年	预期拟投入的现有资产或未来现金流	预期目标投资收益率
1	购新车	25	1	现有资产：存款 10 万元，理财产品 15 万元	不受投资收益率影响，能实现
2	儿子的创业基金	150	5	现有资产：股票 10 万元； 年储蓄：近 5 年家庭每年的储蓄 25 万元	投资组合的目标收益率为 4.73%

续表

排序	目标名称	目标金额/万元	拟实现时间/年	预期拟投入的现有资产或未来现金流	预期目标投资收益率
3	退休养老金	200	11	现有资产：国债20万元；年储蓄：从第6年开始每年25万元用于储蓄退休养老金	投资组合的目标收益率约为4.99%
4	儿子大学毕业全家游	12	2	可变更计划，暂无足够资金投入	根据届时家庭资金情况而定
5	环游世界旅游基金	60	11	可变更计划，暂无足够资金投入	根据届时家庭资金情况而定

实训活动

【案例】

谢先生今年40岁，是一名公务员，年税后工作收入为12万元。谢太太今年35岁，是一名律师，年税后工作收入为20万元。儿子谢明明今年10岁，读小学四年级。家庭年生活开销为15万元，年储蓄为17万元。目前家庭仅有储蓄存款4万元，用于家庭紧急备用金。其他基金和理财产品均已提取，在去年年末提前还了房贷，目前家庭无负债。家庭现有1套房产自住，目前市值500万元。谢先生希望实现如下愿望：

（1）为孩子报名寒假研学营，到澳洲参观学习，预计届时需要8万元；

（2）儿子是个建筑迷，对欧洲建筑风格很感兴趣，因此计划全家明年去欧洲游一趟，预计届时需要12万元。

（3）为孩子上大学准备一笔教育金，儿子非常喜欢建筑，希望到欧洲学习建筑，出国留学花费较高，预计届时需要准备180万元。

（4）为夫妻俩准备退休养老金，预计20年后退休，届时需要准备300万元。

【实训任务】

根据以上信息，请你帮助客户谢先生明确家庭的投资规划目标。

训练二　分析投资者的风险偏好与风险承受能力

市场价格有涨有跌，价格的波动形成投资资产组合的盈亏。盈亏幅度、波动范围的大小，反映了投资的风险大小。不同客户面对同样幅度的价格波动，其心理冲击是不一样的。作为理财师，在进行理财规划前，要了解客户的风险偏好和风险承受能力。要在充分考虑客户的风险偏好、风险承受能力的基础上，为客户确定合理的风险水平。

知识要点

一、风险偏好与风险承受能力

（一）风险偏好

风险偏好即对风险的态度，根据对风险的态度不同，将风险偏好分成风险回避、风险追求和风险中立三类。当预期收益率相同时，偏好于具有低风险的资产；而对于具有同样风险的资产，则钟情于具有高预期收益率的资产，以上两种都属于风险回避者，大部分客户家庭都属于这一类。

（二）风险承受能力

风险承受能力指一个人有多大能力承担风险，也就是你能承受多大的投资损失而不至于影响你的正常生活。风险承受能力要综合衡量，与个人资产状况、家庭情况、工作情况等都有关系。

二、风险偏好、风险承受能力的评估

风险偏好、风险承受能力受到客户的年龄、个人经验、知识结构、社会认知等各个因素的影响。综合考虑以上因素，设计客户风险评分表，如表 7－5 所示，按照评分结果对客户进行风险属性的划分。根据评分结果，从高到低依次将客户划分为冒险型（风险评分 80 分以上）、积极型（风险评分 60～79 分）、稳健型（风险评分 40～59 分）和保守型投资者（风险评分 39 分以下）。

表 7－5　客户风险评分表

项目	评分标准
年龄	60－年龄，最高 30 分
可忍受本金损失比率	$\frac{\text{可忍受本金损失比率}}{1\%}$，最高 20 分
两年内流动需求占比	$20-\frac{\text{两年内流动性需求占比}}{5\%}$，最高 20 分
目前流动性资产占比	$10-\frac{\text{流动性资产占比}}{10\%}$，最高 10 分
投资额年支出倍数	每增加 1 倍给 1 分，最高 10 分
投资经验	每增加 1 年经验加 1 分，最高 10 分

技能训练

【案例】

小王今年 30 岁，目前家庭年收入 8 万元，年支出 6 万元，现有资产 20 万元，其中储蓄存款 7.2 万元，其他为投资股票型基金。小王有四大理财目标：1 年后购买一辆价值 3 万元的二手车，5 年后购买一套价值 30 万元的房产，10 年后为子女准备 10 万元教育金，20 年后为自己和太太准备 50 万元的退休养老金（以上金额均非现值，指实现目标时点的金额）。小王可忍受本金损失比率为 15%，有 8 年的投资经验。请问：小王属于哪种类型的投资者？

【操作示范】

思路：首先按照风险评分表的项目计算小王的风险评分，然后根据评分结果判断小王属于何种类型的投资者。

计算各项目的风险评分。

（1）年龄：从案例已知小王 30 岁；

（2）可忍受本金损失比率：15%

（3）两年内流动需求占比：两年内的流动需求为 1 年后购置二手车 3 万元，家庭现有资产为 20 万元，因此该比率为 3/20，即 15%。

(4) 目前流动性资产占比：家庭流动性资产仅有存款 7.2 万元，总投资资产为 20 万元，因此该比率为 7.2/20，即 36%。

(5) 投资额年支出倍数：家庭年支出 6 万元，总投资资产 20 万元，该比率为 20/6，即 3.33 倍。

(6) 投资经验：8 年。

根据评分标准，小王的风险评分如表 7－6 所示。

表 7－6　小王的风险评分

项目	数据	评分标准	得分/分
年龄	30 岁	60－年龄，最高 30 分	30
可忍受本金损失比率	15%	$\frac{\text{可忍受本金损失比率}}{1\%}$，最高 20 分	15
两年内流动需求占比	15%	$20-\frac{\text{两年内流动性需求占比}}{5\%}$，最高 20 分	17
目前流动性资产占比	36%	$10-\frac{\text{流动性资产占比}}{10\%}$，最高 10 分	7
投资额年支出倍数	3.33 倍	每增加 1 倍给 1 分，最高 10 分	3
投资经验	8 年	每增加 1 年经验加 1 分，最高 10 分	8
总分			80

因此，小王属于冒险型投资者。

实训活动

【案例】

李女士今年 35 岁，目前家庭年收入 30 万元，年支出 15 万元，现有金融资产市值 20 万元，其中储蓄存款 5 万元，股票市值 5 万元和股票型基金 10 万元。李女士和先生有四大理财目标：1 年后换一辆价值 20 万元的新车；8 年后为子女准备 120 万元教育金，15 年后和先生提前退休，准备 300 万元的退休养老金（以上金额均非现值，指实现目标时点的金额）。李女士可忍受本金损失比率为 20%，有 10 年的投资经验。请问：李女士属于哪种类型的投资者？

【实训任务】

请为李女士进行风险评分，判断李女士属于何种类型的投资者。

任务三　制定投资规划方案

制定投资规划方案，需要为客户制定投资规划组合，即根据其投资规划目标和风险承受能力，确定各项资产的配置比重，其中资产配置是最重要的环节。

知识要点

一、资产配置概述

（一）资产配置的含义

资产配置是指根据投资目标将资金在不同资产类别中进行分配。资产类别通常分现金、固定收益类和权益类几种。因为不同类别的资产风险与收益不一样，通过在不同资产类别中进行配置，力争在实现目标的前提下，使风险最小化，这是投资规划中最重要的环节。

（二）资产配置的步骤

资产配置包括以下几个步骤：

1. 确定投资收益目标和愿承担的风险

根据客户家庭的单一理财目标，计算得到所需要的投资报酬率，利用历史数据与经济情况，综合分析不同类别资产在投资者持有期间内可能的预期收益率和波动。

2. 确定各类资产在组合中的比例

不同类型的资产，其风险、收益不同。要根据客户的风险偏好、风险承受能力等因素，确定各类资产所占比例。

3. 确定最优资产组合

满足客户风险、收益的资产组合可能有多个，在这些资产组合中，选择最优的组合，即在风险一定的情况下，收益最大的组合，或在收益一定的情况下，风险最小的组合。

二、不同家庭生命周期客户的资产配置

做好资产配置

（一）单身期

单身期收入不高，但经济负担较少，可支配收入相对较多，风险承受能力高，个人进修、结婚创业是该阶段的主要理财目标。因此在该阶段资产配置中，风险资产比重占据投资组合一个较高的比例。

（二）家庭形成期

该阶段家庭收入结构发生变化，收入增加，经济负担也出现较大增长，如购房支出。但整体而言，各方面支出仍在可承担的范围内。在资产配置中，准备购房、子女教育费用成为该阶段的主要理财目标，风险资产占比仍较大，但相对单身期而言，所占比例出现一定下降。

（三）家庭成长期

该阶段由于子女教育支出增加，子女教育、保健医疗成为该阶段的主要理财目标。客户在该阶段的风险承受能力适中，因此在资产配置中，风险资产和无风险资产比例基本相同。

（四）家庭成熟期

该阶段虽然家庭稳定，子女独立，家庭收入增加，支出减少，负债减少，但身体状况开始下滑，风险承受能力也相应降低。因此该阶段扩大投资、准备退休养老金成为主要理财目标。在资产配置中，无风险资产所占比重占据主导，风险资产比重低于无风险资产比重。

（五）家庭衰老期

该阶段夫妻退休，收入来源减少，与工作期间比收入下滑，医疗健康等支出增加，该阶

段的风险承受能力较弱，资产配置中更侧重无风险资产。

三、不同风险属性客户的资产配置

制定投资规划时，需要考虑客户的风险承受能力，在客户可承受的风险范围内，为其制定获得资本增值的方案。因此，不同风险属性的客户在资产配置上也有所不同。

（一）冒险型投资者

冒险型投资者风险评分 80 分以上。主要投资类型为中小型股票，或积极操作的股票型基金，经验丰富的投资者也可尝试融资债券，利用财务杠杆，操作期以短期（1 年以内）为主，利益来源以短线差价为主。

（二）积极型投资者

积极型投资者风险评分 60～79 分。主要投资类型为大型绩优股票，或被动操作的指数型基金、混合型基金等，操作期以中短期（1～3 年）为主，利益来源以波段差价为主。

（三）稳健型投资者

稳健型投资者风险评分 40～59 分。主要投资类型为投资型债券、债券型基金，不使用财务杠杆，全部用自有资金操作，操作期以中长期（3～10 年）为主，利益来源以债息与资本利得为主。

（四）保守型投资者

保守型投资者风险评分 39 分以下。主要投资类型为存款、银行理财产品、货币市场基金、保本型基金等，不使用财务杠杆，全部用自有资金操作，操作期以长期（10 年以上）为主，利益来源以保本保息收益为主。

四、不同理财目标的资产配置

根据不同理财目标对流动性、安全性和收益性的要求不同，进行不一样的配置。

（一）应急准备金的配置

安全性与流动性是应急准备金的必然要求，目的在于应对失业或失能引起的收入中断，或意外灾害所导致的大额支出，其配置以银行存款为主，可使用货币市场基金。

（二）用于短期目标的资产配置

短期目标指 1 年内要完成的目标，对流动性和安全性要求高，建议配置短期银行理财产品、短期债券基金、国债回购等。

（三）用于中期目标的资产配置

中期目标指 2～5 年要完成的目标，要考虑收益性，同时由于投资期限不太长，因此对流动性和安全性的要求也比较高，可考虑配置银行理财产品、保本型基金、债券型基金等。

（四）用于 5～20 年长期目标的资产配置

长期目标指 5 年以上 20 年以下完成的目标，由于准备时间长，要考虑通货膨胀的时间复利效应，对于收益性要求较高。建议配合不同长期目标的用钱时间，配置中长期债券型基金、混合型基金和股票型基金等。

（五）用于 20 年以上超长期目标的资产配置

收益性是这类资产配置时最主要考虑的因素，建议配置长期平均报酬率高的中小型股票型基金、指数型股票型基金等。

定期定额投资

技能训练

【案例】

参见任务二中的“训练二　分析投资者的风险偏好与风险承受能力”的技能训练案例，为案例中的小王制定投资规划方案。

【操作示范】

（1）确定投资规划目标。根据案例梳理小王的家庭理财目标，如表7-7所示。

表7-7　小王的家庭理财目标

目标名称	目标金额/万元	预期实现时间/年	可变更性
购二手车	3	1	不可变
购房	30	5	不可变
子女教育金	10	10	不可变
退休养老金	50	20	不可变

假设小王要实现以上全部理财目标，计算目标投资收益率。计算步骤如下：

目前可用于投资的钱 = 200 000 - 应急准备金 15 000 = 185 000（元）

目前的年储蓄 = 收入 80 000 - 支出 60 000 = 20 000（元）

根据案例确定20年的现金流如下，使用金拐棍APP计算内部报酬率，如图7-6所示。

$$CF_0 = 185\ 000,\ N_0 = 1$$

$$CF_1 = 20\ 000 - 30\ 000 = -10\ 000,\ N_1 = 1$$

$$CF_2 = 20\ 000,\ N_2 = 3$$

$$CF_3 = 20\ 000 - 300\ 000 = -280\ 000,\ N_3 = 1$$

$$CF_4 = 20\ 000,\ N_4 = 4$$

$$CF_5 = 20\ 000 - 100\ 000 = -80\ 000,\ N_5 = 1$$

$$CF_6 = 20\ 000,\ N_6 = 9$$

$$CF_7 = 20\ 000 - 500\ 000 = -480\ 000,\ N_7 = 1$$

计算得到 IRR = 8.22%。

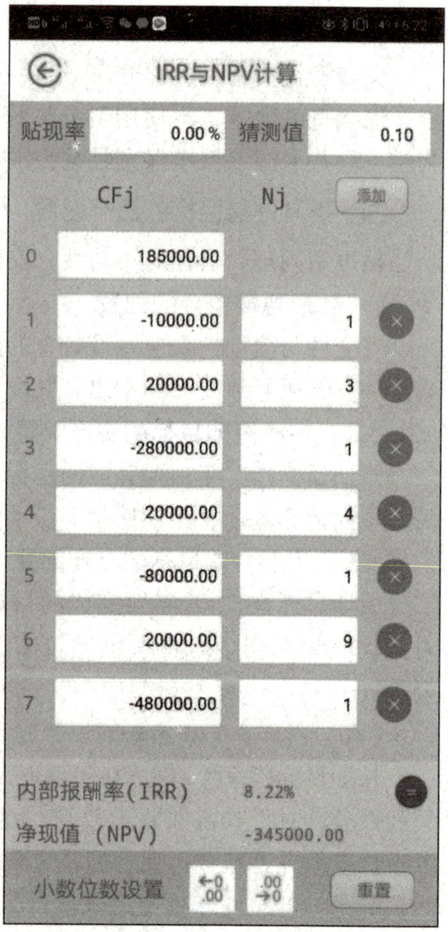

图7-6　内部报酬率IRR计算示意图

（2）依据风险属性进行资产配置，确定投资组合。

从训练二的技能训练中可知，小王的风险评分为80分，参照表7-8风险评分与基金资产配置比重表，可为小王进行资产配置，如图7-7所示。

表 7-8　风险评分与基金资产配置比重表　　%

风险评分/分	中小型股票型基金	大型股票型基金	债券型基金	货币型基金
0~10	0	10	70	20
11~20	0	20	60	20
21~30	0	30	50	20
31~40	10	30	40	20
41~50	10	40	30	20
51~60	10	50	30	10
61~70	20	50	30	0
71~80	20	60	20	0
81~90	20	70	10	0
91~100	20	80	0	0

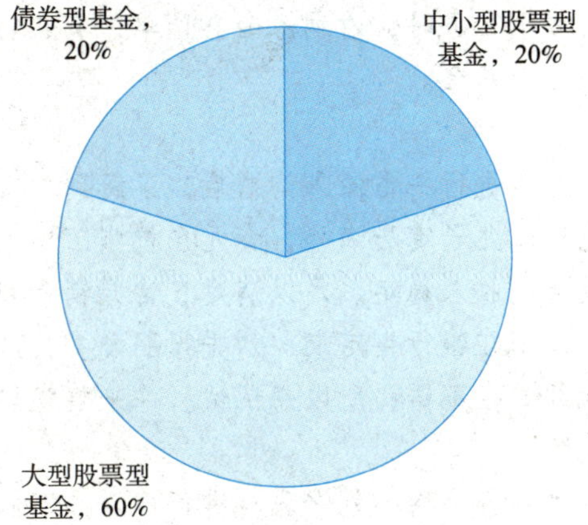

图 7-7　资产配置

(3) 参照历史投资收益率数据，评估投资组合。

根据中国股市指数过往的平均报酬率，专家预估中小型股票型基金、大型股票型基金、债券型基金和货币型基金的预期投资报酬率分别为 13%、11%、6% 和 3%。因此，计算小王的投资组合预期投资报酬率为 10.4%，高于投资目标收益率 8.22%，投资规划目标可实现。

(4) 实施投资组合，定期跟踪收益偏离度，需要时适时调整。

客户根据投资组合选择购买产品，理财师定期跟踪投资组合的收益，当收益与预期偏离较大，或市场发生重大变化时，则需对投资组合进行适当调整。

实训活动

【案例】

参见任务二“训练二　分析投资者风险偏好与承受能力”的李女士案例。

【实训任务】

请为案例中的李女士制定投资规划方案。

理财小故事

诺贝尔奖股票基金的投资规划与实际效果

综合技能实训

【案例】

刘先生，今年62岁，和老伴退休在家，子女都已独立。刘先生和老伴每月都有稳定的退休金，又有医保，加上子女每月都孝敬一些，生活得很安逸。手头现有存款100万元，一直存在银行。刘先生在银行办理业务时，看到基金宣传单，有点动心，咨询银行理财师韩梅梅，问自己能不能用存款买这个基金。

【操作示范】

理财师韩梅梅在与刘老先生进行一番深入沟通后，了解到刘太太有糖尿病，刘先生有高血压，两人都在坚持长期吃药；儿子定居海外，女儿在杭州工作，目前就两位老人在广州生活；夫妻俩都从事业单位退休，收入稳定，足以满足日常开销；刘先生从未购买过基金和其他理财产品，所有的金融资产都在银行存定期；刘先生朋友多，最近在与一个证券公司退休的朋友聊天时，朋友跟他介绍基金不错，所以想试试，一来想赚点钱，二来想给退休后无聊的自己找点寄托。

了解到以上信息后，理财师韩梅梅为刘老先生进行规划如下：

第一步：确定客户风险承受能力和投资目标。

从刘先生所处人生阶段来看，刘先生家庭处于家庭衰老期，收入来源单一，能满足日常生活开销，但难以满足突发性医疗支出需要。刘先生从未投资过基金，且现在年龄大，风险承受能力很低。基于刘先生的愿望和其家庭具体情况，理财师韩梅梅帮助其确定投资目标如下：

（1）合理投资，保障退休后突发的医疗及其他费用需求；

（2）参与风险投资，为自己的退休生活增加点乐趣。

第二步：依据风险属性进行资产配置，确定投资组合策略。

根据刘先生的家庭情况、理财目标、风险承受能力，建议刘先生夫妇在资产配置时，侧重无风险或较低风险资产。同时考虑到丰富退休后生活、培养理财爱好，建议可以将其中10万元用于风险较高的资产配置。因此，在资产配置中，建议刘先生夫妇按照“90%安全投资+10%激进投资”的组合方式进行投资，构建合理的资产配置。

第三步：选择金融工具、确定投资组合。

（1）30万元应急资金：存款+货币基金+银行理财产品。

现在银行的理财产品非常丰富，老年人应首选一些容易投资、风险较低的理财产品。除定期储蓄外，还可选择货币型基金、国债、银行固定收益类理财产品等低风险产品，这类产品均有较好的安全性，且收益率比定期存款更高。建议刘先生将10万元存定期存款，10万元购买货币基金，一旦急需资金则赎回，3个工作日即可到账，另外的10万元可购买银行短期理财产品。

（2）60万元稳健投资：国债+中长期理财产品。

国债风险低、收益不需要纳税，受到众多老年客户群体的青睐。银行的固定收益类理财产品，收益高于定期、期限多样、产品组合灵活多样。老年群体可以考虑进行中长期投资，比如建行发行的1年期理财产品，预期收益率一般可达4.5%以上。此外银行的理财产品还有部分属于保本型，收益也高于同档定期存款利率。因此，建议刘先生先拿出20万元购买国债3年期产品，另外40万元购买1年期理财产品。

（3）10万元激进投资：基金。

老年人风险承受能力普遍较低，不宜过多进行风险高、收益波动大的投资。鉴于刘先生强烈参与基金投资的愿望，希望边进行基金投资边学习投资，建议刘先生拿出不超过10万元进行风险投资，可以用来投资股票型基金或混合型基金。

综合素养提升

【时政素材】

党的二十大报告指出："从现在起，中国共产党的中心任务就是团结带领全国各族人民全面建成社会主义现代化强国、实现第二个百年奋斗目标，以中国式现代化全面推进中华民族伟大复兴。"作为新时代大学生，要紧跟国家趋势，刻苦努力学习专业知识，利用知识武装自己的头脑，用双手创造未来，实现自己的人生目标。

【学思践悟】

同学们，请利用本章所学投资规划专业知识，根据自己的家庭情况，为自己的家庭制定投资规划方案，实现家庭理财目标。

思考与拓展

阅读以下材料，结合所学知识，借助智能投资工具——问财，帮助客户选择理财产品。

同花顺智能投资助手——问财，荣获
中国设计智造大奖

第三部分　项目考核与评价

项目练习题

一、单项选择题

1. 对投资与投资规划的关系描述正确的是（　　）。

A. 投资更强调创造收益，而投资规划更强调实现目标

B. 投资有风险，而投资规划没有风险

C. 投资与投资规划其实没有区别

D. 都不对

2. 王先生将 50 万元用来做证券投资，如果他想追求稳定的收入，在选择基金时，应考虑（　　）。

A. 股票指数基金　　B. 收入型基金　　D. 股票型基金　　D. 期货基金

3. 王某是一名教师，未婚，有 5 年的股票投资经验，因担心再投资赔钱而影响工作，目前只将钱存入银行；张某是一名个体工商户，有一个儿子正在上小学，两年前开始炒股，对于股市的大涨大落，张某并不是很在意。仅根据以上信息，分析王某、张某的风险承受能力和风险容忍度，下列说法正确的是（　　）。

A. 王某的风险承受能力高于张某，风险容忍度高于张某

B. 王某的风险承受能力低于张某，风险容忍度高于张某

C. 王某的风险承受能力低于张某，风险容忍度低于张某

D. 王某的风险承受能力高于张某，风险容忍度低于张某

4. 下列对债券风险的大小排序正确的是（　　）。

A. 国债 < 地方政府债券 < 企业债券 < 金融债券

B. 国债 < 企业债券 < 金融债券 < 地方政府债券

C. 金融债券 < 国债 < 地方政府债券 < 企业债券

D. 国债 < 地方政府债券 < 金融债券 < 企业债券

5. 对投资目标表述最好的是（　　）。

A. 投资 10 万元，10 年以后升值为 20 万元

B. 在退休的时候过上幸福的生活

C. 在去世以后，将所有的遗产转移到某一个子女名下

D. 在不亏损的前提下，10 万元的投资在未来 10 年取得高收益

二、多项选择题

1. 下列产品中，适合推荐给空巢期家庭的是（　　）。

A. 退休年金　　B. 养老险　　C. 股票型基金　　D. 债券型基金

2. 关于客户的风险承受能力，下列说法正确的是（　　）。

A. 年龄越大，累积的财富越多，风险承受能力也就越强

B. 投资年龄在 35 ~ 44 岁，投资经验越丰富，风险承受能力越强

C. 家庭负担越小，风险承受能力越强

D. 客户制定的理财目标弹性越大，其风险承受能力越强

3. 李先生今年 58 岁，在一家上市公司担任高管，妻子王萍 54 岁，已经退休，一双儿女均定居美国，李先生年收入 150 万元，家庭年支出 90 万元，李先生夫妇奋斗多年积累下 500 万元的资产，则下列说法中正确的是（　　）。

A. 李先生处于家庭成熟期，收入达到较高水平，支出逐渐降低

B. 李先生处于个人生涯的稳定期，应量入为出积累退休养老金，为退休做准备

C. 李先生在保险安排上，应以养老保险或长期看护保险为主，来储蓄退休养老金

D. 虽然李先生收入很高，但由于年纪原因，仍应降低和控制其投资组合的风险

三、技能操作题

李先生，28 岁，在某外贸公司任销售主管；李太太，25 岁，小学教师。两人去年结婚，现住在李先生公司提供的公寓中，计划 3 年内买房。家庭现有定期存款 20 万元，李先生公积金账户余额约 12 万元，李太太公积金账户余额 5 万元。李先生年收入为 15 万元，李太太年收入为 10 万元，家庭年支出为 12 万元。

关于买房问题，夫妻两人统一意见后，决定在市区买一套两室一厅约 70 平方米的房子，既能解决孩子未来的学位，又方便上班。目前市区房价约 3 万元/平方米，当地近 10 年房价年均增长率 10%。

李先生夫妇咨询理财师，希望为其制定投资规划方案，帮助其实现买房的愿望。

四、素质提高题

请运用所学投资规划知识，为 5 年后的你制定一份投资规划方案。可根据规划需要进行必要假设。

完整版练习题，请扫描二维码获取。

项目七练习题

学习评价表

<table>
<tr><th colspan="2">学习目标</th><th colspan="2">考核方式与标准</th><th colspan="4">评价结果</th></tr>
<tr><th rowspan="2">目标类别</th><th rowspan="2">具体目标</th><th rowspan="2">考核方式</th><th rowspan="2">考核标准</th><th rowspan="2">自评</th><th colspan="2">互评</th><th rowspan="2">综评</th></tr>
<tr><th>同伴</th><th>教师</th></tr>
<tr><td>素质目标</td><td>具备对财务信息进行分类、整理与综合分析的信息处理能力；具备基于客户的信息分析，确定客户理财目标的能力；具备对客户进行风险测评与分析的能力；具备分析确定客户家庭生命周期所处阶段，提出资产配置意见，制定投资规划方案的能力</td><td>任务一、二、三的实训题、项目练习题（素质提高题）</td><td rowspan="3">分优、良、中、及格四档，详细考核标准请扫描二维码获取
项目七学习评价表</td><td></td><td></td><td></td><td></td></tr>
<tr><td>知识目标</td><td>了解投资与投资规划的基本概念；熟悉常用的投资规划工具；了解投资规划的目标及其类型；掌握投资规划的流程</td><td>项目练习题（选择题）</td><td></td><td></td><td></td><td></td></tr>
<tr><td>技能目标</td><td>能协助客户制定切实可行的投资目标；能评估客户的风险承受能力；能根据客户投资理财目标、客户风险属性、客户家庭生命周期阶段进行资产配置，并制定投资规划方案</td><td>任务一、二、三的实训题、项目练习题（素质提高题）</td><td></td><td></td><td></td><td></td></tr>
</table>

说明：考核标准仅供参考，可根据具体情况调整。

项目八　制定税务规划方案

取之于民，用之于民。

——荀子《荀子·君道》

第一部分　项目导入

理财师工作实务

【实际工作案例】

客户汪女士最近跳槽到一家新公司做财务，到银行向理财师韩梅梅倾诉最近工作上的烦心事。

一次是同事咨询其子女教育专项附加扣除的情况，她回复对方说是孩子学费，但后来发现不对，因为除了子女教育费用外，还有赡养老人、住房租金等6项个人所得税专项附加扣除的情况。

还有一次是公司开会说公司有一处闲置库房，不论是直接出租收取租金还是改造成库房，收取仓储费都是一样的收入，但财务总监和总经理坚持采用改造成库房的方式，汪女士不太理解原因为何。

最近的一次事与年终奖有关，临近年末，公司要求财务部门在封账之前把大家的年终奖发放出去，但年终奖如何计税困扰着她，有人说可将年终奖视为工资，按月计税；有人说可把年终奖单独按照一次性奖金的规定计算个人所得税。汪女士左右为难，不知道该听从谁的意见。

【理财师分析】

基于汪女士诉说的以上情况，理财师韩梅梅做出基本判断如下：

（1）汪女士对我国个人所得税制度了解不够。汪女士对于个人所得税专项附加扣除事宜不熟悉，反映出她对个人所得税的新政策了解不及时、不透彻。

（2）汪女士对税务规划的方法掌握得不够。税收规划可帮助个人或企业在守法合规的前提下实现自身利益最大化或股东权益最大化，但汪女士面对年终奖计税无从下手，正是由于她未掌握税务规划方法。

理财师工作任务

个人所得税支出会影响家庭现金流，如何帮助家庭优化现金流，合法节税是行之有效的方法。

第一步：充分了解客户的收入情况和财务状况。个人所得税包含的种类很多，开展税务规划前，要搞清楚客户的收入构成和具体金额等；房屋交易时需要弄清楚客户名下房产数量等。

第二步：基于客户需求，制定税收方案。根据客户需要，为其提供个人所得税税务规划和房屋交易税务规划服务，量身定制税务规划方案。

第三步：做好税务规划方案的跟踪执行。客户执行税务规划后，理财师还需要定期利用一些信息反馈方式来了解税务规划方案执行的情况，并及时与客户进行沟通，做出调整。

第二部分　项目学习

学习任务概述

税务规划是制定理财规划的重要补充。因此，理财师有必要了解我国税收制度与体系，掌握税务规划的内容、流程和方法。并且可以运用税务规划知识为客户的税务规划提出参考建议。本项目主要是让学习者了解我国的税收制度和体系；掌握税务规划的内容和方法；能借助税务规划方法优化税务规划方案。

学习目标

目标类型	目标要求
素质目标	具备对税务规划信息进行分类、整理与综合分析的信息处理能力；具备跟踪学习我国最新税收政策的能力；具备自我税务规划管控的能力

续表

目标类型	目标要求
知识目标	了解我国的税收制度与体系，认识税务规划的分类与方法；了解个人所得税制度，掌握优化个人所得税方案的方法；了解我国房产交易的相关税种，掌握优化房产交易税方案的方法
技能目标	掌握计算个人所得税的方法，能制定个人所得税优化方案；能制定房产交易税优化方案

学习导图

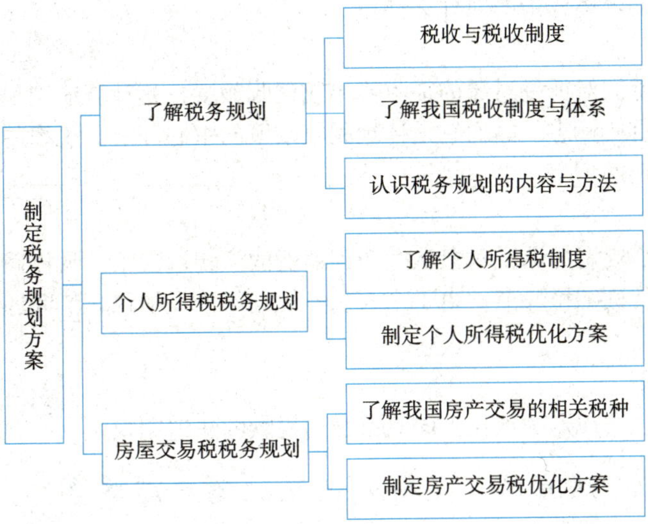

任务一　了解税务规划

训练一　税收与税收制度

知识要点

一、税收的含义

税收是指国家为了向社会提供公共产品、满足社会共同需要，按照法律的规定，参与社会产品的分配，强制、无偿取得财政收入的一种规范形式。它体现了一定社会制度下国家与纳税人在征收、纳税的利益分配上的一种特定分配关系。

二、税收的特征

税收与其他分配方式相比，具有强制性、无偿性和固定性的特征，习惯上称为税收的“三性”。

三、税收制度的含义

税收制度，简称税制，是指国家法律形式规定的各种税收法令和征收管理办法的总称。

税制的内容有广义和狭义之分，广义的税制包括税收法规、税收条例、税收征管制度和税收管理体制等；狭义的税制主要指税收法规和税收条例，是税收制度的核心。

四、税收制度的要素

（一）纳税人

纳税人是纳税义务人的简称，又称纳税主体，是税法中规定的直接负有纳税义务的单位和个人。

（二）征税对象

征税对象，又称课税对象、课税客体，它是税法中规定征纳双方权利义务所指向的目的物或行为，即征税的客体或指明对什么征税。

（三）税率

税率是税法规定的对征税对象的征收比率或征收额度，是计算应纳税额的尺度，也是衡量税负轻重与否的重要标志，因而它是体现税收政策的中心环节。税率的基本形式包括比例税率、累进税率、定额税率。

（四）纳税环节

纳税环节是税法规定的课税对象从生产到消费的流转过程中，具体确定在哪个环节应当缴纳税款，该环节就称纳税环节。由于个人税务规划不涉及纳税环节问题，因此本书不做详细介绍。

（五）纳税期限

纳税期限是指税法规定的纳税人向国家缴纳税款的法定期限。

训练二　了解我国税收制度与体系

知识要点

中国现行税制体系是一个由多个税种组成的复税制体系。这个复税制体系可以使我国税收多环节、多层次地发挥作用。

一、我国税收制度的法律级次

（1）全国人民代表大会及其常务委员会制定的法律和有关规范性文件。包括《中华人民共和国个人所得税法》《中华人民共和国企业所得税法》《中华人民共和国车船税法》和《中华人民共和国税收征收管理法》。

（2）国务院制定的行政法规和有关规范性文件。

（3）国务院财税主管部门制定的规章及规范性文件。

（4）地方人民代表大会及其常务委员会制定的地方性法规和有关规范性文件，地方人民政府制定的地方政府规章和有关规范性文件。

（5）省以下税务机关制定的规范性文件。

（6）中国政府与外国政府（地区）签订的税收协定。

目前，中央人民政府不在特别行政区征税，特别行政区实行独立税收制度，参照原在香港、澳门地区实行的税收政策，自行立法规定税种、税率、税收宽免和其他税务事项。

二、中国的税制体系

目前，我国现行税制共有 18 个税种，包括：增值税、消费税、企业所得税、个人所得税、资源税、房产税、印花税、土地增值税、城市维护建设税、城镇土地使用税、车船使用税、船舶吨税、车辆购置税、关税、耕地占用税、契税、烟叶税和环境保护税。除了关税和船舶吨税由海关部门征收外，其他16个税种由税务部门负责征收；此外，进口货物的增值税和消费税也由海关部门代征。

2017年10月30日，国务院常务会议通过《国务院关于废止〈中华人民共和国营业税暂行条例〉和修改〈中华人民共和国增值税暂行条例〉的决定（草案）》，标志着实施60多年的营业税正式退出历史舞台。而且从2018年1月1日起，我国正式开始实施环境保护税。

训练三　认识税务规划的内容与方法

知识要点

在我国，税务规划自20世纪90年代引入以后，其功能和作用不断被人民所认同、所接受、所重视。而学习税务规划有助于优化产业结构，增强企业的市场竞争力，增加国家财政收入，同时也有助于人们正确理解我国的税收制度和法律，树立依法自觉纳税的意识。

一、税务规划的定义

税务规划是指在遵循税收法律法规的前提下，个人、企业通过对经营、投资、理财等活动中的涉税事项的筹划和安排，充分利用税法所提供的包括减免税在内的一切优惠政策和可选择性条款，从而获得最大节税利益，实现个人利益最大化或企业价值最大化的一种财务管理活动。

税务规划的概念有三层含义：

（1）税务规划的主体是纳税人；

（2）税务规划的前提是不违反税法；

（3）税务规划的实质是节税。

税务规划的原因主要来自各国税收制度的不同；国家间税收管辖权的差别；货币所具有的时间价值以及免征额、起征点的规定等。

二、税务规划的内容

由于依据的原理不同，采用的方法和手段也不一样，大致可以将税务规划的内容分为避税筹划、节税筹划、税负转嫁筹划等。

（一）避税筹划

避税筹划是指纳税人采用非违法手段，利用税法中的漏洞和空白获取税收利益的筹划。避税筹划的纳税筹划既不违法也不合法，其与纳税人不尊重法律的偷税、逃税有着本质区别。

（二）节税筹划

节税筹划是指纳税人在不违背立法精神的前提下，充分利用税法中固有的起征点、减免税等一系列的优惠政策，通过对筹资、投资和经营等活动的巧妙安排，达到少缴税甚至不缴税目的的行为。

（三）税负转嫁筹划

税负转嫁筹划是指纳税人为了达到减轻税负的目的，通过价格调整将税负转嫁给他人承担的经济行为。税收能否转嫁及转嫁的难易程度与课税对象的性质有很大关系，如个人所得课税较难转嫁，而商品课税则较易转嫁。

三、税务规划的方法

税务规划的方法有很多种，实践工作中也是多种方法相结合运用。一般而言，税务规划的方法主要有利用税收优惠政策筹划法、纳税期的递延法、转让定价筹划法和会计处理方法等，本书主要介绍前两种方法。

（一）利用税收优惠政策筹划法

利用税收优惠政策筹划法，是指纳税人凭借国家税法规定的优惠政策进行税务筹划的方法。国家为了扶持某些特定产业、行业、地区、企业和产品的发展，或者对某些有实际困难的纳税人给予照顾，在税法中做出某些特殊规定，从而减轻其税收负担。税收优惠政策是国家的一项经济政策，纳税人对税收优惠政策的有效利用正是响应国家特定时期的经济政策，因此会得到国家的支持与鼓励。

（二）纳税期的递延法

纳税期的递延法是指在合法合理的情况下，使纳税人延期缴纳税收而节税的税务筹划方法。《国际税收辞汇》中对延期纳税（Deferment of Tax）做了精辟的阐述："延期纳税的好处有：有利于资金周转，节省利息支出，以及由于通货膨胀的影响，延期以后缴纳的税款必定下降，从而降低实际纳税额。"延期纳税如果能够使纳税项目最多化、延长期最长化，则可以达到节税最大化。

四、税务规划时理财师注意的事项

与其他规划相比，税务规划要面对更多的风险，尤其是法律风险。同时税务规划实施后，理财师还需要及时跟踪客户的执行情况，及时提示客户或者修订规划方案。总结起来，在税务规划时理财师应注意以下几点：

（1）合法合规；

（2）了解客户的基本情况和需求；

（3）税务规划方案的跟踪执行。

任务二　个人所得税税务规划

训练一　了解个人所得税制度

知识要点

一、个人所得税的定义

个人所得税是指国家对本国公民、居住在本国境内的个人的所得和境外个人来源于本国的所得征收的一种所得税。在有些国家，个人所得税是主体税种，在财政收入中占较大比重，对经济也有较大影响。

我国的个人所得税开始于1980年。2018年8月31日，第十三届全国人民代表大会常务委员会第五次会议《关于修改〈中华人民共和国个人所得税法〉的决定》第七次修正，修改后的个人所得税法从2019年1月1日起实施。2019年1月1日起增加子女教育支出、继续教育支出、大病医疗支出、住房贷款利息和住房租金等六项个人所得税专项附加扣除项。

二、个人所得税的征税对象

我国个人所得税的纳税义务人是在中国境内居住有所得的人，以及不在中国境内居住而从中国境内取得所得的个人，包括中国国内公民，在华取得所得的外籍人员和港、澳、台同胞。

依据《中华人民共和国个人所得税法》的规定："在中国境内有住所，或者无住所而一个纳税年度内在中国境内居住累计满183天的个人，为居民个人。居民个人从中国境内和境外取得的所得，依照本法规定缴纳个人所得税。在中国境内无住所又不居住，或者无住所而一个纳税年度内在中国境内居住累计不满183天的个人，为非居民个人。非居民个人从中国境内取得的所得，依照本法规定缴纳个人所得税。"

三、个人所得税应纳税所得项目

（一）工资、薪金所得

工资、薪金所得是指个人因任职或受雇而取得的工资、薪金、奖金、年终加薪、劳动分红、津贴、补贴以及与任职或受雇有关的其他所得。这就是说，个人取得的所得，只要是与任职、受雇有关，不管其单位的资金开支渠道或以现金、实物、有价证券等形式支付的，都是工资、薪金所得项目的课税对象。

（二）劳务报酬所得

劳务报酬所得是指个人从事设计、装潢、安装、制图、化验、测试、医疗、法律、会计、咨询、讲学、新闻、广播、翻译、审稿、书画、雕刻、影视、录音、录像、演出、表演、广告、展览、技术服务、介绍服务、经济服务、代办服务以及其他劳务取得的所得。

（三）稿酬所得

稿酬所得是指个人因其作品以图书、报纸形式出版、发表而取得的所得。

（四）特许权使用费所得

特许权使用费所得是指个人提供专利权、著作权、商标权、非专利技术以及其他特许权的使用权取得的所得。提供著作权的使用权取得的所得，不包括稿酬所得。作者将自己的文字作品手稿原件或复印件公开拍卖（竞价）取得的所得，应按特许权使用费所得项目计税。

（五）经营所得

经营所得包括个体工商户从事生产、经营活动取得的所得，个人独资企业投资人、合伙企业的个人合伙人来源于境内注册的个人独资企业、合伙企业生产、经营的所得；个人依法从事办学、医疗、咨询以及其他有偿服务活动取得的所得；个人对企业、事业单位承包经营、承租经营以及转包、转租取得的所得；个人从事其他生产、经营活动取得的所得。

（六）利息、股息、红利所得

利息、股息、红利所得是指个人拥有债权、股权而取得的利息、股息、红利所得。利息是指个人的存款利息（国家宣布2008年10月9日开始取消利息税）、贷款利息和购买各种债券的利息。股份制企业以股票形式向股东个人支付股息、红利即派发红股，应以派发的股票面额为收入额计税。

（七）财产租赁所得

财产租赁所得是指个人出租建筑物、土地使用权、机器设备车船以及其他财产取得的所得。财产包括动产和不动产。

（八）财产转让所得

财产转让所得是指个人转让有价证券、股权、建筑物、土地使用权、机器设备、车船以及其他自有财产给他人或单位而取得的所得，包括转让不动产和动产而取得的所得。对个人股票买卖取得的所得暂不征税。

（九）偶然所得

偶然所得是指个人取得的所得是非经常性的，属于各种机遇性所得，包括得奖、中奖、中彩以及其他偶然性质的所得（含奖金、实物和有价证券）。

四、个人所得税缴纳

（一）应纳税所得额计算

根据现行的个人所得税法，居民个人的综合所得（包括工资薪金所得、劳务报酬所得、稿酬所得、特许权使用费所得四项），以每一纳税年度的收入额减除费用6万元以及专项扣除、专项附加扣除和依法确定的其他扣除后的余额，为应纳税所得额。如表8－1所示，该税率最高一级为45%，最低为3%，共7级。跟以前相比，体现出向中低收入群体倾斜的减税意图。

表8－1　个人所得税税率表一（综合所得适用）

级数	全年应纳税所得额	税率/%	速算扣除数
1	不超过36 000元	3	0
2	超过36 000元至144 000元的部分	10	2 520
3	超过144 000元至300 000元的部分	20	16 920
4	超过300 000元至420 000元的部分	25	31 920
5	超过420 000元至660 000元的部分	30	52 920
6	超过660 000元至960 000元的部分	35	85 920
7	超过960 000元的部分	45	181 920

注：

①此表适用居民个人取得综合所得；

②非居民个人取得工资薪金所得、劳务报酬所得、稿酬所得和特许使用费所得，依照本表按月换算后计算应纳税额。

（二）专项扣除和专项附加扣除

专项扣除，包括居民个人按照国家规定的范围和标准缴纳的基本养老保险、基本医疗保险、失业保险等社会保险费和住房公积金等；专项附加扣除，包括子女教育、继续教育、大病医疗、住房贷款利息或者住房租金、赡养老人等支出。

非居民个人的工资薪金所得，以每月收入额减除费用5 000元后的余额为应纳税所得额；劳务报酬所得、稿酬所得、特许权使用费所得，以每次收入额为应纳税所得额。

（1）劳务报酬所得、稿酬所得、特许权使用费所得以收入减除20%的费用后的余额为收入额。稿酬所得的收入额减按70%计算，如表8－2所示。

表 8－2 个人所得税税率表二（居民个人劳务报酬所得适用）

级数	每次应纳税所得额	税率/%	速算扣除数
1	不超过 20 000 元的部分	20	0
2	超过 20 000 元至 50 000 元的部分	30	2 000
3	超过 50 000 元的部分	40	7 000

（2）个人将其所得对教育、扶贫、济困等公益慈善事业进行捐赠，捐赠额未超过纳税人申报的应纳税所得额 30% 的部分，可以从其应纳税所得额中扣除；国务院规定对公益慈善事业捐赠实行全额税前扣除的，从其规定。

（3）经营所得，以每一纳税年度的收入总额减除成本、费用以及损失后的余额，为应纳税所得额，税率表如表 8－3 所示。纳税人取得经营所得，按年计算个人所得税。

表 8－3 个人所得税税率表三（经营所得适用）

级数	全年应纳税所得额	税率/%	速算扣除数
1	不超过 30 000 元的部分	5	0
2	超过 30 000 元至 90 000 元的部分	10	1 500
3	超过 90 000 元至 300 000 元的部分	20	10 500
4	超过 300 000 元至 500 000 元的部分	30	40 500
5	超过 500 000 元的部分	35	65 500

（4）财产租赁所得，每次收入不超过 4 000 元的，减除费用 800 元；4 000 元以上的，减除 20% 的费用，其余额为应纳税所得额。

（5）财产转让所得，以转让财产的收入额减除财产原值和合理费用后的余额，为应纳税所得额。

（6）利息、股息、红利所得和偶然所得，以每次收入额为应纳税所得额。

个人所得税计算总结如表 8－4 所示。

表 8－4 个人所得税计算总结

<table>
<tr><th rowspan="3">应纳所得项目</th><th rowspan="3">计征频次</th><th colspan="3">扣除项目</th><th colspan="3">税率</th></tr>
<tr><th colspan="2">居民个人</th><th rowspan="2">非居民个人</th><th colspan="2">居民个人</th><th rowspan="2">非居民个人</th></tr>
<tr><th>预扣预缴</th><th>汇算清缴</th><th>预扣预缴</th><th>汇算清缴</th></tr>
<tr><td>工资薪金所得</td><td>按月计征</td><td>扣除基本费用、专项扣除、专项附加扣除及其他扣除</td><td rowspan="4">①四项并入“综合所得”，按年汇算清缴；
②扣除基本费用（6 万元/年）、专项扣除、专项附加扣除及其他扣除</td><td>5 000 元/月</td><td>7 级年表</td><td rowspan="4">7 级年表</td><td rowspan="4">7 级年表</td></tr>
<tr><td>劳务报酬所得</td><td rowspan="3">按次计征</td><td rowspan="3">收入≤4 000 元，扣 800 元；
收入>4 000 元，扣 20%</td><td rowspan="3">无扣除项目</td><td>3 级年表</td></tr>
<tr><td>特许权使用费所得</td><td rowspan="2">20%</td></tr>
<tr><td>稿酬所得</td></tr>
</table>

续表

<table>
<tr><td rowspan="3">应纳所得项目</td><td rowspan="3">计征频次</td><td colspan="3">扣除项目</td><td colspan="3">税率</td></tr>
<tr><td colspan="2">居民个人</td><td rowspan="2">非居民个人</td><td colspan="2">居民个人</td><td rowspan="2">非居民个人</td></tr>
<tr><td>预扣预缴</td><td>汇算清缴</td><td>预扣预缴</td><td>汇算清缴</td></tr>
<tr><td>经营所得</td><td>按年计征</td><td colspan="2">所有直接和间接经营成本，包括损失，均可减除</td><td colspan="4">5 级年表</td></tr>
<tr><td>财产租赁所得</td><td rowspan="5">按次计征</td><td colspan="2">应纳税所得额≤4 000 元，扣 800 元；
应纳税所得额 >4 000 元，扣 20%</td><td colspan="4" rowspan="5">20%</td></tr>
<tr><td>财产转让所得</td><td colspan="2">可扣除财产原值及与出售资产有关的税费</td></tr>
<tr><td>利息、股息、红利所得</td><td colspan="2" rowspan="3">没有扣除</td></tr>
<tr><td>偶然所得</td></tr>
</table>

注：

①计算经营所得时，业主工资不允许扣除。

②居民个人无综合所得的，计算经营所得时，可扣除 5 000 元/月（6 万元/年）基本费用、三险一金、6 项专项附加扣除及其他扣除。

③计算利息、股息、红利所得时，国债利息收入免征个税；储蓄存款于 2008 年 10 月 9 日（含）后孳生的利息所得，暂免征个税。

拓展阅读

个税减免，哪些群体受益明显

技能训练

【案例】

个人所得税计算

2019 年，王先生（居民个人）每月应发工资 3 万元，另取得以下 5 项所得。

（1）2019 年 1 月，收到利息收入 25 000 元，其中 5 000 元为国债利息收入，3 000 元为银行存款利息，其余 17 000 元为借给某公司款项的利息收入。

（2）2019 年 3 月，为其他企业设计图纸，获得报酬 4 000 元。

（3）2019 年 5 月，向工程设计院提供非专利技术，取得收入 6 000 元。

（4）2019 年 7 月，出版书籍一本，获得稿酬收入 5 000 元。

（5）2019 年 11 月，中奖获得 6 000 元。抽奖支出 1 000 元。

此外，王先生每月减除费用5 000元，“三险一金”专项扣除4 500元，享受子女教育、赡养老人和继续教育三项专项附加扣除共计3 000元，没有减免收入及减免税额等情况，请计算王先生在2019年的预缴税额和全年应纳税额。

【操作示范】

居民个人取得的工资薪金所得，按累计预扣法预扣预缴个人所得税；居民个人取得的稿酬所得、劳务报酬所得和特许权使用费所得，按次预扣预缴个人所得税；偶然所得，利息、股息、红利所得，按月代扣代缴个人所得税。其中，国债利息收入、存款利息收入免征个人所得税；中奖收入以收入全额为应纳税所得额，不扣除抽奖支出。

2019年年度终了后，在2020年3月1日至2020年6月30日期间，按综合所得清算个人所得税。

2019年王先生工资薪金所得预扣预缴税额情况如表8－5所示。

表8－5　2019年王先生工资薪金所得预扣预缴税额情况

月份	累计工资收入/元	累计减除费用/元	累计专项扣除/元	累计专项附加扣除/元	累计应纳税所得额/元	速算预扣率/%	速算扣除数/元	累计已预扣预缴税额/元	本月应预扣预缴税款/元
1	30 000	5 000	4 500	3 000	17 500	3	0	0	525
2	60 000	10 000	9 000	6 000	35 000	3	0	525	525
3	90 000	15 000	13 500	9 000	52 500	10	2 520	1 050	1 680
4	120 000	20 000	18 000	12 000	70 000	10	2 520	2 730	1 750
5	150 000	25 000	22 500	15 000	87 500	10	2 520	4 480	1 750
6	180 000	30 000	27 000	18 000	105 000	10	2 520	6 230	1 750
7	210 000	35 000	31 500	21 000	122 500	10	2 520	7 980	1 750
8	240 000	40 000	36 000	24 000	140 000	10	2 520	9 730	1 750
9	270 000	45 000	40 500	27 000	157 500	20	16 920	11 480	3 100
10	300 000	50 000	45 000	30 000	175 000	20	16 920	14 580	3 500
11	330 000	55 000	49 500	33 000	192 500	20	16 920	18 080	3 500
12	360 000	60 000	54 000	36 000	210 000	20	16 920	21 580	3 500

全年工资薪金所得预扣预缴税额累计＝21 580＋3 500＝25 080（元）

（1）综合所得预扣预缴。

2019年全年工资薪金所得预扣预缴税额累计为25 080元。

2019年3月，劳务报酬所得预扣预缴税额＝(4 000－800)×20%＝640（元）。

2019年5月，特许权使用费所得预扣预缴税额＝6 000×(1－20%)×20%＝960（元）。

2019年7月，稿酬所得预扣预缴税额＝5 000×(1－20%)×(1－30%)×20%＝560（元）。

（2）综合所得以外的所得代扣代缴。

2019年1月，利息、股息和红利所得应纳税额＝17 000×20%＝3 400（元）。

2019年11月，偶然所得应纳税额＝6 000×20%＝1 200（元）。

(3) 综合所得年终汇算清缴。

王先生在2019年的综合所得应纳税额 = {[30 000 × 12 + 4 000 × (1 − 20%) + 6 000 × (1 − 20%) + 5 000 × (1 − 20%) × (1 − 30%)] − (5 000 + 4 500 + 3 000) × 12} × 20% − 16 920 = 27 240 (元)。

王先生在2019年综合所得已预缴税额 = 25 080 + 640 + 960 + 560 = 27 240 (元), 所以无须再补交税额。

(4) 王先生在2019年的全部所得应纳税额 = 27 240 + 3 400 + 1 200 = 31 840 (元)。

实训活动

【案例】

李女士(居民个人)系A公司职工, 2022年每月工资25 000元, 另取得以下几项所得:

(1) 2022年1月由于担任B上市公司独立董事, 一次性取得收入60 000元。

(2) 2022年3月, 为C公司提供技术服务, 一次性取得收入2 000元。

(3) 2022年5月, 出版书籍一本, 获得稿酬收入8 000元。

(4) 2022年7月, 出租家里富余的车辆一台, 取得租金2 000元。

李女士每月减除费用5 000元, "三险一金"专项扣除4 000元, 享受子女教育、赡养老人两项专项附加扣除共计2 000元, 没有减免收入及减免税额等情况。

【实训任务】

请计算李女士在2022年的预缴税额和全年应纳税额。

训练二 制定个人所得税优化方案

知识要点

一、个人所得税税务规划

(一) 个人所得税税务规划的含义

和其他税务规划类似, 个人所得税税务规划就是纳税个人在法律允许的范围内, 对经营活动、理财投资等做出税务筹划安排, 以达到减税或者延迟缴税的目的。

(二) 个人所得税税务规划的步骤

1. 了解客户(纳税人)的情况和要求

主要包括了解一些基本情况, 如婚姻情况、子女及其他赡养人员、财务情况、投资意向、对风险的态度和纳税情况。此外, 还需要了解客户的要求, 比如要增加短期所得还是长期资本增值。

2. 熟练把握相关税务法律规定

作为专业人士, 理财师有必要掌握税务基础知识和税务规划基本技能。同时在面对每位客户时, 又能够根据客户需求, 熟悉和理解税务规划中的规定条文和操作规范。

3. 制定税务规划

理财师需要制定尽可能详细的、考虑周全的税务规划方案。在实现客户减免税要求、实现客户利益最大化目标的同时，保证税务法律法规下的可行性。

4. 控制税务规划方案的执行

在方案实施之后，理财师需要经常、定期地通过一定的信息反馈渠道来了解执行规划的情况，对偏离的情况要予以纠正，根据新的情况修订方案，以最大限度地实现预期收益。

二、个人所得税优化方案

下面以案例的形式介绍分散收入的税务规划和个人年终奖的税务规划。

技能训练

【案例 1】

分散收入的税务规划

张先生利用业余时间为某企业某项工程设计图纸，获得劳务报酬 30 000 元。请分析税务规划前后的税负变化。

【操作示范】

根据税法规定，劳务报酬应纳税所得额分两种情况计算：①每次劳务报酬收入不足 4 000 元的，用收入减去 800 元；②每次劳务报酬收入超过 4 000 元的，用收入减去收入额的 20% 计算。

(1) 税务规划前：一次性支付 30 000 元报酬。

$$应纳税所得额 = 30\ 000 \times (1 - 20\%) = 24\ 000（元）$$

$$应纳税额 = 24\ 000 \times 30\% - 2\ 000 = 5\ 200（元）$$

(2) 税务规划后：将劳务报酬平均到 10 个月，每月支付 3 000 元。

$$应纳税所得额（每月）= 3\ 000 - 800 = 2\ 200（元）$$

$$总应纳税额 = 2\ 200 \times 20\% \times 10 = 4\ 400（元）$$

税务规划后，可以为张先生节税：

$$5\ 200 - 4\ 400 = 800（元）$$

对劳务报酬的个人所得税，主要的税务规划在收入、费用和税率三个环节，即合法地分散收入、适当增加费用，以适用低档税率。

【案例 2】

个人年终奖的税务规划

假设某企业员工汪女士每月工资薪金 8 000 元，2019 年 12 月领取年终奖 36 000 元，五险一金等专项扣除 1 500 元/月，子女教育、住房租金等专项附加扣除合计为 3 000 元。请比较汪女士的个人年终奖是否应该单独计算个税，还是并入当年综合所得计税更好？

【操作示范】

(1) 单独计税。个人所得税由两部分构成：年终奖和工资薪金。

年终奖部分：36 000 ÷ 12 = 3 000（元），对应按月换算的综合所得税率表，得知适用税率 3%，速算扣除数 0。因此：

$$年终奖应纳税额 = 36\ 000 \times 3\% - 0 = 1\ 080（元）$$

工资薪金部分：由于工资薪金收入减五险一金及专项附加扣除后余额不足5 000元，无须缴税。

因此，汪女士全年需缴税1 080元。

（2）将年终奖并入当年综合所得计税。

全年应纳税所得额 = 8 000 × 12 + 36 000 − (5 000 + 1 500 + 3 000) × 12 = 18 000（元）

应纳税额 = 18 000 × 3% − 0 = 540（元）

综上，第二种方法可以为汪女士节税：

1 080 − 540 = 540（元）

实训活动

【案例】

小王2018年每月的工资薪金为15 000元，需扣除个人承担的各项费用合计1 200元。按照2019年适用的新税法，小王个人所得税专项附加扣除项合计5 000元。小王的工资和个人承担的各项费用合计与2018年相同。

【实训任务】

请计算小王在2018年9月、2018年10月和2019年1月的个人所得税并比较。通过此题，你可以从2019年的税法改革中得到什么结论？

任务三 房屋交易税税务规划

训练一 了解我国房产交易的相关税种

知识要点

一、增值税

从计税原理上说，增值税是对商品生产、流通、劳务服务中多个环节的新增价值或商品的附加值征收的一种流转税。实行价外税，也就是由消费者负担。有增值才征税，没增值不征税。在中华人民共和国境内销售货物或者提供加工、修理修配劳务以及进口货物的单位和个人，都是增值税的纳税人。当前，一般纳税人适用的税率有13%、9%、6%、0%等。其中个人销售自建自用住房取得收入免征增值税。

二、契税

契税是指不动产（土地、房屋）产权发生转移变动时，就当事人所订契约按产价的一定比例向新业主（产权承受人）征收的一次性税收。

（一）课税对象

课税对象是国有土地使用权出让、土地使用权转让、房屋买卖、房屋赠予、房屋交换。

（二）计税依据

国有土地使用权出让、土地使用权出售、房屋买卖，以成交价格为计税依据。土地使用权赠予、房屋赠予，由征收机关参照土地使用权出售、房屋买卖的市场价格核定。土地使用权交换、房屋交换，为所交换的土地使用权、房屋的价格差额。也就是说，交换价格相等时，免征契税；交换价格不等时，由多交付的货币、实物、无形资产或者其他经济利益的一方缴纳契税。

（三）税率

3%~5%的幅度税率。

（四）计算方法

契税采用比例税率。

$$应纳税额 = 计税依据 \times 税率$$

三、城市维护建设税及教育费附加

（一）纳税人

以缴纳增值税、消费税的单位和个人为纳税人。

（二）计税依据（附加税性质）

以纳税人实际缴纳的增值税、消费税税额为计税依据。

（三）税率

纳税人所在地为市区的是7%，纳税人所在地为县城、镇的是5%，纳税人所在地不在上述地区的是1%。

（四）计算公式

$$应纳税额 = 纳税人实际缴纳的增值税、消费税税额 \times 适用税率$$

另外，教育费附加按增值税、消费税税额的3%计征，地方教育费附加按增值税、消费税税额的2%计征。

四、土地增值税

土地增值税是指转让国有土地使用权、地上的建筑物及其附着物并取得收入的单位和个人，以转让所取得的收入减去法定扣除项目金额后的增值额为计税依据向国家缴纳的一种税赋。

（一）纳税人

纳税人是转让国有土地使用权及地上建筑物和其他附着物产权、并取得收入的单位和个人。

（二）征税对象

征税对象是指有偿转让国有土地使用权及地上建筑物和其他附着物产权所取得的增值额。增值额是指转让房地产取得的收入减除规定的房地产开发成本、费用等支出后的余额。

（三）税率

土地增值税实行四级超额累进税率，税率如表8－6所示。

表8－6　土地增值税率表

级数	计税依据	税率/%
1	增值税未超过扣除项目金额50%的部分	30
2	增值税超过部分处于扣除项目金额50%~100%	40
3	增值税超过部分处于扣除项目金额100%~200%	50
4	增值税超过扣除项目金额200%的部分	60

（四）计税方法

在计算土地增值税的应纳税额的时候，应当先用纳税人取得的房地产转让收入减去有关各项扣除项目金额，计算得出增值额。再按照增值额超过扣除项目金额的比例，分别确定增值额中各个部分的适用税率，依次计算各部分增值额的应纳土地增值税税额，再相加得到总的土地增值税应纳税额。应纳税额计算公式为：

$$应纳税额 = \sum(增值额 \times 适用税率)$$

五、印花税

（一）征收范围

征收范围是经济合同、产权转移书据、营业账簿、权利、许可证照和经财政部确定征税的其他凭证。

（二）纳税人

在中华人民共和国境内书立、领受《中华人民共和国印花税暂行条例》所列举凭证的单位和个人。

（三）税目和税率

印花税的税目，指印花税法明确规定的应当纳税的项目，它具体划定了印花税的征税范围。印花税总计13个税目。印花税的税率有两种形式：比例税率和定额税率，不同的印花税税目，确定了不同的印花税税率。

（四）计税方法

印花税以应纳税凭证所记载金额、费用、收入额和凭证的件数为计税依据，按照适用税率或者税额标准计算应纳税额。

应纳税额 = 应纳税凭证记载金额（费用、收入额）× 适用税率

Tips

二手房交易税费之增值税规划

训练二　制定房产交易税优化方案

技能训练

【案例1】

二手房产交易

2017年1月，张先生购买了一套100平方米的住房，支付含增值税价款200万元，缴纳契税及其他合理费用3万元，购房两年不到，即以240万元的价格出售给王先生，王先生为家庭首次购房。

【操作示范】

方案一：现有方案税收负担：

张先生需缴纳增值税 = 240 ÷ (1 + 5%) × 5% = 11.43（万元）

张先生需缴纳城建税、教育费附加、地方教育费附加 = 11.43 × (7% + 3% + 2%)
= 1.37（万元）

张先生需缴纳个人所得税 = [240 ÷ (1 + 5%) − 200 − 3 − 1.37] × 20% = 4.84（万元）

张先生需缴纳契税 = 240 ÷ (1 + 5%) × 1% = 2.29（万元）

合计税收负担 = 11.43 + 1.37 + 4.84 + 2.29 = 19.93（万元）

方案二：张先生将住房持有时间延长至两年后再出售，假设其他条件不变，税收负担如下：

张先生需缴纳个人所得税 = [240 − 200 − 3] × 20% = 7.40（万元）

张先生需缴纳契税 = 240 × 1% = 2.40（万元）

合计税收负担9.80万元（比现有方案节税10.13万元）。

方案三：张先生持有住房满5年，且张先生家庭名下仅有该一套住房，其他条件不变，则税收负担如下：

张先生需缴纳契税 = 240 × 1% = 2.40万元

比现有方案共计节税17.53万元。

【案例2】

降低租金收入

A公司拥有一套写字楼，配套设施齐全，对外出租。全年租金共计3 000万元，其中含代收的物业管理费200万元，水电费500万元。

【操作示范】

方案一：A公司与承租方签订租赁合同，租金为3 000万元，应纳房产税 = 3 000 × 12% = 360（万元）。

方案二：将各项收入由各相关方签订合同，物业管理费由承租方与物业公司签订合同，水电费按照承租人实际耗用数量和规定的价格标准结算，应纳房产税 = (3 000 − 200 − 500) × 12% = 276（万元）。

因此，适当降低租金收入，可以帮助A公司节税84万元。

实训活动

【案例】

让我们回到本项目一开始汪女士向理财师韩梅梅咨询的时候，汪女士提出的公司开会商讨闲置库房的利用问题。假设公司的闲置库房房产原值为2 000万元，如果将闲置库房出租收取租赁费，年租金收入为200万元；如果配备保管人员将库房改为仓库，为客户提供仓储服务，收取仓储费，年仓储收入也为200万元，同时每年要向保管人员支付4万元。当地房产原值的扣除比例为30%。

【实训任务】

请帮助汪女士解惑：为何财务总监会向总经理建议采用改造为库房的方式更合理？（提示：此题涉及的房产交易税大致有增值税、城建税、教育费附加及地方教育费附加）

综合技能实训

【案例】

张先生工作生涯中的税务规划如下：

(1) 2014年张先生入职A公司，每月工资薪金所得8 000元。由于张先生不是本地人，所以每月需要支付房租3 000元。公司有没有办法在不增加张先生费用支出的情况下，帮助张先生降低税负？

(2) 2017年张先生应出版社的请求，创作一本行业指南书，因此到外地体验生活。预计1年内的稿费收入25万元，体验生活等费用支出10万元。体验生活的这笔费用由谁支出，对张先生的税务规划更有利？

(3) 2018年，由于张先生出版的书籍在市场上反应很好，引起了B公司的注意，B公司欲以月薪5万元邀请张先生入职。从职业身份的角度考虑，怎样才是降低张先生税负的最佳方案？

(4) 张先生现在已升职为技术总监，年度总报酬为200万元，其中年终奖66万元，每年缴纳三险一金5.8万元，专项附加扣除3.2万元，年生计费用扣除6万元。公司按照“单独计税的年终奖适用税率≤综合所得适用税率一个税率级次”和“股票期权与综合所得适用税率相同”原则计税。张先生认为公司为自己设计的个人所得税负担较重，希望公司可以进一步帮助其降低税负。

(5) 经过多年的积累，张先生已经有一定积蓄，他想将自己名下的一栋房产与一位朋友合办公司，房产原值300万元。假设以房屋直接投资，预计年资本收益率为10%；如果以出租的形式参加生产经营，每年租金可得30万元，当地房产原值扣除比例30%。哪种投资方案对张先生的税务规划更有利？

【操作示范】

(1) 2015年个税起征点为3 500元。

如果张先生自己在外租房，则应纳税额=(8 000−3 500)×10%−105=345（元）。

如果公司为张先生提供免费住房，工资下调到每月5 000元，张先生应纳税额=(5 000−3 500)×3%−0=45（元）。

综上，可为张先生降低税负345−45=300（元）。

(2) 体验生活这笔费用的支出：

方案一：如果张先生自己负担费用，则应纳税款=250 000×(1−20%)×20%×(1−30%)=28 000（元）。实际税后收入=25−10−2.8=12.2（万元）。

方案二：如果由出版社承担体验生活费用，则实际支付给张先生的稿酬为15万元，应纳税额=150 000×(1−20%)×20%×(1−30%)=16 800（元）。实际税后收入=150 000−16 800=133 200（元），节税=28 000−16 800=11 200（元）。

(3) 从职业身份的角度考虑：

方案一：张先生调入该公司。

收入属于工资薪金所得，应纳税款=(50 000−5 000)×30%−4 410=9 090（元）。

方案二：张先生作为自由撰稿人。

收入属于劳务报酬所得，应纳税款 = 50 000 ×（1 - 20%）× 30% - 2 000 = 10 000（元）。

方案三：以稿酬形式支付张先生所得。

应纳税款 = 50 000 ×（1 - 20%）× 20% ×（1 - 30%）= 5 600（元）。

(4) 按照公司最初的税务规划，张先生年工资与股票期权的应纳税所得额 =（200 - 6 - 5.8 - 3.2 - 66）÷ 2 = 59.5（万元），张先生应纳税额 =（595 000 × 30% - 52 920）× 2 + 660 000 × 30% - 4 410 = 444 750（元）。税负率达到 22.24%（444 750 ÷ 2 000 000 × 100%）。

根据张先生的情况，公司咨询中介机构。按照“单独计税的年终奖适用税率≤综合所得适用税率一个税率级次”和“股票期权与综合所得适用税率相同”原则，公司采用约定每年发放固定股息、红利的方式，将一部分工资薪金所得转化为股息、红利，其余部分仍然按年终奖、股票期权和工资薪金的组合方式发放（组合中各部分均为 42 万元），使得年终奖、股票期权和工资薪金的适用税率均为 25%。

重新设计后，张先生每年的股息、红利收入 = 200 - 6 - 5.8 - 3.2 - 42 × 3 = 59（万元），年终奖和股票期权均为 42 万元，其他以工资薪金形式发放金额 57 万元。

股息、红利应纳税额 = 590 000 × 20% = 118 000（元）

年终奖应纳税额 = 420 000 × 25% - 2 660 = 102 340（元）

股票期权应纳税额 = 420 000 × 25% - 31 920 = 73 080（元）

综合所得应纳税额 =（57 - 6 - 5.8 - 3.2）× 25% × 10 000 - 31 920 = 73 080（元）

综上，张先生个人所得税年度应纳税额 = 118 000 + 102 340 + 73 080 + 73 080 = 366 500（元），和最初的设计相比，节约税款 = 444 750 - 366 500 = 78 250（元），税负率 = 366 500 ÷ 2 000 000 - 18.33%。

(5) 投资方案：

方案一：直接投资。

房产税 = 3 000 000 ×（1 - 30%）× 1.2% = 25 200（元）

房产投资所得按利息、股息、红利所得征收个人所得税，应纳税额为：

应纳税额 = 300 × 10% × 20% = 6（万元）

合计应纳税额 = 25 200 + 60 000 = 85 200（元）

方案二：出租。

增值税 = 300 000 ÷（1 + 5%）× 5% = 14 285.71（元）

应纳城建税、教育费附加及地方教育费附加 = 14 285.71 ×（7% + 3% + 2%）
= 1 714.29（元）

房产税 = 3 000 000 × 12% = 36 000（元）

个人所得税 =（300 000 - 14 285.71 - 1 714.29 - 36 000）×（1 - 20%）× 20%
= 39 680（元）

合计应纳税款 = 14 285.71 + 1 714.29 + 36 000 + 39 680 = 91 680（元）

综上，直接投资更加合适。

综合素养提升

【时政素材】

党的二十大报告在“完善分配制度”部分明确指出：“完善个人所得税制度，规范收入分配秩序，规范财富积累机制，保护合法收入，调节过高收入，取缔非法收入。”

2022 年中共中央、国务院印发的《扩大内需战略规划纲要（2022—2035 年）》强调：“加大财税制度对收入分配的调节力度。健全直接税体系，完善综合与分类相结合的个人所得税制度，加强对高收入者的税收调节和监管。”

【学思践悟】

1. 请你运用所学税务规划知识，谈谈我国个人所得税制度的收入再分配效应。

2. 请假设不同的收入水平，并计算 2019 年 1 月 1 日新个税法实施前后的个人所得税有何变化，这些变化对你有何启发？

思考与拓展

阅读以下材料，思考这些税收优惠政策可以反映的政策导向信号是什么？选取合适的角度，为自己或家庭的理财规划设计税收优惠方案。

阅读材料 1：

房屋互换由多付方按差额缴纳契税；如果个人采用房屋互换方式交易，则还可以享受以房换房的契税优惠。根据契税相关规定：土地使用权交换、不动产交换，交换价值不相等的，由多交付货币、实物、无形资产或者其他经济利益的一方缴纳税款；交换价格相等的，免征契税。

阅读材料 2：5 月 1 日养老金又出新规，购买商业养老保险可减免个人所得税。

阅读材料 3：《国家税务总局关于落实支持个体工商户发展个人所得税优惠政策有关事项的公告》

5 月 1 日养老金又出新规，购商业养老险可减免个税

国家税务总局关于落实支持个体工商户发展个人所得税优惠政策有关事项的公告

第三部分 项目考核与评价

项目练习题

一、单项选择题

1. 按照税收能否转嫁，税种可以分为（　　）。

①直接税；②中央税；③财产税；④间接税

A. ①②　　B. ②③　　C. ①④　　D. ②④

2. 纳税人进行税务规划的基本方法不包括（　　）。

A. 避税筹划　　B. 税负转嫁筹划　　C. 纳税期的递延　　D. 税收负担的逃避

3. 根据个人所得税法律制度的规定，下列各项中，不属于专项扣除的是（　　）。

A. 大病医疗支出　　B. 基本养老保险　　C. 基本医疗保险　　D. 住房公积金

4. 王先生在2019年3月工资薪金收入7 200元，国债利息收入500元，国家发行的金融债券利息收入400元，教育储蓄存款利息收入200元，则王先生应纳所得税（　　）元。

A. 66　　B. 195　　C. 205　　D. 255

5. 刘先生获得一笔劳务报酬，如果他通过民政部门向贫困山区捐款，按个人所得税法规定，计算个人所得税时可以扣除应纳税额的（　　）。

A. 30%　　B. 20%　　C. 15%　　D. 10%

二、多项选择题

1. 税收的特征为（　　）。

A. 强制性　　B. 灵活性　　C. 固定性　　D. 无偿性

2. 下列关于税负转嫁的表述，正确的有（　　）。

A. 税负转嫁是纳税人为了达到减轻税负的目的

B. 税负转嫁是将税务转嫁给他人承担的经济行为

C. 税负转嫁不影响财务收入

D. 税负转嫁有可能造成国家财政收入的减少

3. 根据个人所得税法律制度的规定，下列各项所得中，属于综合所得的有（　　）。

A. 工资薪金所得　　B. 偶然所得　　C. 财产租赁所得　　D. 劳务报酬所得

三、技能操作题

请运用所学，对自己家庭进行简单的个人所得税规划（真实任务）。

1. 与父母沟通，收集你所在家庭的全部财务信息，用文字形式描述与记录，形成真实案例；

2. 分类整理真实案例中的财务信息，结合现有个人所得税法，制定合理的个人所得税优化方案。

四、素质提高题

结合现有税收政策和优惠政策，在合理假设的情况下，为自己的未来制定个人所得税优化方案。

完整版练习题，请扫描二维码获取。

项目八练习题

学习评价表

<table>
<tr><th colspan="2">学习目标</th><th colspan="2">考核方式与标准</th><th colspan="4">评价结果</th></tr>
<tr><th rowspan="2">目标类别</th><th rowspan="2">具体目标</th><th rowspan="2">考核方式</th><th rowspan="2">考核标准</th><th rowspan="2">自评</th><th colspan="2">互评</th><th rowspan="2">综评</th></tr>
<tr><th>同伴</th><th>教师</th></tr>
<tr><td>素质目标</td><td>具备对税务规划信息进行分类、整理与综合分析的信息处理能力；具备跟踪学习我国最新税收政策的能力；具备自我税务规划管控的能力</td><td>思考与拓展、素质提高题</td><td rowspan="3">分优、良、中、及格四档，详细考核标准请扫描二维码获取
项目八学习评价表</td><td></td><td></td><td></td><td></td></tr>
<tr><td>知识目标</td><td>了解我国的税收制度与体系，认识税务规划的分类与方法；了解个人所得税制度，掌握优化个人所得税方案的方法；了解我国房产交易的相关税种，掌握优化房产交易税方案的方法</td><td>项目练习题（单项选择题、多项选择题）</td><td></td><td></td><td></td><td></td></tr>
<tr><td>技能目标</td><td>掌握计算个人所得税的方法，能制定个人所得税优化方案；能制定房产交易税优化方案</td><td>任务二、三的实训题、技能操作题</td><td></td><td></td><td></td><td></td></tr>
</table>

说明：考核标准仅供参考，可根据具体情况灵活调整。

项目九　制定财富传承规划方案

家之兴替，在于礼义，不在于富贵贫贱。

——南宋　陆九渊

第一部分　项目导入

理财师工作实务

【实际工作案例】

沈女士婚后生了一个女儿，后离异。离婚后独自奋斗多年，拥有数千万资产。她以房地产的形式安排了所有的财产，并做了一个自认为很聪明的安排：考虑到对房产的控制权，她害怕房产在女儿的名下自己很难控制房产，把房产卖了她都不知道。于是就与女儿联名登记房产。即沈女士自己占1%，孩子占99%，用这种方法，孩子要卖掉房子，自己就知道，将来要交遗产税，女儿也只要交1%。

后来，女儿结婚了。沈女士为女儿和女婿又在深圳全款购买了房产作为婚房，房子挂在女儿的名下。没想到，事隔一年，女儿在深圳的一次交通事故中去世，这对沈女士的打击很大。更让她郁闷的是，她发现女婿、前夫、自己都是女儿财产的第一继承人，等于把她的财产和自己的前夫与女婿平分。对于沈女士来说，这些财富都是她自己努力挣来的，现在却要把房子分给他们，她肯定是不愿意的。那么女儿的这套房子该怎么分呢？因为女儿没有留下任何遗嘱，属于遗产，按照《中华人民共和国民法典》的规定来执行：法定第一顺位继承人平分。

如果你是理财师，应该如何正确帮助沈女士呢？

【理财师分析】

1. 沈女士家庭财富的传承方式欠考虑。房产作为财富传承，需要谨慎考虑。
2. 沈女士对财产的控制权、所有权和收益权的处理不够完善。
3. 家庭财富传承规划非常重要。接下来韩梅梅需要运用专业知识，为客户家庭制定一份财富传承规划方案。

理财师工作任务

财富代际传承一直是家庭理财规划的一个重要内容。在本项目中，理财师的主要任务是：

第一步：与客户沟通，了解客户财富传承的需要；

第二步：熟悉《中华人民共和国民法典》中婚姻家庭编与继承编的相关法律知识；

第三步：掌握家庭财富传承的几种方式；

第四步：针对客户的不同情况，选用一种或多种方式为客户家庭制定财富传承规划方案。

第二部分　项目学习

学习任务概述

在财富传承过程中，理财师需要基于委托人的意愿，通过运用相关工具、方法安排，有效降低债务、税务、财产所有权变更等因素带来的财富损失，以财产保值为目标实施财产分配。本项目主要是让学习者能够全面分析客户家庭的财富需求，在了解遗产的界定、遗产的继承等相关法律的基础上，帮助客户制定财富传承规划方案。

学习目标

目标类型	目标要求
素质目标	具备全面分析问题的能力；了解财富传承的作用和内容，具备及早做好财富传承规划的意识；树立弘扬中华民族优良传统、建设和谐美满幸福家庭的意识
知识目标	了解财富传承的功能和内容，了解遗产的界定，掌握相关的法律规定，能够掌握遗产继承的两种方式。掌握财务传承规划的两种主要工具：人寿保险和家族信托，能够明确区分二者的优缺点，并针对不同的客户，提供不同的财富传承规划方案

续表

目标类型	目标要求
技能目标	能够明确区分遗产的范围，对不同的财产界定其法律范围，能够掌握遗产传承的相关规定，掌握法定继承和遗嘱继承的相关规定，能够利用人寿保险或者家族信托以及遗嘱为客户制定财富传承规划方案

学习导图

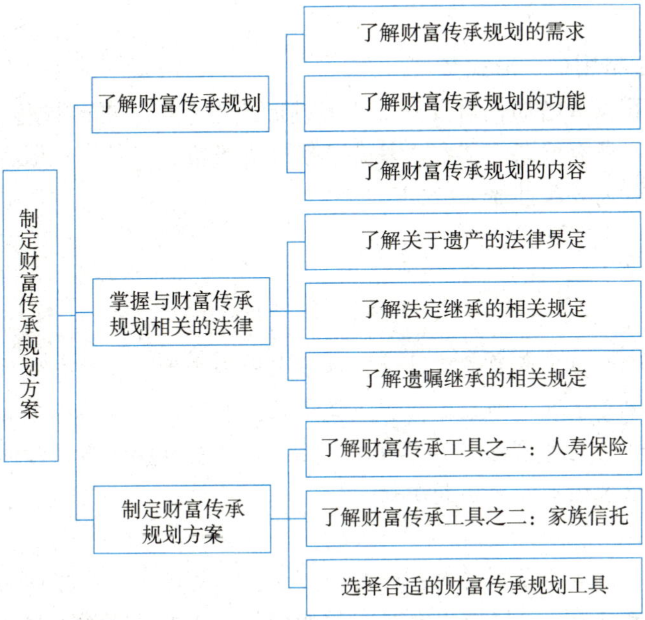

任务一　了解财富传承规划

训练一　了解财富传承规划的需求

知识要点

一、财富传承规划的内涵

财富传承规划是指基于委托人的意愿，理财师通过运用相关工具、方法，有效降低债务、税务、财产所有权变更等因素带来的财富损失，以财产保值为目标实施财产分配。

二、财富传承规划的需求及现状

财富传承规划的需求历来有之，只是近年来越来越多的人意识到它的重要性，而且更多时候需要借助专业人士进行专业规划。

（一）个人财富逐步积累

我国居民的个人财富伴随着国家经济的发展逐渐积累。正因为“有财富可传”，财富传承越发得到重视。以前，由于个人财富较少，身后事处理起来相对简单容易，纠纷也较少。但随着个人财富的增加，个人拥有的、有待传承的财产种类和数量也越来越多，理财市场中有关财富传承规划的需求伴随着个人财富的积累越来越强烈。

（二）遗产分配纠纷频发

在西方国家，人们为了财富传承提前订立遗嘱是一种很普遍的行为，大多数中产阶级在步入中年时都立有遗嘱，并且会根据实际情况按实际需要定期修改。但在我国，通过订立遗嘱进行财富传承规划的习惯并未形成，人们并不习惯通过遗嘱、信托等手段提前对遗产进行规划，导致继承者之间很有可能因财产继承发生争执，甚至对簿公堂。近些年来，我国遗产继承纠纷频繁出现。

（三）财富分配范围广、形式多

随着人们财富积累的增加，财富分布范围或形式也更广、更多样化，遗产形式除现金、银行存款和房产外，还有股票、债券、基金、信托等投资，以及企业股权等。身后这些遗产的处置或分配，无疑需要事前做充分的考虑和规划。

技能训练

【案例】

张晓方是独生子女，父亲多年前过世，母亲也因病去世，父母去世后留下一套房产，晓方在父母去世后想把房子过户到自己名下，但是过户的时候，工作人员告知其不能继承这套房产，作为独生子女的晓方觉得很不可思议。为什么她不可以继承父母的遗产？工作人员解释，这个遗产的继承人还有其大伯和小姑。

【案例分析】

理财师经过与晓方沟通了解得知：晓方的父亲去世的时候，晓方的奶奶还在世，因此父亲的遗产继承人有晓方妈妈、晓方以及晓方的奶奶，后晓方的奶奶去世，那么属于奶奶的部分，由大伯、小姑和晓方来继承；晓方的父亲并没有遗嘱。

在这个案例中，存在的主要问题有两个：一是对遗产的财产权属不清晰，对遗产继承的相关规定不了解；二是没有提前立好遗嘱。

实训活动

（1）思考一下，对于家庭并不富裕的客户是否需要立遗嘱？为什么？

（2）讨论一下，如果立遗嘱，遗嘱应该涵盖哪些内容？

训练二　了解财富传承规划的功能

知识要点

财富传承规划是一整套根据传承人特有的财务状况、意愿，结合家庭成员或社会财务安排的需求，量身定制的周密的法律与财务操作方案。

一、财富传承规划的功能

（一）避免遗产继承纠纷

受到我国传统文化的影响，我国居民在财富继承和财富保障方面的意识并不强，也不习惯通过财富传承规划方案有效进行遗产分配，一旦客户遭遇疾病等意外去世后，很容易出现财富继承纠纷，使财富创造和积累中断，并伴随重大经济损失。未雨绸缪、提前制定财富传承规划方案有利于解决这一问题，并维持家庭和睦和社会安定。

（二）维持家庭成员生活质量

在财富传承的过程中，法律默认的分配方案往往与财富持有人的实际个人意愿有较大分歧。因此，财富持有人可以通过选择合理的工具或方法，来保障法律上弱势继承方的权利。制定周密的财富传承规划方案可以保障部分家庭成员未来的生活质量，家庭成员之间的关系也不至于因突发的财产争夺而变得紧张，有利于家庭和谐。

（三）降低财富损失风险

俗话说"富不过三代"。部分富裕群体的子女由于生活条件优越，很多时候不仅不能继续创造财富，而且有可能快速消耗掉家庭积累的财富。一份合理的财富传承规划方案可以保证家族的后代能够持续稳定地获得基本的生活保障以及充足的生活、教育等经费，而不必担心因下一代家族掌舵人的经营失误使得整个家族陷入生活困境。

二、财富传承规划的其他作用

对提供财富传承规划服务的机构来说，为客户制定财富传承规划方案能够丰富金融机构和理财师的专业服务内容，提升专业形象，加强客户关系。

（一）增加客户黏性，沉淀长期金融资产

通过制定财富传承规划方案，使得客户的资金可以长期沉淀在本机构体系内，实现客户与金融机构的双赢。

（二）维护客户关系，实现长期合作

通过监督财富传承规划方案的执行，理财师可以更频繁、更合理地与财富继承人接触，避免财富实际控制人变换后流失客户资产。

（三）提升专业形象

理财师为客户制定符合其需求的财富传承规划方案，有助于增加客户对银行及理财师的信任，对提升专业形象大有助益。

技能训练

【案例】

张先生的女儿六年前嫁给钱先生，当时张先生并不满意，因为对方家境不好，能力一般，但是心疼女儿的张先生最终同意二人结婚，给女儿陪嫁199万元，希望女儿能够幸福。婚后夫妻俩换大房子，张先生又给女儿500万元，女儿结婚三年后，女婿来找张先生借钱开公司，并且承诺有钱了立马就还，张先生也希望女婿将来能够有所作为，就又给了女婿300万元，但是女婿全部亏完了。

从去年开始，女儿要和女婿离婚，因为女婿对婚姻不忠诚，闹到法院，法院判决二人离婚，财产均分，张先生得知后，非常生气，为什么对方能够分走他送给女儿的一半财产。

【操作示范】

张先生对《民法典》婚姻编的规定不熟悉，《民法典》规定，夫妻在婚姻关系存续期间继承或赠予所得财产，归夫妻共同所有。但是遗嘱或赠予合同中确定只归于夫或妻一方的，为夫妻一方的财产。张先生在赠予女儿财产的时候并没有特别说明，另外，借给女婿的300

万元，也没有写借条，女婿也不会承认是借的。

那么怎样做才可以避免以上情况呢？理财师有两点建议：

（1）父母在赠予子女财产的时候，与子女签订赠予协议，子女向父母提出借款需求的时候，应该订立借据，父母掌握主动权，子女借款还与不还，都控制在自己手中。

（2）如果父母要赠予子女财产，保障子女生活，可考虑其他金融工具，而不仅仅是直接给现金。

实训活动

思考如果张先生要保障女儿的婚后生活财力，还有没有其他的方式？

训练三　了解财富传承规划的主要内容

知识要点

财富传承规划的主要内容包括三个方面：计算和评估客户的财产价值、决定财富传承的具体目标、制定财富传承规划方案。

一、计算和评估客户的财产价值

国内成熟的家庭一般都有自住房，目前房子的价值往往占普通家庭的很大比重，除去房子之外，大多数家庭拥有存款、股票、汽车等财产，高净值人群还拥有公司股权、古玩收藏等多种财产。理财师在进行财富传承规划之前，应当对种类繁多的财产进行全面梳理。

二、决定财富传承的具体目标

进行财富传承规划的一个优点是可以不简单按照法定继承来分配财产。一个优秀的财富传承规划方案，可以在体现财富持有人意志的同时，维护客户的家庭和谐。

理财师应与客户明确财富传承的具体目标，也就是帮助客户在其去世或丧失行为能力后分配和安排其资产和债务。首先，要考虑其直接债务的偿还；其次，要包括客户的长期责任，主要包括：为受赠的扶/抚养人留下足够的生活资源、为有特殊需要的受益人提供资产保障、家庭特殊资产的继承、其他需要（保证家庭和睦、遗产代代相传等）。

三、制定财富传承规划方案

理财师应该在了解《民法典》继承编相关规定的基础上，根据客户的意愿，通过法定继承、遗嘱继承、人寿保险、家族信托等工具的应用，帮助客户制定传承规划方案，必要时还可咨询法律专业人士的意见。

任务二　掌握与财富传承规划相关的法律

知识要点

目前，在我国现行法律框架下，法定继承和遗嘱继承是遗产继承的两种重要形式。

训练一　了解关于遗产的法律界定

一、遗产的含义

遗产是指自然人死亡时遗留的个人所有财产和法律规定可以继承的其他财产权益，既包括积极遗产又包括消极遗产。积极遗产指死者生前享有的财物和可以继承的其他合法权益，如债权和财产权益等；消极遗产指死者生前所欠的个人债务。

2021 年 1 月 1 日起实施的《民法典》对遗产继承做了新的详细规定，为遗产继承提供了强有力的法律保障。《民法典》规定，遗产是自然人死亡时遗留的个人所有合法财产。只要是自然人合法取得的财产，都属于遗产，都可以被继承，包括网络财产、虚拟货币等。

Tips

遗产的具体范围

二、遗产的分配原则

（一）遗嘱优先于法定继承

法定继承和遗嘱继承是两种不同的继承方式，从效力上说，遗嘱继承的效力优先于法定继承。我国《民法典》第 1 123 条规定：“继承开始后，按照法定继承办理；有遗嘱的，按照遗嘱继承或者遗赠办理；有遗赠扶养协议的，按照协议办理。”因此，如果留有遗嘱，首先应按遗嘱继承方式分割被继承人的财产。

（二）继承权男女平等原则

首先，同一顺序的继承人不论男女，他们的继承权都是平等的，不因性别不同而权利不同；其次，在遗嘱继承中，无论男女都有权按照自己的意愿设立遗嘱处分自己的财产；同时，遗嘱继承人也不因性别不同而权利不同；再次，在代位继承和转继承问题上男女平等。最后，夫妻在继承上有平等的权利，有相互继承遗产的权利。

（三）法定继承中实行优先顺位继承

我国《民法典》明确规定了法定继承人的继承顺序，第一顺序继承人排斥后一顺序的继承人。当被继承人有第一顺位继承人存在时，先由第一顺序继承人继承，只有在没有第一顺序继承人或者他们全部放弃或丧失继承权时，第二顺序继承人方能继承。

（四）同一顺序继承人原则上平均分配

同一顺序的法定继承人在继承遗产时，一般情况下，应当按继承人的人数平均分配遗产数额。但经继承人协商同意也可以不均等，同时，《民法典》继承编也规定了几种可以多分或者少分的情况。

（五）照顾分配

对生活有特殊困难又缺乏劳动能力的继承人，分配遗产时应当予以照顾。这是照顾型的不均等。属于这种特殊情况的继承人，必须同时具备“生活有特殊困难”和“缺乏劳动能力”两个条件。继承人虽有特殊困难但有劳动能力，或者虽缺乏劳动能力但生活并无特殊困难的都不在照顾之列。

（六）鼓励家庭成员及社会成员间的扶助

根据《民法典》，丧偶儿媳对公婆、丧偶女婿对岳父母，尽了主要赡养义务的，作为第一顺序继承人；对被继承人尽了主要扶养义务或者与被继承人共同生活的继承人，分配遗产时，可以多分。有扶养能力和有扶养条件的继承人，不尽扶养义务的，分配遗产时，应当不分或者少分。

三、遗产的处理方式

《民法典》第1 161条规定：“继承人以所得遗产实际价值为限清偿被继承人依法应当缴纳的税款和债务。超过遗产实际价值部分，继承人自愿偿还的不在此限。继承人放弃继承的，对被继承人依法应当缴纳的税款和债务可以不负清偿责任。当获得继承权后，继承人应当先用被继承人所留下的遗产清偿其生前的债务及各项税款，若这些费用高于遗产价值，可以由继承人决定是否偿还。”

但需注意的是，限定继承只适用于死者生前应当缴纳的个人税款和债务。凡属于家庭共同欠下的债务和税款，即死者生前出面，以死者名义欠下的家庭共同债务或税款，应当由家庭全体成员承担，不适用限定继承原则。

技能训练

【案例】

欧阳女士和丈夫结婚后生了两个儿子一个女儿，大儿子在一家化工厂上班，和妻子另购房产生活，二儿子智力不健全，一直与欧阳女士一起生活，女儿结婚后和丈夫一起居住，女儿在当地的人民医院做护士。欧阳女士和丈夫婚后购置房产现在价值200万元，另夫妻俩有存款50万元，车子价值20万元，一些珠宝首饰价值5万元，欧阳女士父母去世的时候，继承父母的遗产25万元。欧阳女士意外身故，但其生前未留下遗嘱。那么欧阳女士的遗产按照什么方式来分割呢？

【操作示范】

因为欧阳女士生前未立遗嘱，所以按照法定继承来处分其遗产，首先要界定清楚哪些财产属于欧阳女士的遗产，然后再按照法定的方式进行分割。

欧阳女士的遗产包括：婚后购置房产200万元，存款50万元，车子20万元，珠宝首饰5万元，欧阳女士继承的遗产25万元，家庭共有财产合计300万元，夫妻各一半，所以其中150万元属于欧阳女士的遗产。

按照法定继承方式，遗产应当由欧阳女士的法定继承人，也就是其丈夫、大儿子、二儿子及女儿均分，但是可以考虑给智力不健全的二儿子适当多分，以保障其生活。

训练二　了解法定继承的相关规定

知识要点

一、法定继承的解释及特征

法定继承又称为无遗嘱继承或非遗嘱继承，指全体继承人按照《民法典》规定的继承人范围、继承人顺序、遗产分配原则来继承遗产的一种继承方式。当被继承人生前未立遗嘱处分其财产或遗嘱无效时，应按法定继承的规定继承。法定继承制度直接体现了国家意志，而不直接体现被继承人的意志，只是依推定的被继承人的意思进行继承。

二、法定继承人的范围及顺位

法定继承人是指由法律直接规定的可以依法继承被继承人遗产的人，其范围即在法律上规定哪些人可以继承遗产。

（一）法定继承人的范围

（1）配偶。夫妻是最初的和最基本的家庭关系。

（2）子女（包括非婚生子女、养子女、继子女）。父母子女有着极为密切的人身关系和财产关系。《民法典》规定父母子女有相互继承遗产的权利。

（3）父母（包括生父母、养父母和形成抚养教育关系的继父母）。

（4）兄弟姐妹（包括同父母的兄弟姐妹、同父异母或者同母异父的兄弟姐妹、养兄弟姐妹、有扶养关系的继兄弟姐妹）。

（5）祖父母、外祖父母。

（6）对公婆尽了主要赡养义务的丧偶儿媳和对岳父、岳母尽了主要赡养义务的丧偶女婿。

（二）法定继承人的继承顺序

继承顺序是指法律直接规定的法定继承人参加继承的先后次序。

第一顺序：配偶、子女、父母以及对公婆、岳父母尽了主要赡养义务的丧偶儿媳和丧偶女婿。

第二顺序：兄弟姐妹，祖父母、外祖父母。

继承开始后，应由第一顺序人继承，第二顺序的继承人不能继承，在没有第一顺序法定继承人的情况下，或者第一顺序继承人全部放弃继承权或丧失继承权的情况下，第二顺序继承人才可以继承遗产。

法定继承顺序具有法治型、强制性、排他性和限定性。

Tips

代位继承和转继承的相关规定

三、法定继承的遗产分配

（一）法定继承的遗产分配原则

（1）分割遗产，应当先将夫妻共同所有财产的一半分出为配偶所有，其余的作为被继承人的遗产。

（2）同一顺序继承人继承遗产的份额，一般应当均等。

（3）遗产分割时，应当保留胎儿的继承份额。胎儿娩出时是死体的，保留的份额按照法定继承办理。

（4）具有下述几种情况在分配遗产份额上可以不均等：

①对生活有特殊困难的缺乏劳动能力的继承人，分配遗产时，应当予以照顾，照顾的目的是保障生活有特殊困难又缺乏劳动能力的继承人的生活的基本需要。

②对被继承人尽了主要扶养义务或者与被继承人共同生活的继承人，分配遗产时，可以多分。

③有扶养能力和扶养条件的继承人，不尽扶养义务的，分配遗产时不分或者少分。

④继承人协商同意的，也可以不均等。

（二）非继承人对遗产的取得

根据《民法典》第 1 131 条的规定："对继承人以外的依靠被继承人扶养的人，或者继承人以外的对被继承人扶养较多的人，可以分给适当的遗产。"可分得遗产的人是基于法律规定的可以取得遗产的特别条件，而不是基于继承权。法律之所以赋予这些人以可分得遗产的权利，是基于他们与被继承人之间存在特别的扶养关系。特别注意两种情况：继承人以外的依靠被继承人扶养的，缺乏劳动能力又没有生活来源的人；继承人以外的对被继承人扶养较多的人。

技能训练

【案例】

遗产未做早规划，亲情财物两落空

归国华侨赵先生在国外打拼多年，年老后落叶归根返回故里。其终身未婚，唯一的表弟也早已去世，没留下儿女。赵先生留下了一大笔财产：除了多处房产、大量存款，还有数件清代瓷器。由于赵先生生前没有留下任何遗嘱，赵先生表弟的外甥、女婿等就遗产继承对簿公堂。

【案例分析】

因赵先生表弟的外甥、女婿都不符合法律关于继承人的条件，依据《民法典》的规定，无人继承又无人受遗赠的遗产，归国家所有，用于公益事业。最终，赵先生财产被收归国有。

实训活动

【案例】

单身的林女士收养了养子林平川。多年后，林平川不幸病逝，留下了妻子小景和女儿晓薇。又过了几年，林女士也因意外事故身亡，留下一处房产与现金十多万元，并没有设立遗嘱。已知林女士的父母早已不在，除了养孙女晓薇外，就只有弟弟一个亲人了。

【实训任务】

在案例所述的情况下，该由谁来继承林女士的遗产呢？

训练三　了解遗嘱继承的相关规定

知识要点

遗嘱继承是指于继承开始后，继承人按照被继承人生前所立的合法有效的遗嘱进行继承的一种继承制度。遗嘱继承中所指定的继承人根据遗嘱中对其所应当继承的遗产种类、数额等规定，继承被继承人的遗产。其中，立遗嘱的人叫遗嘱人，根据遗嘱规定有权继承被继承人遗产的法定继承人叫遗嘱继承人。

一、遗嘱继承的特征

（1）发生遗嘱继承的法律事实构成包括两个方面，即被继承人的死亡和被继承人生前立有合法有效的遗嘱。遗嘱是一种单方法律行为，只要有遗嘱人一方的意思表示即可成立，不需征得他方的同意。遗嘱继承还需有被指定的遗嘱继承人接受继承的意思表示。

（2）遗嘱直接体现了被继承人的意愿。在遗嘱继承中，继承人、继承人的顺序、继承人继承的遗产份额或者具体的遗产都由被继承人在遗嘱中指定。

（3）遗嘱是遗嘱人独立的民事行为。

（4）遗嘱是于遗嘱人死亡后才发生法律效力的民事行为。

（5）遗嘱的撤回性，遗嘱人可以随时变更或者撤销遗嘱。

二、遗嘱继承的适用条件

在被继承人死亡后，只有具备以下条件，才按遗嘱继承办理。

（1）被继承人立有合法有效的遗嘱。即遗嘱应当由具有遗嘱能力的被继承人做出真实的意思表示，且受益人应当具有遗嘱继承的受益资格；而从形式意义上来讲，遗嘱应当有效的存在方式及适合的见证人。

（2）遗嘱中指定的遗嘱继承人未丧失继承权，也未放弃继承权，具有继承资格。

（3）遗嘱继承不能对抗遗赠抚养协议中约定的条件。遗赠是指公民以遗嘱方式将个人财产赠给国家、集体或者法定继承人以外的人，而于其死亡时发生法律效力的民事行为。

三、遗嘱的形式与见证

《民法典》规定了 7 种有效的遗嘱方式：公证遗嘱、自书遗嘱、代书遗嘱、录音遗嘱、口头遗嘱、录像遗嘱和打印遗嘱。

（一）公证遗嘱

公证遗嘱是指经过公证机关公证的遗嘱，这是最为严格的遗嘱方式，更能保障遗嘱人意思的真实性，是证明遗嘱人处分财产的意思表示的最有力最可靠的证据。

Tips

办理公证遗嘱的程序

（二）自书遗嘱

自书遗嘱是指遗嘱人亲笔书写的遗嘱，除了内容之外，须签名、注明时间和地点。这种方式简便易行，可以保证内容真实，便于保密。

Tips

自书遗嘱的制作要求

（三）代书遗嘱

代书遗嘱是指遗嘱人自己不能书写遗嘱或者不愿亲笔书写遗嘱，可由他人代笔制作书面遗嘱。代书遗嘱应当有两个以上见证人在场见证，由其中一人代书，注明年、月、日，并由代书人、其他见证人和遗嘱人签名。

（四）录音遗嘱

录音遗嘱是指以录音方式录制下来的遗嘱人的口述遗嘱。这种形式的遗嘱较口头遗嘱更为可靠，且取证方便，不需他人的复述。但是，录音带、录像带也容易被人剪辑、伪造。以录音形式立的遗嘱，应当有两个以上证人在场见证。

（五）口头遗嘱

口头遗嘱是指由遗嘱人口头表述而不以任何方式记载的遗嘱。法律对这种遗嘱方式给予了严格的限制：立遗嘱人只有处在危急的情况下，不能以其他方式设立遗嘱，才允许立口头遗嘱；应当有两个以上见证人在场见证。危急情况解除后，遗嘱人能够用书面或者录音形式立遗嘱的，所立的口头遗嘱无效。

（六）录像遗嘱

录像遗嘱是指以录像机、照相机等可以录制声音和影像的器材所录制的遗嘱人的遗嘱，这种遗嘱既可以记录遗嘱人的声音，也可以记录遗嘱人的影像，应当有两个以上见证人在场见证。

（七）打印遗嘱

打印遗嘱是指用电脑书写、用打印机打印的遗嘱。打印遗嘱要求严格，必须有两个以上见证人在场见证遗嘱形成过程，而且遗嘱人和见证人必须在每一页上签名并注明年、月、日。

四、遗嘱见证人条件

代书遗嘱、打印遗嘱、录音遗嘱、录像遗嘱及口头遗嘱应当有两个以上见证人在场见证。因为这几种形式的遗嘱相对于自书遗嘱、公证遗嘱的准确性、可靠性较低，由见证人见证可以防止遗嘱被伪造、篡改，更有助于表达遗嘱人的真实意思。遗嘱见证人是证明遗嘱真实性的第三人。见证人证明的真伪直接关系到遗嘱的效力，关系到对遗产的处置。

因此，遗嘱见证人必须具备以下条件：

（1）具有完全民事行为能力，对事物能够认识和判断自己行为的后果。

（2）与继承人、受遗赠人及与继承人、受遗赠人没有利害关系。

（3）下列人员不能作为遗嘱见证人，其证明起不到见证的效力：

①无行为能力人、限制行为能力人；

②继承人、受遗赠人；

③与继承人、受遗嘱人有利害关系的人。

五、遗嘱的内容和效力

（一）遗嘱的内容

遗嘱的内容是遗嘱人在遗嘱中表示出来的对自己财产的处分的意思，是对其财产以及相关事宜的处置、安排。应明确、具体，便于执行。遗嘱的内容应包括以下几个方面：

（1）指定继承人、受遗赠人。

（2）指定遗产的分配办法或者份额。

（3）遗嘱中可以对遗嘱继承人或者受遗赠人附加义务，即遗托。

（4）再指定继承人。再指定继承人是指遗嘱人于遗嘱中指定在被指定的继承人不能参加继承时由某人继承。

Tips

再指定继承人的相关规定

（5）指定遗嘱执行人。如未指定，不影响遗嘱的成立。

（6）其他事项。如丧事的安排要求等。

（二）遗嘱的效力

遗嘱是一种法律行为，只有具备法律规定的一定条件，才能发生法律效力。

1. 遗嘱有效

遗嘱有效就可以按遗嘱处置被继承人的遗产，实现遗嘱人的意思表示，遗嘱方可执行，称为遗嘱具有执行力。遗嘱有效须具备的条件如下：

（1）立遗嘱人在立遗嘱时必须有行为能力；

（2）遗嘱必须是遗嘱人的真实意思表示；

（3）遗嘱的内容必须合法；

（4）遗嘱的形式必须符合法律规定。

2. 遗嘱无效

不符合法定条件的遗嘱是仅具有遗嘱的外形而其实并不符合法律要求的遗嘱，这样的遗嘱无效。遗嘱无效主要有以下几种情况：

（1）无民事行为能力人或者限制民事行为能力人所立的遗嘱无效；

（2）受胁迫、欺诈所立的遗嘱无效；

（3）伪造的遗嘱无效；

（4）被篡改的遗嘱内容无效；

（5）遗嘱人以遗嘱处分了不属于自己的财产的，遗嘱的这一部分内容无效；

（6）遗嘱没有为缺乏劳动能力又没有生活来源的继承人保留必要份额的，对应当保留的份额的处分无效。

（三）遗嘱的撤回、变更

遗嘱人可以撤回、变更自己所立的遗嘱。立遗嘱后，遗嘱人实施与遗嘱内容相反的民事法律行为的，视为对遗嘱相关内容的撤回。立有数份遗嘱，内容相抵触的，以最后的遗嘱为准。遗嘱继承或者遗赠附有义务的，继承人或者受遗赠人应当履行义务。没有正当理由不履行义务的，经利害关系人或者有关组织请求，人民法院可以取消其接受附义务部分遗产的权利。

辨析财富传承的相关法律

技能训练

【案例】

许大爷请张阿姨到家里做保姆。为让张阿姨能安心留下来照顾自己，许大爷与张阿姨签了一份遗赠扶养协议，许大爷声明：张阿姨若能照顾自己终身，那么自己过世后房产与存款都由张阿姨继承。此后，张阿姨也一直尽心照顾许大爷。

过了几年，许大爷又写下多份遗嘱并公证，要将名下房产留给两个儿子。许大爷去世一个月后，他的两个儿子要求张阿姨归还父亲的房产。最终，法院判许大爷的房子归张阿姨所有。许大爷的儿子手中有最新的、法律效力最高的公证遗嘱，老人的房子为何还是归了保姆？

【操作示范】

（1）张大爷的儿子虽然持有公证遗嘱，但是张大爷的遗产却不能按照公证遗嘱来执行，因为还有遗赠扶养协议。

（2）遗赠扶养协议，是指遗赠人和扶养人之间关于扶养人承担遗赠人的生养死葬的义务，遗赠人的财产在其死后转归扶养人所有的协议。

从法律效力与执行顺序来看，遗赠扶养协议 > 遗嘱继承 > 法定继承。

（3）遗赠扶养协议与其他形式的遗嘱同时存在时，不论设立的先后顺序，都以遗赠扶养协议为准。

在这个案例中，张阿姨手中有遗赠扶养协议，并且也履行了协议规定的义务，所以她有接受遗赠的权利。

任务三　制定财富传承规划方案

训练一　了解财富传承工具之一：人寿保险

知识要点

一、人寿保险的概述

人寿保险是指主要以人的寿命为保障对象的保险，是以被保险人在保险期间生存或身故为给付保险金的条件，通常以指定受益人来完成保险合同的约定。随着保险市场的发展，将人寿保险作为实现财富传承工具的情况变得越发普遍。

二、人寿保险在财富传承中的作用

在财富传承中，人寿保险因其具有的独特功能得到了广泛的运用。

（一）人寿保险的功用特征

（1）人寿保险赔款免纳个人所得税。

（2）人寿保险金不得用于偿还被保险人破产债务，债权人不能要求债务人变现还债；人寿保单未经被保险人书面同意，不得转让或者质押。

（3）人寿保险可实现遗嘱的部分功能。

保单可以指定多名受益人，同时还可以指定受益份额和受益顺序。即便被保险人离世时未留下遗嘱，也可在一定程度上避免家庭内部的纷争。

（4）人寿保险的给付可防止财产变现带来的损失。

（二）人寿保险的注意事项

在利用人寿保险进行财富传承规划中，要注意以下几个方面的问题：

1.《遗产税暂行条例草案》并未对保险金纳税比例做详述

国外的情况是部分国家对所有寿险产品免征遗产税；但部分国家的遗产税免征范围仅限于意外险、终身寿险等保障型险种，而投资型保险产品（如万能险、投连险）中的收益部分则被视为个人所得，须征税，只有身故保障部分可免税。

2. 投保时须指定受益人

根据国外经验，在寿险产品中，只有指定保单受益人，保险事故发生时（被保险人死亡），受益人取得的身故保险金才可不被视为被保险人遗产，一般不用缴纳遗产税。但若没有明确指定受益人而是法定受益人，那当被保险人死亡后，身故保险金将根据继承法进行分配，将被视为遗产需要征税。

技能训练

【案例】

杨先生为一家上市公司高级管理人员，69 岁，其配偶为退休教授，家庭资产约 10 亿元（含股权、房产、金融资产等），有一个 35 岁独生儿子，已婚。杨先生不希望自己离世之后，巨额的家庭财产流失到家族之外。

【操作示范】

杨先生给自己投保了一份高额终身寿险，并在保险合同中明确指定小杨先生为受益人。父亲不幸去世后，小杨先生带着身份证明、保险单和死亡证明等，领取到高额保险理赔金。根据我国相关法律规定，小杨先生获得的保险金属于他的个人财产，归他个人所有，即使未来婚姻变故也不会被分割。本操作主要目的如下：

（1）规避财产继承时面临的婚姻风险；

（2）合理避税。个人所得税法规定，保险赔款免纳个人所得税。另外保险法规定，指定的保险受益人的人寿保险，保险金不属于遗产，因此不需要缴纳遗产税。

实训活动

【实训任务】

帮助“任务一　训练二　技能训练”中的张先生做一份人寿保险规划方案，帮助其实现既可以帮助女儿，又能够避免财富传承过程中出现的风险。

训练二　了解财富传承工具之二：家族信托

知识要点

家族信托是信托形式的一种，指机构受个人或家族的委托，代为管理、处置其家庭财产的财产管理方式。家族信托是实现财富传承规划及传承目标的一个重要手段。近年来，家族信托因其能实现高净值人群的财富传承规划，也逐渐被客户认可。

一、家族信托概述

信托是指委托人基于对受托人的信任，与受托人签订信托合同，将其财产所有权委托给受托人，由受托人按照委托人的意愿以自己的名义管理信托财产，并在指定情况下由受益人获得收益。而家族信托是指个人作为委托人，以家庭财富的管理、传承和保护为目的的信托，受益人一般为本家庭成员，如图 9－1 所示。

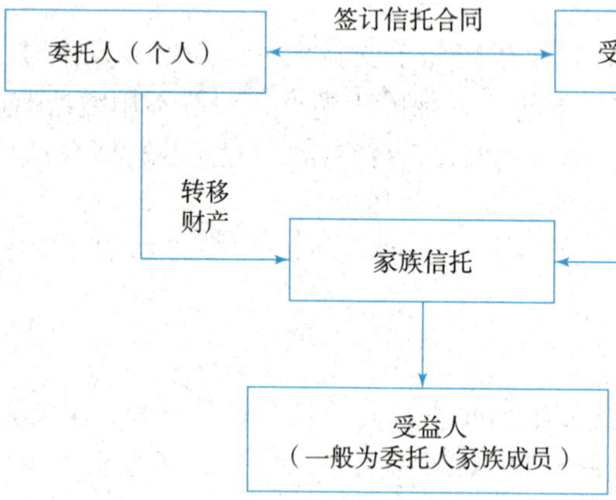

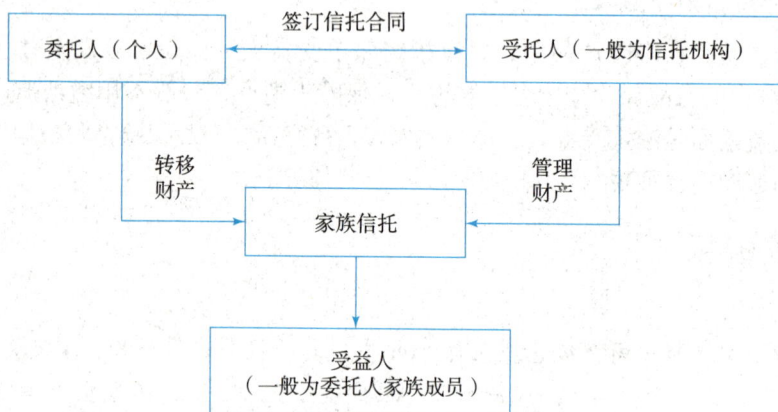

图 9－1　信托关系示意图

二、家族信托的要素

（一）委托人

委托人应当是具有完全民事行为能力的自然人、法人或者依法成立的其他组织。委托人提供财产、指定和监督受托人对信托财产的管理与运用。家族信托的委托人一般是自然人。

（二）受托人

受托人承担管理、处置信托财产的责任。受托人根据信托合同为受益人的利益持有管理信托财产。受托人必须对信托相关资料保密，履行尽责义务，遵照相关法律，为受益人的最大利益处理信托事务。机构和个人都可以单独成为受托人，也可以选择几个人或者机构共同担任。一般受托人都由独立的信托公司担当。

（三）受益人

由委托人指定，根据委托人的意愿获得相关资金和收益的分配。委托人在某些条件下，也可称为受益人。在家族信托中，受益人一般都是委托人的家族成员。

（四）监察人

为了使家族信托能够更好地依照委托人的意愿执行，家族信托的委托人可以指定可靠的人作为家族信托的监察人，监察人被委托人授予各项权利，如变更或监管受益人。监察人可以是会计师、律师或第三方机构等。

（五）投资顾问

根据信托财产的类别，家族信托可以聘请不同的投资顾问打理信托财产，使信托财产保值增值。投资顾问可以是银行、资产管理公司等。

（六）信托财产

家族信托中可持有的财产没有限制，只要该信托财产的所有权能够被转移即可。可持有的资产可以是房产、保单、股票、家族企业的股权、基金、版权和专利等。

三、家族信托的优势

（一）财富灵活传承

家族信托可以根据实际需求灵活地约定各项条款，包括信托期限、收益分配条件和财产处置方式等，如可约定受益人获取收益的条件，如“年满18周岁”“结婚”等。

（二）财产安全隔离

现实中很多私人银行客户都是多家企业的实际控制人，而且个人资产和企业资产并不能清楚区分，当企业面临债务危机时，其个人资产往往也成了债务清偿的对象。而家族信托财产是独立的，家族信托的所有权与受益权严格区分，信托财产名义上是受托人的，与委托人、受托人和受益人的其他财产隔离。因此委托人的任何变故，都不会影响信托财产的存在，受益人是通过家族信托的受益权获得利益。这样债权人也无法对信托财产进行追索，降低了企业经营风险对家族财富的影响。

（三）节税避税

家族信托将财富通过信托收益的方式传承给下一代，因信托财产的独立性（家族信托资产不列入委托人的遗产），就可以合法规避遗产税和赠予税。此外，家族信托资金委托专业的信托公司（受托人）管理、运用及分配，也可以对财富起到保值增值的作用，从而为家人留下更多资产。

（四）信息严格保密

家族信托设立后，信托财产管理和运用都以受托人的名义进行。除特殊情况外，受托人没有权利向外界披露信托财产的运用情况。而且使用家族信托时，在委托人去世前，财产已完成转移，避免了遗产认证的过程。

四、我国家族信托的发展现状

目前，我国高净值客户对于财富传承工具的需求较为迫切，国内各家商业银行及金融机构也在积极开展家族信托业务以满足高净值客户的此类需求，家族信托因其具有他益性、长期性、资产复合性以及保密性等特点，能够实现资产保值以及财富传承等功能。因此，家族信托已经成为理财师为客户解决财富传承的主要工具之一，但当前国内信托制度并不成熟，导致部分高净值客户将资产转移至境外设立家族信托，以保障家族资产可以有效传承给后代。相较于境外而言，在国内设立家族信托，由于信托财产的独立性障碍、受托人保密义务的不完善以及信托税制与信托运作原理不匹配等原因，使得境内家族信托还需要长期的发展，尤其在委托财产所有权、委托财产登记制度以及事务管理方面应不断完善。

我国的家族信托主要有以下三种模式：第一种是信托公司主导模式；第二种是商业银行

私人银行主导模式；第三种是信托公司与私人银行或者保险公司合作模式。

Tips

关于我国家族信托模式详细介绍

技能训练

【案例】

陈先生有两次婚姻，前一次婚姻育有一女，现在婚姻育有两子。长女懂事孝顺，颇得陈先生喜爱；但他又较为倚重长子的能力，希望由其继承家族产业；次子有飙车习好，目前尚慑于陈先生管教。陈先生年事已高，担心以后家庭成员争财产引发矛盾，造成家族企业股权分散，管理不善。此外，陈先生也担心次子一次性获得大笔遗产，不利于约束其行为。

【操作示范】

根据陈先生的情况，理财师建议为其设立一个家族信托：

（1）以2亿元现金资产设立信托，信托财产每月以1∶1的份额比例对长女和次子进行收益分配，长子不作为家族信托的受益人，过户给其所持有的家族企业全部股权。

（2）若次子名下车辆交通违法记录一年内超过五次，则停止分配其信托收益一年。

（3）未来长女生育时，信托财产将一次性给予其100万元作为医疗及照料基金。

【启示】

本案例适用于家庭关系复杂的情况，可平衡多次婚姻中子女、非婚生子女间的利益分配，顺利完成企业交接。

实训活动

【案例】

刘先生夫妇10多年前创办了一家制造类企业，因扩大生产需要，公司预计未来很长一段时间都将维持高负债，部分债务附有个人无限连带担保责任。夫妻双方的父母都健在，并育有一个16岁的女儿在美国读高中。刘先生夫妇担忧，一旦企业经营出现问题，现已积累的财富将被无限卷入，家人生活质量会急剧下降。刘先生希望将部分财产隔离，以保障全家人的生活无忧，如果事业出现低潮，还可以用隔离的财产东山再起。

【实训任务】

请你为刘先生设立一个家庭信托解决方案。

训练三　选择合适的财富传承规划工具

知识要点

财富传承是客户一生理财需求的重要方面，财富传承规划是理财规划不可或缺的组成部分。在客户的财富传承上，理财师需要掌握不同财富传承工具的特征和财富传承规划的原则。

一、财富传承工具比较

除了遗产继承、家族信托和人寿保险外，在国际上，个税递延型养老保险、基金会、联名账户、跨辈分贷款以及赠予都可作为财富传承的工具。表9-1逐一对比了几种传承工具。

表9-1　国际上不同财富传承工具的比较

传承工具	说明	优势	劣势
遗嘱	遗嘱人生前在法律允许的范围内按照法律规定的方式对其遗产或其他事务所做的个人安排，并于遗嘱人死亡时发生效力的法律行为	简单、为大众熟悉认可	遗嘱公证、执行耗时、昂贵，易失去家族事务的私密性和引发遗产纠纷
人寿保险	在被保险人过世时向受益人提供财务补偿，补偿金额=保险公司承保的金额+独立账户收益	不缴纳遗产税，不需要公证和支付遗嘱执行费用；独立账户可投资于股票或其他收益较高的证券；可延迟缴纳可能的投资收益税	流动性不强，难以实现更多的功能，如赡养子女、事业传承等
个税递延型养老保险	允许居民用保费抵扣当年个税，并将在退休后领取养老金时再缴纳个税。该政策可减轻居民实际税收负担	可降低个人的税收负担，若考虑通胀因素，税收负担将更加减轻	直到退休年纪才有流动性，节税效果有限
基金会	利用捐赠的财产，以从事公益事业为目的成立的组织	只要符合监管要求，可免予缴税，期限无限制	不能用于家族代际财富传承，缺乏流动性和灵活性
联名账户	由2~5名个人客户在银行开立的人民币个人存款账户，资金共用、共管	账户为共同财产，一方去世后，财产权属明晰	方式欠灵活性；不能节税；在我国目前还没有联名账号
跨辈分贷款	上辈给下一辈提供贷款或者担保	获取的净利润可规避遗产税和赠予税	缺乏灵活性，只能让下一辈人来受益，不能受益于更远的后代
赠予	赠予人将财物给予受赠人，实质是财产所有权的转移	在一定限额内可免交赠与税	在开征赠予税的国家，免税的赠予额度对富人而言远远不够。我国没有遗产税，不适用；必须考虑失去控制权的问题

不同的客户家庭情况、财务状况和财富传承的具体目标，都会影响具体传承工具的选择；对许多客户尤其是情况复杂的客户而言，往往需要借助多种财富传承工具分配身后的财产，一两种工具不能完全满足他们所有遗产处置的需求。目前我国未征收遗产税，所以在财富传承工具的选择和运用上与一些西方发达国家的做法也不一样。

二、财富传承规划的原则

理财师在做财富传承规划时，应遵循下列几点原则，力求工作的专业性和有效性。

（一）及早规划

理财师应在和客户沟通的过程中，适时提醒客户对于财富传承规划应该给予重视、提早规划。改变传统观点，建议客户40岁左右就筹划设立遗嘱，并运用其他传承工具作为补充。

（二）充分沟通

充分沟通，明确需求、目标，要让客户熟悉财富传承的相关概念、法律和可选择方法，从而做到心中有数。

（三）专业分工

设立遗嘱是律师等专业人士的职责，理财师在处理类似问题时因专业局限性，应提醒客户尽早进行此类规划，并建议客户请合格专业的人士协助，或者帮助推荐合适的律师，而非自己参与法律文书等的起草，以免引起不必要的法律纠纷。

（四）及时提醒

及时提醒和协助客户做好遗嘱执行、遗产分配等相关工作。譬如遗嘱存放地要让家人知晓，要有明确的遗嘱执行人，如果家里有未成年孩子，要指定监护人等。

（五）定期更新

订立了合法遗嘱也不会从此一劳永逸，在遇到家庭重大变故或每过5年左右，必须提醒客户结合当时环境对遗嘱和遗产规划进行重新审阅和修订。

理财规划是一生的事务，理财师的宗旨也是能通过自己的专业能力和优秀的服务让客户信任满意，做客户的终身理财顾问，为客户的一生或其家族几代人提供专业服务。

综合技能实训

父母如何将房子过户给孩子

【案例】

严先生45岁，是一个企业家，和姐姐一起经营办公耗材，公司市值3 000万元，严先生占60%的股权，妻子是一名全职太太，两人育有一个儿子，已18岁，准备读大学，严先生在市中心有一套房子，价值1 000万元，同时还在郊区购买了一栋别墅，价值500万元，持有股票、债券、基金等金融资产800万元，还在境外购买了100万美元的资产，随着经济形势的变化，严先生担心如果公司经营有问题，会把辛苦半辈子的钱都赔进去，还会影响孩子的发展。因此他寻求理财师的帮助。

【操作示范】

第一步：分析客户财富传承的需求。严先生希望能把财富传承至下一代，需要做财富传承规划。其财产有公司股权1 800万元，房产1 500万，金融资产800万元，境外资产100万美元。

第二步：制定财富传承规划。

用严先生的500万元金融资产设立一个境内信托，严太太为受益人，可以每年从信托里领取收益，保障家庭生活的需要。用100万美元成立一个境外信托，计划严先生的儿子在国外读大学和研究生，设定其子为境外信托的受益人，以境外信托的投资收益来支付其学费和生活费。

建议严先生购买一定的保险，除了必要险种外，投保终身寿险200万元，受益人可以是妻子或者儿子或者两人按比例受益。

严先生儿子学成归国后，严先生可安排儿子接班，按年慢慢转移股权给儿子，如果将来国内可以接受股权信托，也可以成立信托，以防儿子不愿意接受家业，或者经营能力不足。

严先生应预立遗嘱，安排其他资产的分配，例如房产、股权等（属于严先生遗产部分的房子和股权可交给妻子和儿子来继承）。

【实训任务】

请同学们参照以上操作示范，完成以下实训任务。

客户刘先生今年50岁，是国内一位房地产企业家，虽然总资产体量较大，但同时也有较高的债务。刘先生有一个儿子还未成年，另外有一个非婚生女儿。

刘先生希望对财富传承进行合理规划，其主要诉求如下：

（1）财富保全，不希望资产被债务侵蚀。

（2）根据意愿分配资产，同时能照顾到非婚生女儿，不希望将来子女因为遗产对簿公堂。

（3）照顾未成年子女，不希望子女一次性获得大额资产，未来挥霍或被其他人骗取财产。

综合素养提升

【时政素材】

党的二十大报告在第八部分“推进文化自信自强，铸就社会主义文化新辉煌”中提到：“实施公民道德建设工程，弘扬中华传统美德，加强家庭家教家风建设，加强和改进未成年人思想道德建设，推动明大德、守公德、严私德，提高人民道德水准和文明素养。”家庭和睦则社会安定，家庭幸福则社会祥和，家庭文明则社会文明。

【学思践悟】

1. 请你运用所学财富传承规划理论，谈谈制定财富传承规划方案对家庭和谐有什么帮助。

2. 请阅读《民法典》家庭婚姻编与继承编，讨论《民法典》的出台对家风建设有什么促进作用。

思考与拓展

阅读材料《财富传承的三个故事》，思考财富传承的必要性，并为自己或自己所在家庭制定一份财富传承规划方案。

财富传承的三个故事

第三部分　项目考核与评价

项目练习题

一、单项选择题

1. 下列（　　）不是财富传承的工具。

A. 遗嘱　　B. 遗赠扶养协议　　C. 家族信托　　D. 投资基金

2. 钱先生在与李女士结婚前，首付 50 万元，贷款 80 万元购买房屋一套，婚后二人就贷款部分共同还贷，目前已还清，房子目前市值 260 万元。钱先生婚后与他人合资开办了一家有限责任公司，钱先生出资 100 万元，占 40% 的股份，在钱先生去世的时候，股份价值已增至 200 万元。钱先生的遗产金额一共有（　　）万元。

A. 230　　B. 460　　C. 280　　D. 230

3. 下列（　　）不是李先生的遗产。

A. 李先生的房屋　　B. 李先生的千亩果园

C. 李先生的存款　　D. 李先生承包的村里的林地

4. 赵先生有一套房子，妻子已经过世，有一个儿子在外地居住，居委会安排了义工小王定期探望他，小王对赵先生很好，赵先生为表感激，跟小王约定，如果小王继续照顾他，并帮他办好身后事，就把这套房子送给他，后来小王的女朋友对小王总是照顾赵先生很生气，小王就不再去了。赵先生去世后，小王来主张继承房子，赵先生的儿子不同意，说房子按法定继承，小王拿出了跟赵先生的约定，请问该房子按什么继承？（　　）

A. 法定继承　　B. 遗嘱继承

C. 按遗赠扶养协议继承　　D. 赵先生儿子和小王平分

5. 老丁有一子一女，女儿去世以后，老丁的女婿依然按月给老人抚养费，并且经常探望老人。老丁的儿子和老伴儿都在前年已经去世了，留下一个儿子，老丁去世后，老丁的遗产应由（　　）继承。

A. 老丁的孙子　　B. 老丁的女婿　　C. 老丁的儿媳妇　　D. 老丁的孙子和女婿

二、多项选择题

1. 财富传承规划的功能是（　　）。

A. 避免遗产继承纠纷　　B. 维持家庭成员的生活质量

C. 降低财富损失风险　　D. 降低税收风险

2. 家族信托的功能是（　　）。

A. 财富灵活传承　　B. 财产安全隔离　　C. 节税避税　　D. 信息严格保密

3. 人寿保险的功能是（　　）。

A. 人寿保险赔款免纳个人所得税

B. 人寿保险金不得用于偿还被保险人破产债务，债权人不能要求债务人变现还债；人寿保单未经被保险人书面同意，不得转让或者质押

C. 人寿保险可实现遗嘱的部分功能

D. 人寿保险的给付可防止财产变现带来的损失

三、技能操作题

陈先生42岁，是南方一家工厂的企业主，经过多年经营，企业发展不错，目前市值5 000万元，陈太太方怡没有工作，在家里照顾孩子陈晨，陈晨今年14岁，读初中二年级，学习成绩不错，将来希望做一位画家，对经营管理企业不太感兴趣。目前陈先生家有房产2套，价值1 200万元，投资的各种金融资产900万元，有股票、债券、私募基金等工具，另外陈先生夫妻打算送孩子去国外读书，所以预先购买了100万美元的资产。请你根据所学，帮助陈先生的家庭制定财富传承规划方案。

四、素质提高题

请同学们根据自己所学，为身边的人制定一份财富传承规划方案，帮助身边的人提高预先订立遗嘱的意识。

完整版练习题，请扫描二维码获取。

项目九练习题

学习评价表

<table>
<tr><th colspan="2">学习目标</th><th colspan="2">考核方式与标准</th><th colspan="4">评价结果</th></tr>
<tr><th rowspan="2">目标类别</th><th rowspan="2">具体目标</th><th rowspan="2">考核方式</th><th rowspan="2">考核标准</th><th rowspan="2">自评</th><th colspan="2">互评</th><th rowspan="2">综评</th></tr>
<tr><th>同伴</th><th>教师</th></tr>
<tr><td>素质目标</td><td>具备全面分析问题的能力；了解财富传承的需要、财富传承的作用和内容，具备财富传承的意识，能够及早做好财富传承规划</td><td>任务一、二、三的实训题、项目练习题（素质提高题）</td><td rowspan="3">分优、良、中、及格四档，详细考核标准请扫描二维码获取
项目九学习评价表</td><td></td><td></td><td></td><td></td></tr>
<tr><td>知识目标</td><td>了解财富传承的功能和内容，了解遗产的界定，掌握相关的法律规定，能够掌握遗产继承的两种方式。掌握财务传承规划的两种主要工具：人寿保险和家族信托，能够明确区分二者的优缺点，并针对不同的客户，提供不同的财富传承规划方案</td><td>项目练习题（单项选择题、多项选择题）</td><td></td><td></td><td></td><td></td></tr>
<tr><td>技能目标</td><td>能够明确区分遗产的范围，对不同的财产界定其法律范围，能够掌握遗产传承的相关规定，掌握法定继承和遗嘱继承的相关规定，能够利用人寿保险或者家族信托以及遗嘱为客户制定财富传承规划方案</td><td>任务一、二、三的实训题、项目练习题（技能操作题）</td><td></td><td></td><td></td><td></td></tr>
</table>

说明：考核标准仅供参考，可根据具体情况灵活调整。

项目十　制定综合理财规划方案

上则富国，下则富家。贫富之道，
莫之夺予，而巧者有余，拙者不足。

——司马迁《史记》

第一部分　项目导入

理财师工作实务

【实际工作案例】

客户张文强和新婚妻子李颖莹是大学同学，目前都在广州工作，两人刚领结婚证，正筹备婚礼，计划邀请同学好友共同见证幸福时刻。最近他们遇到了一个决策难题，先买房还是先买车，于是去咨询在银行工作的师姐理财师韩梅梅，请她帮忙分析该先买房还是先买车，并帮忙规划未来的幸福生活。

【理财师分析】

新婚夫妇对未来生活有诸多美好愿望，提前做好理财规划能帮助其更好地实现愿望。当不同的愿望受制于有限的家庭资源不能同时实现时，就需要有所选择。以下是理财师给出的建议：

一是明确生活愿望，设定理财目标。婚姻是新生家庭的开始，小两口一起规划小家庭的未来，首先可以确定未来生活的愿望，以此为基础明确家庭的理财目标。对于每一个理财目标，要商量确定是否可变更，然后对全部理财目标进行优先排序。

二是制定储蓄计划，积累家庭财富。成家后，与单身期相比较，家庭的收入增加，家庭的支出也有所增加，为了实现共同的愿望，建议小两口收支统一管理，开始家庭记账，对收入和支出进行整合。确立储蓄目标，养成“先储蓄后支出”的好习惯，发挥每一分钱的效用，在不影响生活质量的前提下，有助于实现美好的愿望。

三是分析各个目标，制定规划方案。基于新婚家庭罗列的目标，综合考虑家庭的其他理财需要，明确家庭的综合理财规划目标，并分别针对每一个目标制定理财规划方案，以实现目标。

后续制定综合理财规划方案，理财师需要与客户进一步沟通，获取更多信息。

理财师工作任务

在建立信任关系的基础上，理财师的工作任务是为客户量身定制综合理财规划方案，分五步进行：

第一步：收集客户信息，明确理财目标；

第二步：分析和评估客户的财务状况。

第三步：制定并提交综合理财规划方案。

第四步：实施综合理财规划方案；

第五步：监督客户执行方案，适时修正调整方案。

第二部分　项目学习

学习任务概述

本项目综合项目一至九的内容，让学生掌握完整的理财规划业务流程，能够提供综合理财规划服务，能够为客户出具理财规划报告书。

学习目标

目标类型	目标要求
素质目标	具备整体规划的能力；具备与团队成员协作的能力；具备精益求精的工匠精神
知识目标	掌握综合理财规划的流程，掌握全生涯资产负债表的含义；理解多目标理财规划的方法；掌握理财规划报告书的基本构成
技能目标	能按照流程进行综合理财规划；能应用全生涯资产负债表计算一生的资产和负债；能运用不同的多目标理财规划方法进行理财规划；能撰写理财规划报告书

学习导图

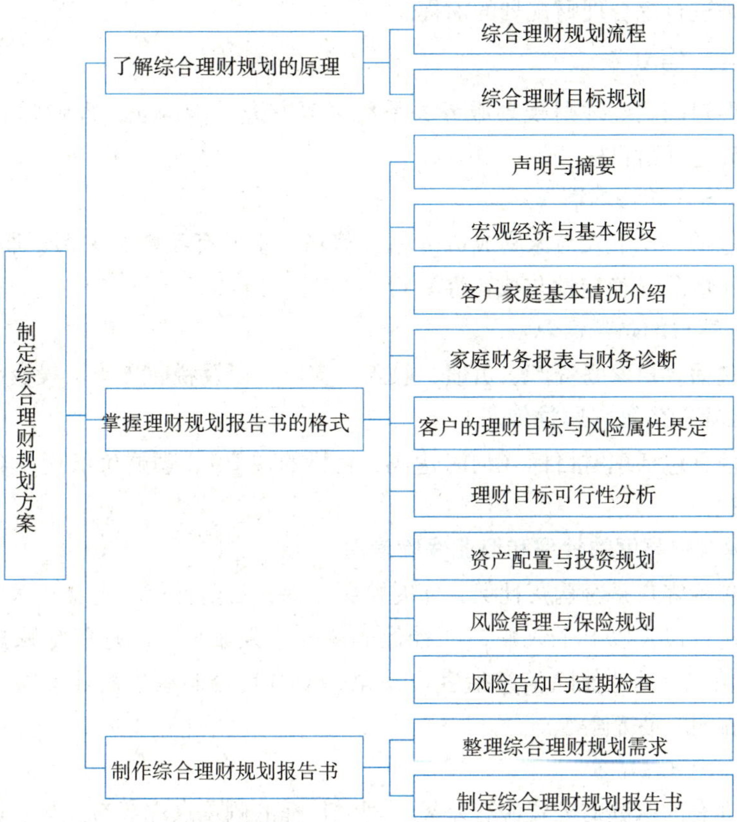

任务一　了解综合理财规划的原理

知识要点

综合理财规划服务是为客户制定一个长期计划，而不是推销特定产品。因此，理财师在为客户提供综合理财规划服务时，应当遵循规范的、周全的理财规划执业操作流程来进行。

训练一　综合理财规划流程

理财师应当遵循图 10－1 所示的六大步骤进行综合理财规划。

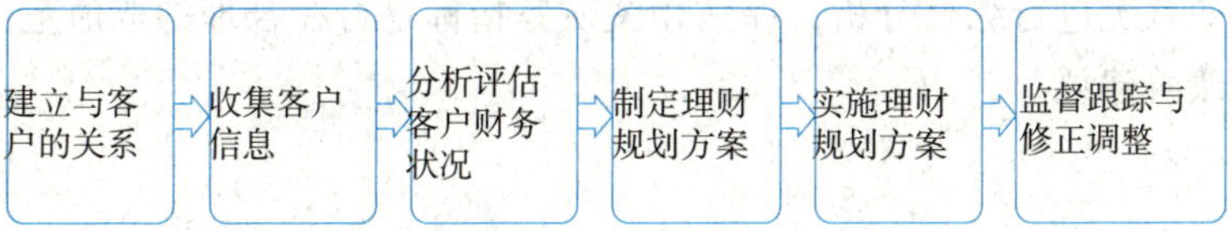

图 10－1　综合理财规划六大步骤

一、建立与客户的关系

理财师要获得客户的信任，让客户认同自己的专业能力，选择自己为其提供理财规划服务，这是理财师进行综合理财规划的前提。

二、收集客户信息

理财师与客户确定好理财规划服务关系后，双方进一步沟通，理财师收集客户理财信息，帮助客户确定理财目标。

（一）了解客户的基本信息

基本信息包括客户本人与家庭成员的相关信息，主要有年龄、关系、职业、健康状况、投资经验、工作情况（稳定性与成长性）等。

（二）了解客户的财务信息

财务信息包括客户家庭资产、负债、收入、支出，以及税收支出、投资组合情况等。

（三）了解客户的理财属性信息

理财属性信息包括理财目标（何时达成、目标的现值）、理财价值观（各目标的优先顺序）、风险偏好。

（四）了解客户家庭的社保和商业保险信息

社保信息包括客户是否购买社保，何时购买社保，目前社保养老金、医疗保险和住房公积金的缴费情况，以及以上个人账户（社保养老金个人账户、医疗保险账户和住房公积金账户）的余额情况；商业保险信息指客户及家庭成员是否购买了商业保险，购买了哪些商业保险（保险品种、保额等）。

（五）了解客户的需求

不同客户拥有的家庭财务资源有差异，理财目标的侧重点也会有差异，因此，要进行客户理财需求层次分析。通常家庭的生活水准大致可划分为基本生活水准、平均生活水准、满意水准和富足水准。如果客户的资产已经达到一辈子都花不完的层次即富足水准，那么理财规划的侧重点是财富传承；如果客户目前处于满意水准，但未来将达到富足水准，那么理财规划的侧重点是财产保护，并前瞻性考虑财富传承；如果客户目前处于平均生活水准，未来希望达到满意水准，那么理财规划的侧重点是实现资产稳定增长；如果客户目前还处在基本生活水准，那么提高风险保障能力是当务之急。

三、分析评估客户财务状况

（一）编制家庭财务报表

根据客户的财务信息，编制家庭资产负债表和家庭收支储蓄表。

（二）基于财务报表进行分析，提出诊断意见与改善建议

基于财务报表，对资产结构、负债结构、收入结构和支出结构进行总体分析，通过财务指标对家庭财务状况进行综合分析，评估相关财务指标是否在合理的取值范围，得出相应评估结果并提出改善建议。

四、制定理财规划方案

（一）选择理财规划方法

个人理财规划方法包括目标并进法、目标顺序法和目标现值法三种。

（二）制定理财规划方案

制定并向客户提交理财规划方案是综合理财规划服务的重要环节，理财师需确认客户的需求，是设计单一理财需求规划还是复合理财需求规划，是单一产品推荐还是资产组合配置。

（三）编制理财规划报告书

理财规划报告书的格式详见本项目任务二，理财规划报告书的制作详见本项目任务三。

五、实施理财规划方案

理财规划方案只有付诸实施，才能产生应有的效果并达到预期目的。理财师要与客户明确理财规划方案中需要客户执行的内容与计划，并在服务范围内为客户寻找并推荐与理财规划方案相符的产品及服务。

六、监督跟踪与修正调整

应当定期（每季或每年）检查并监督理财规划方案的执行情况，根据现实情况进行适当的修正和调整，从而确保理财目标的顺利实现。需要注意的是，理财规划注重的是长期的策略性安排，切忌短期内随意改变方向或轻易放弃原来制定的目标或方案。

训练二　综合理财目标规划

一、综合理财目标规划

（一）理财目标的实现

家庭理财目标不是一成不变的，应当根据家庭的不同阶段进行动态调整，资源分配也随之调整，以确保理财目标的实现，如图 10－2 所示。

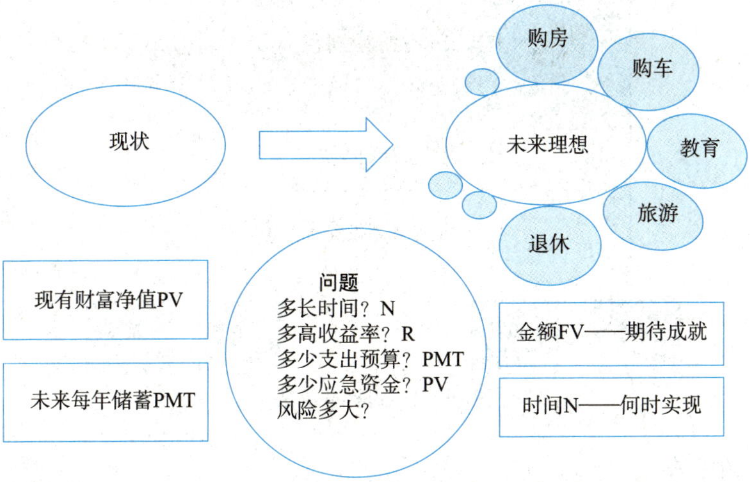

图 10－2　理财目标的实现

（二）全生涯资产负债表

如果将理财目标理解为人的一生需要承担的负债，将现在的净资产和未来获得的现金流入理解为一生的资产，由此可得到全生涯资产负债表的平衡关系。当一生的总资产大于一生的总负债时，那么家庭会给后代留下遗产；反之，则会给后代留下负债，这部分负债正好是需要通过理财规划去弥补的缺口。全生涯资产负债表如图 10－3 所示。

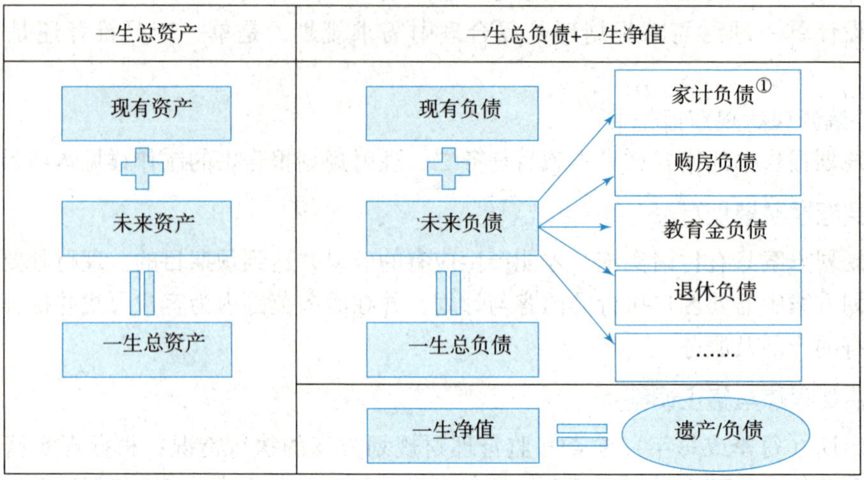

图 10－3　全生涯资产负债表

二、多目标理财规划的方法

（一）目标并进法

目标并进法的基本思路是：从现在开始，同时为所有的理财目标投入资源。早期所需的储蓄要求偏高，等到阶段性的目标满足后，往后的储蓄要求可能降低，如图 10－4 所示。

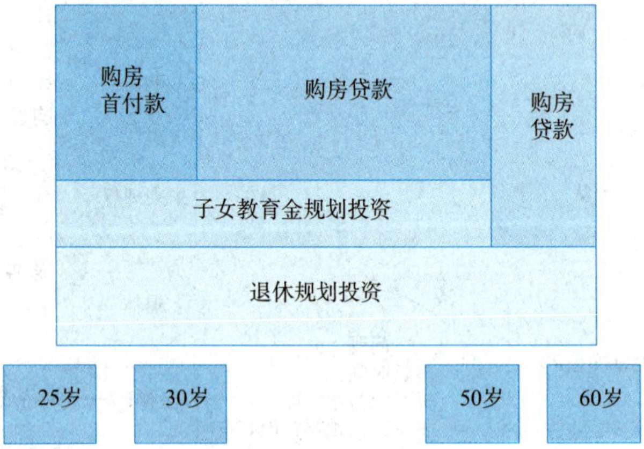

图 10－4　目标并进法

（二）目标顺序法

目标顺序法的基本思路是：在同一个时段将所有资源都用于某一个理财目标，当该理财目标实现后再将资源投入下一个目标，直至实现客户的全部理财目标，如图 10－5 所示。

① “家计负债”指家庭日常生活支出费用。

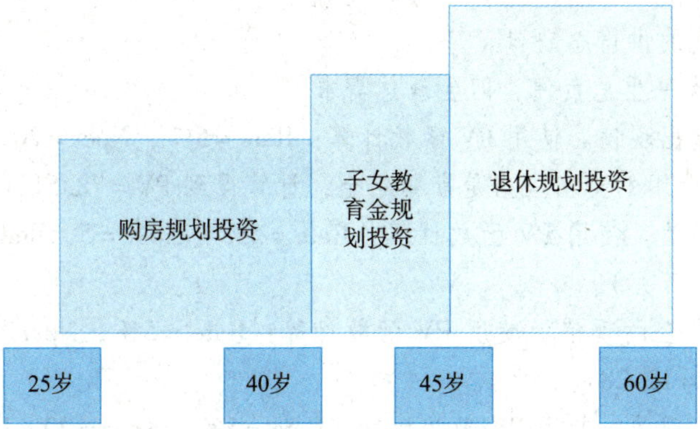

图 10－5　目标顺序法

（三）目标现值法

目标现值法的基本思路是：以现在的时间当作基准点，把所有的理财目标都折现为现值，成为总需求现值；再把所有的财务资源也折现为现值，成为总供给现值；比较总资源供给现值和总目标需求现值，当前者大于或等于后者时，理财目标可以顺利实现；否则，理财目标难以全部按时实现，如图 10－6 所示。

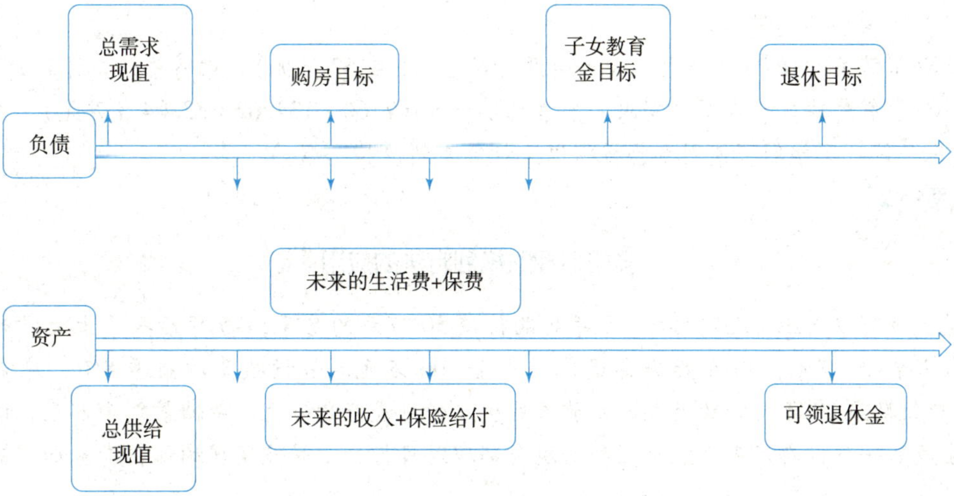

图 10－6　目标现值法

技能训练

【案例 1】

全生涯资产负债表的应用

客户张先生希望 5 年后购置价值 50 万元的房子，10 年后一共需要子女教育金 20 万元，20 年后一共需要退休金 100 万元，投资收益率 5%，现有资产 10 万元，工作期年支出 6 万元，年收入 10 万元。张先生一生的资产与负债能否实现平衡，如果不能，供需总缺口有多大？

【操作示范】

计算张先生家庭的供需总缺口。

(1) 计算张先生一生总负债，即生涯总需求。

①工作期间的支出现值。使用 PV 函数计算：Rate =5%，Nper =20，Pmt = -6，Fv =0，Type =1，注意生活费用的支出应当是期初年金，计算得到 PV =78.51（万元）。

②未来购房的现值。使用 PV 函数计算：Rate =5%，Nper =5，Pmt =0，Fv = -50，计算得到 PV =39.18（万元）。

③未来子女教育金的现值。使用 PV 函数计算：Rate =5%，Nper =10，Pmt =0，Fv = -20，计算得到 PV =12.28（万元）。

④未来退休金的现值。使用 PV 函数计算：Rate =5%，Nper =20，Pmt =0，Fv = -100，计算得到 PV =37.69（万元）。

因此，生涯总需求 =78.51 +39.18 +12.28 +37.69 =167.66（万元）。

(2) 计算张先生一生总资产，即生涯总供给。

①现有资产 10 万元。

②未来工作收入的现值。使用 PV 函数计算：Rate =5%，Nper =20，Pmt =10，Fv =0，计算得到 PV = -124.62（万元）。

因此，生涯总供给 =10 +124.62 =134.62（万元）。

(3) 计算供需总缺口。

生涯总需求（167.66 万元）大于生涯总供给（134.62 万元），供需总缺口计算如下：

供需总缺口 = 生涯总需求 - 生涯总供给 =167.66 -134.62 =33.04（万元）

（练一练：同学们可使用金拐棍将以上计算重新演算一遍。）

【案例 2】

多目标理财规划方法的应用

范先生有以下三个理财目标：5 年后购价值 50 万元的房子，15 年后孩子上大学时准备子女教育金 20 万元，30 年后准备退休养老金 100 万元。假设投资收益率 8%，房贷利率 4%，贷款期限 20 年，贷款七成。目前家庭生息金融资产 8 万元，年储蓄额 4 万元。请帮助范先生规划一下，看范先生能否顺利实现全部理财目标，如果能实现的话，资金如何安排比较合适？

【操作示范】

方法一：目标并进法。

规划思路：分别计算实现购房、子女教育金和退休养老金目标每年所需投入的资金，三者相加即为每年总投入额。

(1) 计算购房每年所需投入的资金。

①计算 5 年后需准备的首付款 =500 000 ×30% =150 000（元）。

使用 Excel 中的 PMT 函数计算，如图 10 -7 所示。

PMT（Rate =8%，Nper =5，Pv =0，Fv =150 000）=25 568（元）

②计算第 6—25 年每年需归还的房贷本利和，假设使用等额本息法还款。

使用 Excel 中的 PMT 函数计算每个月的供款额，如图 10 -8 所示。

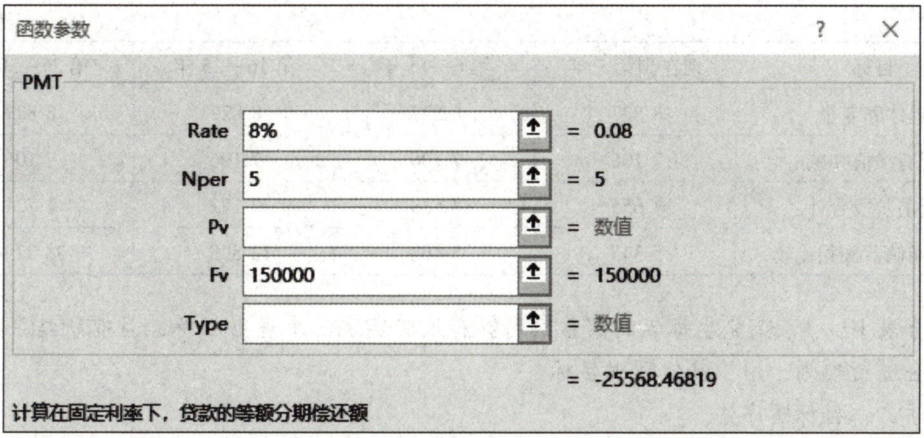

图 10－7　使用 PMT 函数计算首付款的现值

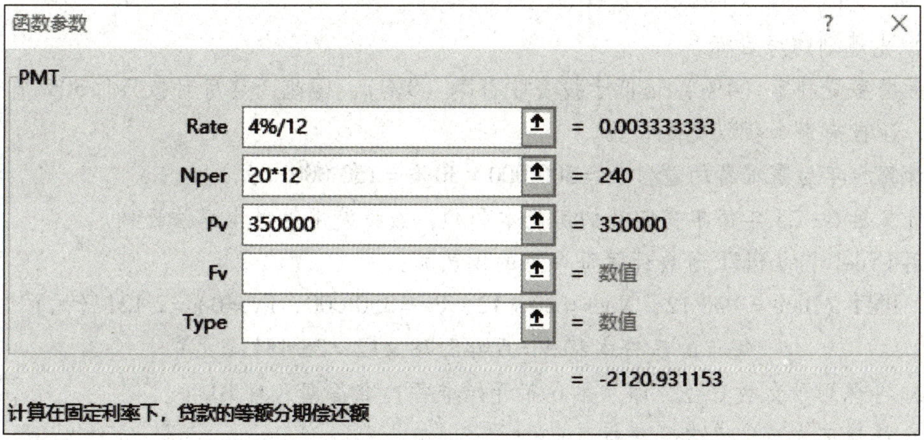

图 10－8　使用 PMT 函数计算每个月供款额

PMT（Rate＝4%/12，Nper＝20＊12，Pv＝350 000，Fv＝0）＝2 121（元）

每年的房贷本利和＝6 445. 78×12＝25 451（元）

（2）计算子女教育金每年所需投入的资金。

使用 Excel 中的 PMT 函数计算：

PMT（Rate＝8%，Nper＝15，Pv＝0，Fv＝200 000）＝7 366（元）

（3）计算退休养老金每年所需投入的资金。

PMT（Rate＝8%，Nper＝30，Pv＝0，Fv＝1 000 000）＝8 827（元）

（4）计算目前净值可扣减退休前应准备的年现金流投入额。

PMT（Rate＝8%，Nper＝30，Pv＝80 000，Fv＝0）＝－7 106（元）

范先生近 30 年所需的净现金流投入额（目标并进法）如表 10－1 所示。

表 10－1　范先生近 30 年所需的净现金流投入额（目标并进法）

目标	现在到第 5 年	第 6—15 年	第 16—25 年	第 26—30 年
购房	25 568	25 451	25 451	0
子女教育金	7 366	7 366	0	0

续表

目标	现在到第 5 年	第 6—15 年	第 16—25 年	第 26—30 年
退休养老金	8 827	8 827	8 827	8 827
现有净值扣减	-7 106	-7 106	-7 106	-7 106
当前阶段合计	34 655	34 538	27 172	1 721
与当期储蓄额相比较	5 345	5 462	12 828	38 279

综合表 10-1，范先生每年的储蓄额足够满足其实现三个理财目标，且有所结余，可将结余资金进行规划，用于其他理财目标。

方法二：目标顺序法。

规划思路：按照理财目标的时间顺序，依次完成购房、子女教育金、退休养老金的准备。

（1）先规划购房目标。

拟考虑房贷利率（4%）远低于投资收益率（8%），因此，购房时拟只付30%首付，其余贷款，让自有资金获取更高收益。

①计算 5 年后需准备的首付款 =500 000×30% =150 000（元）。

②计算第 6—25 年每年需归还的房贷本利和，假设使用等额本息法还款。

使用 Excel 中的 PMT 函数计算每个月的供款额：

PMT（Rate =4%/12，Nper =20 * 12，Pv =350 000，Fv =0）=2 121（元）

每年的房贷本利和 =6 445.78×12 =25 451（元）

（2）再规划子女教育金，即从第 6 年开始准备，准备期只有 10 年。

（3）最后完成退休养老金目标。

通过表 10-2 所示的计算，在第 30 年完成全部三个目标的资金准备后，家庭可剩余理财储备 963 327 元。

表 10-2　范先生近 30 年所需的净现金流投入额（目标顺序法）

(1) 期间	(2) 期初初始资金	(3) 年储蓄额（扣除供房）	(4) 期末家庭资金储备	(5) 期末达成目标所需资金	(6) 期末剩余理财储备	(7) 期末目标
现在到第 5 年	80 000	40 000	352 210	150 000	202 210	购房首付款
第 6—15 年	202 210	14 549	647 322	200 000	447 322	子女教育金
第 16—25 年	447 322	14 549	1 176 499	0	1 176 499	购房房贷还清
第 26—30 年	1 176 499	40 000	1 963 327	1 000 000	963 327	退休养老金

说明：(6) = (5) - (4)。

方法三：目标现值法。

规划思路：以现在的时点作为基准点，将购房、子女教育金和退休养老金的目标折现到基准点，汇总成为总需求现值；再把现有的 8 万元和未来每年年储蓄 4 万元折现到现在，成为总供给现值。如果总供给现值 > 总需求现值，则理财目标能顺利实现，否则，理财目标难以全部实现。

（1）计算总需求现值。

①计算购房目标需求的现值，使用 Excel 中的 PV 函数计算。

PV（Rate = 8%，Nper = 5，Pmt = 0，Fv = 500 000）= −340 292（元）

②计算子女教育金目标需求的现值。

PV（Rate = 8%，Nper = 15，Pmt = 0，Fv = 200 000）= −63 048（元）

③计算退休养老金目标需求的现值。

PV（Rate = 8%，Nper = 30，Pmt = 0，Fv = 1 000 000）= −99 377（元）

总需求现值 = 340 292 + 63 048 + 99 377 = 502 717（元）

（2）计算总供给现值。

计算未来每年储蓄额折现到现在的现值：

PV（Rate = 8%，Nper = 30，Pmt = −40 000，Fv = 0）= 450 311（元）

总供给现值 = 80 000 + 450 311 = 530 311（元）

因为总供给现值（530 311 元）大于总需求现值（502 717 元），说明客户可达成所有目标。

【总结】

比较三种方法，总结三种方法的适用性如下：

（1）如果客户对理财目标的实现顺序有明确要求，建议采用目标顺序法；

（2）如果客户只在乎目标本身，而不介意实现的先后顺序，建议采用目标并进法；

（3）如果客户只考虑总需求现值与总供给现值的匹配，建议采用目标现值法。

实训活动

【案例 1】

全生涯资产负债表的应用

客户单先生现有资产 20 万元，无负债，年收入 10 万元，每月开销 5 000 元，预计未来可工作 20 年。计划购房 100 平方米，每平方米 8 000 元。儿子未来上大学 4 年每年学费 15 000 元。退休后余寿 20 年，每月开销 4 000 元。

【实训任务】

假设不考虑货币时间价值，单先生一生的资产与负债能否实现平衡？如果不能，供需总缺口有多大？

【案例 2】

多目标理财规划方法的应用

汪女士有以下三个理财目标：15 年后孩子上大学，届时需要 30 万元，25 年后为孩子准备婚嫁金 30 万元，30 年后准备退休养老金 200 万元。假设投资收益率为 8%。目前家庭生息金融资产 10 万元，年储蓄额 5 万元。

【实训任务】

请帮助汪女士规划一下，看汪女士能否顺利实现全部理财目标，如果能实现，资金如何安排比较合适？请分别使用目标并进法、目标顺序法和目标现值法完成任务。

任务二　掌握理财规划报告书的格式

知识要点

一份规范的、完整的理财规划报告书（以下简称报告书），既能为客户提供完整的理财规划建议，也能较好地展现理财师的职业素质与专业能力。因此，理财规划报告书最好能遵循一定的格式，将理财师的职业道德精神与业务准则要求完美体现在报告书中。

一、声明与摘要

（一）声明

声明包括理财规划的目的与要求、专业胜任与保密条款、应披露事项三方面内容。

（二）摘要

摘要是对报告书的重点整理，当报告书篇幅较长时，有必要编写摘要，否则可不编写摘要。摘要一般包括报告书各部分的结论与建议，篇幅一般为1页，最长不超过2页。

二、宏观经济与基本假设

基于对宏观经济的数据分析，明确与理财规划有关的以下假设：

（一）利率

通常参考10年期国债利率变化来设定长期利率水平。

（二）汇率

通常通过远期汇率交易水平来设定未来的汇率水平。

（三）通货膨胀率

通货膨胀率简称通胀率，可用于估算未来的生活费用水平。

（四）学费增长率

受通胀率影响，其增长水平往往高于通胀率。

（五）房屋折旧率与房价成长率

根据这两个比率可估算房屋未来价值。

（六）投资收益率

根据建议的资产组合，可推算出经验投资收益率

（七）退休生活消费替代率

退休后，消费水平是退休前的一定比例，通常认为70%～80%较合适。

（八）其他

比如债券、股票投资收益率与标准差等。

三、家庭基本情况介绍

（一）家庭基本信息

列明客户本人及家庭成员的基本信息，包括年龄、关系、职业、健康状况等。

（二）规划范围与规划限制情况

规划范围指客户找理财师寻求的是单项理财规划服务、多项理财规划服务还是全方位理财规划服务；规划限制指客户对投资工具、保费预算、保密对象等方面的特别要求，譬如避

免投资工具为金融衍生产品。

四、家庭财务报表与财务诊断

本部分基于客户的信任，理财师与客户沟通，全面、细致地掌握客户的财务数据，帮助客户编制家庭资产负债表和家庭收支储蓄表，既可对资产结构、负债结构、收入结构和支出结构进行总体分析，也可对资产的三性（流动性、安全性与收益性）、负债的财务负担率、收入的稳定性和各项支出的调整弹性进行细致分析，还可通过财务指标进行综合分析，评估各项财务指标是否合理，并得出诊断意见。详细操作可见“项目二　分析家庭财务状况”。

五、客户的理财目标与风险属性界定

（一）明确客户的理财目标及优先级

理财师应充分了解客户的理财目标及优先级，并请客户分别量化确认各项目标的理想值与可接受值，当达不到理想值时，可退而求其次，看是否能达到可接受值。譬如客户有一个理财目标是为 5 年后购房准备首付款，理想值为 100 万元，可接受值为 60 万元。

（二）界定风险属性

可使用投资规划中的风险问卷对客户进行风险评分，确定客户的风险属性。理财师必须了解客户的风险属性，同时也要了解各项投资工具或金融产品的风险属性，帮助客户匹配适合其风险属性的产品或产品组合。

六、理财目标可行性分析

当客户有多个理财目标需要执行时，如何以现有的生息资产与储蓄能力来完成多个理财目标，可以从目标并进法、目标顺序法和目标现值法三种方法中选取一种作为规划方法。

七、资产配置与投资规划

请见“项目七　制定投资规划方案”。

八、风险管理与保险规划

请见“项目三　制定保险规划方案”。

九、风险告知与定期检查

就所建议的理财规划方案，告知客户可能存在的风险，包括流动性风险、市场风险和信用风险等。

理财师要定期检查客户的执行与实施情况，如果首期顺利达成原定目标，应给予客户鼓励；如果所配置的投资组合未达到预期水平，应针对经济环境调整投资组合；如果因客户收入大幅下降使原定目标无法达成，可考虑降低目标或延长期限；如果客户家庭结构发生变化，譬如二胎出生，需要调整理财目标，理财规划也应相应调整。

任务三　制作综合理财规划报告书

本任务通过模拟实务理财情景，综合所学的分析家庭财务状况、制定保险规划方案、制定教育规划方案、制定投资规划方案、制定退休规划方案、制定税务规划方案、制定财富传承规划方案等知识，从收集客户信息、进行财务分析与诊断、分析理财目标可行性等方面，

全方位展现理财规划的流程与方法，为客户制作一份综合理财规划报告书（又称综合理财规划方案）。

训练一　整理综合理财规划需求

在综合理财规划操作的第一步和第二步，理财师要建立与客户的信任关系，并通过与客户进一步沟通，全面了解客户的信息，整理形成客户的综合理财规划需求，以下以“技能训练”为例展示：

技能训练

【案例】

客户张文强和新婚妻子李颖莹是大学同学，毕业后都留在广州工作，两人刚刚领完结婚证，正筹备婚礼，计划邀请两人的同学好友共同见证两人的幸福时刻。最近小两口遇到了一个决策难题，先买房还是先买车，于是去咨询在银行工作的师姐理财师韩梅梅，请她帮助自己分析该先买房还是先买车，并帮助规划未来的幸福生活。（同项目导入“实际工作案例”）

【操作示范】

张先生和太太希望理财师能帮助自己规划小家的未来生活，作为理财师，为了更好地为客户提供全方位的理财规划服务，需要首先全面收集客户的信息，并进行分类整理。以下是理财师韩梅梅整理的客户家庭理财规划需求：

一、基本情况

张文强，男，30岁，银行职员，新婚妻子李颖莹，28岁，企业白领，两人本科毕业后都留在广州工作，目前正在筹备婚礼，希望理财师帮助他们一起规划未来的幸福生活。

二、财务情况

截至2019年12月31日，家庭的财务情况如下：

（一）家庭资产负债情况

张先生名下有活期存款5万元，银行理财产品50万元，股票型基金15万元，混合型基金15万元，股票市值159 800元；太太小李名下有某记账式国债，市值101 920元，指数型基金市值336 270元。家庭无负债。

（二）家庭收入支出情况

过去一年张先生和太太的税后年收入分别为25万元、15万元。金融投资收益分别为3万元、1万元。年支出为各3万元，其中房租支出各6 000元，目前两人均住在单位宿舍，每月租金500元。

三、理财目标

张先生和太太对于家庭的未来充满了美好的憧憬，梳理其愿望，可总结为以下5个理财目标（均为现值）：

（一）婚礼费用

在广州南湖风景区旁某酒店西餐厅举办一小型自助晚宴，预算10万元。

（二）购房购车

结婚后计划马上买房，面积70平方米左右的小两居。目前中心城区房屋均价为每平方米6万元，郊区均价每平方米2.5万元。如果在市区买房，则可先不考虑买车；如果在郊区买房，希望是120平方米左右的大三居，必须买代步车，希望购买一辆总价10～15万元的汽车，买车不计划贷款。

（三）养育子女

计划5年后生小孩，孩子大学毕业前每年生活费现值2万元。

（四）子女高等教育

希望小孩能一直在广州上学至大学本科，本科毕业后到美国读硕士研究生。幼儿园读私立，小学和中学读公立。

（五）退休计划

预计按照现在的法定退休年龄退休，张先生和太太希望退休后能维持现有的生活水平，此外，希望还可以出国旅游，旅游预算每年4万元，持续10年。不考虑退休后的社保养老金，希望依靠自己在退休前完成退休金储备。

四、社保和商业保险情况

张先生和太太均有社保，缴费基数分别为20万元、10万元。张先生住房公积金账户余额8万元，社保养老金个人账户余额3万元，已缴费6年；太太住房公积金账户余额3万元，社保养老金个人账户余额1万元，已缴费3年。医疗保险账户各5 000元。张先生所在银行已为员工购买团体定期寿险，保额20万元，意外保险保额50万元。张先生和太太自己均未购买任何商业保险。

夫妻俩关于保费的预算如下：因为张先生已有团险，商业保险保费预算为工作收入的5%，张太太无团险，商业保险保费预算为工作收入的10%。

训练二 制定综合理财规划报告书

以综合技能实训为例来详细展示如何制定综合理财规划报告书。

综合技能实训

【案例】

为项目导入中的客户张先生提供全方位理财规划服务，在训练一中理财师已完成理财规划的第一步和第二步，即建立与客户的信任，并收集整理了客户的信息，以下进行理财规划的后续步骤，为张先生家庭制作综合理财规划报告书（简称理财规划报告书或报告书）。

【操作示范】

封面：理财规划报告书——张先生家庭

第一部分 声明与摘要

一、声明

尊敬的张文强先生：

非常荣幸有这个机会为您提供全方位的理财规划服务。首先请参阅以下声明：

◆ 本理财规划报告书用来帮助您明确财务需求及目标，对理财事务进行更好地决策，达到财务自由、决策自主与生活自在的人生目标。

◆ 本理财规划报告书是在您提供的资料的基础上，基于通常可接受的假设、合理的估计，综合考虑您的资产负债状况、现金收支状况和理财目标而制定的。

◆ 本理财规划报告书所做出的所有的分析都是基于您当前的家庭情况、财务状况、生活环境、未来目标和计划以及对一些金融参数的假设和当前所处的经济形势，以上内容都有可能发生变化。建议您定期评估自己的目标和计划，特别是在人生阶段发生较大变化的时候，如家庭结构转变或更换工作等。

◆ 专业胜任说明：本公司理财师×××先生/女士为您制作此份理财规划报告书。

➢ 经验背景及专长：……

➢ 学历及专业认证：……

◆ 保密条款：本报告书将由理财师直接交与客户，充分沟通讨论后，协助客户执行报告书中的建议。未经客户书面许可，本公司负责的理财师及其助理人员，不得透漏任何有关客户的个人信息。

◆ 应揭露事项：

➢ 本报告书不收取顾问报酬费。

➢ 所推荐产品与理财师个人投资是否有利益冲突：经确认无利益冲突状况。

➢ 推介专业人士时，该专业人士与理财师的关系：相互独立，如顾问契约。

➢ 与第三方签订书面代理或者雇佣关系合同：××银行未与第三方签订书面代理或者雇佣关系合同。

二、摘要

(1) 理财规划目的：以全方位的观点衡量应如何安排财务资源与投资来达到理财目标。

(2) 客户背景：客户为银行职员，30岁，配偶28岁，5年后生小孩。

(3) 资产负债状况：截至2019年12月31日，家庭总资产160.80万元，无自用性资产，无负债，流动性比率为10，家庭应急资金充足。

(4) 收入支出状况：家庭税后工作收入达40万元，年支出6万元，工作储蓄34万元，储蓄率高，理财规划弹性大。

(5) 理财目标：首要目标是举办婚礼，预算10万元；其次是购房，权衡在市区与郊区购房情况后做出购房决策，市区购房预算约420万元，郊区购房预算300万，还须加购小汽车预算10~15万元；再次，5年后计划生育小孩，希望准备好孩子的养育费用与教育费用；最后，储备足够的退休金，不依赖政府的养老金就能保持现有的生活水平。

(6) 根据客户风险承受能力评测结果，确定与其相适应的目标投资收益率为5.04%，在此投资回报率下，进行全生涯规划。

(7) 保险产品配置计划。家庭保险覆盖率不足，依据客户意愿，自己保费预算为收入的5%，太太保费预算为收入的10%。

(8) 投资产品配置计划。客户的风险测评结果为稳健型，据此确定投资组合，建议家庭按照投资组合配置，坚持长期定投的方式积累财富。

(9) 根据客户情况，建议每年定期重审。规划时间点为2020年1月，暂定2021年1月初为下次重审日期，届时若家庭事业有重大变化，需对现有报告书进行调整。

第二部分　宏观经济与基本假设

本报告书是以目前国内宏观经济形势及相关基本假设为前提的，如表10－3和表10－4所示。当经济形势、假设变量发生变化时，可能会影响您理财目标的实现。

表10－3　与理财规划相关的基本假设

假设名称	假设数据	数据来源
收入增长率	8%	国家统计局，居民人均可支配收入，2013年和2018年分别为18 311元和28 228元，年增长率约9%，出于谨慎原则，假设年增长率为8%
养老金增长率	4%	自定义
费用增长率	3%	国家统计局，1999—2018年全国平均年化CPI增长率2.01%，出于谨慎性原则，本规划假设全国平均年化CPI增长率为3%
房价增长率	7.46%	国家统计局，2000—2013年全国平均年化房价增长率
学费增长率	4%	自定义
预期寿命（本人）	80岁	中国人寿保险业经验生命表（2000—2003）
预期寿命（配偶）	84岁	中国人寿保险业经验生命表（2000—2003）
退休年龄（本人）	60岁	《国务院关于工人退休、退职的暂行办法》
退休年龄（配偶）	55岁	《国务院关于工人退休、退职的暂行办法》

表10－4　资本市场假设

资产类型	预期收益率/%	标准差/%	数据来源
货币	2.81	0.57	一年期银行存款利率，2005—2018年
债券	3.69	0.63	上证国债指数，2005—2018年
股票	8.76	19.09	沪深300，2005—2018年

第三部分　家庭基本情况介绍

根据您提供的个人及家庭成员信息及其他信息整理如下，以下资料的准确及完整性对于您的理财规划非常重要。

一、客户及家庭成员的基本信息（表10－5）

表10－5　客户及家庭成员的基本信息

姓名	出生日期	性别	年龄	角色	职业	预计退休年龄
张文强	1990.03.05	男	30	本人	银行职员	60岁
李颖莹	1992.05.03	女	28	配偶	企业白领	55岁
小张李	2025.01.01	未知	－5	子女		

二、客户生命周期

您的家庭目前处于形成期（筑巢期）。这个时期的特征是家庭成员数增加，收入主要来源于夫妻的双薪，家庭追求较高的收入成长率。支出随家庭成员的增加而上升。可积累的资产有限，家庭主要成员年轻，因此，可承受较高的投资风险。如果在此期间购房，通常要背负高额房贷。家庭净资产若全靠自力积累，整个形成期净资产增加幅度不大。

三、规划限制

（1）避免复杂的金融衍生品等投资工具；

（2）张先生对保险产品的要求是纯风险保障，预算限制为不超过其收入的5%，配偶李女士的保险产品预算不超过其收入的10%。家庭生命周期示意图如图10－9所示。

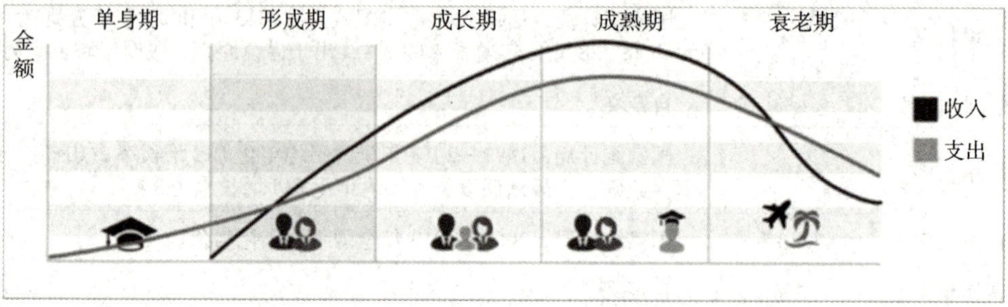

图10－9　家庭生命周期示意图

第四部分　家庭财务报表与财务诊断

一、家庭财务报表

张先生家庭资产负债表和家庭收支储蓄表如表10－6和表10－7所示。

表10－6　张先生家庭资产负债表

日期：2019年12月31日

资产	金额/元	负债和净资产	金额/元
活期存款	50 000		
流动性资产合计	50 000	**流动性负债合计**	0
银行理财产品	500 000		
债券	101 920	**投资性负债合计**	0
基金	636 270	自住房按揭贷款	0
股票	159 800	**自用性负债合计**	0
个人医保账户	10 000	**负债总计**	0
住房公积金账户	110 000		
社保养老金账户	40 000		
投资性资产合计	1 557 990		
自用房产	0	**净资产总计**	1 607 990
自用性资产合计	0		
资产总计	1 607 990	**负债和净资产总计**	1 607 990

说明：社保养老金账户余额属于家庭投资性资产，但由国家统一管理，家庭不可自行运用。

表 10 – 7　张先生家庭收支储蓄表

日期：2019 年 1 月 1 日至 2019 年 12 月 31 日

项目	金额/元
工作收入	502 000
其中：工资薪资收入	400 000
社会养老保险个人账户年缴存额	24 000
社会医疗保险个人账户年缴存额	6 000
住房公积金个人账户年缴存额	72 000
减：生活支出	60 000
其中：家庭生活支出	60 000
工作储蓄	442 000
理财收入	40 000
其中：金融投资收益	40 000
减：理财支出	0
其中：利息支出	0
保障型保费支出	0
理财储蓄	40 000
总收入	542 000
总支出	60 000
总储蓄	482 000

二、家庭财务分析

（一）基于财务报表，分析家庭财务结构

1. 家庭资产负债结构分析

家庭资产以投资性资产为主，无自用性资产，家庭无负债，如表 10 – 8 和图 10 – 10 所示。

表 10 – 8　张先生家庭资产负债结构　　元

结构	资产	负债	净资产
流动性	50 000	0	50 000
投资性	1 557 990	0	1 557 990
自用性	0	0	0
总计	1 607 990	0	1 607 990

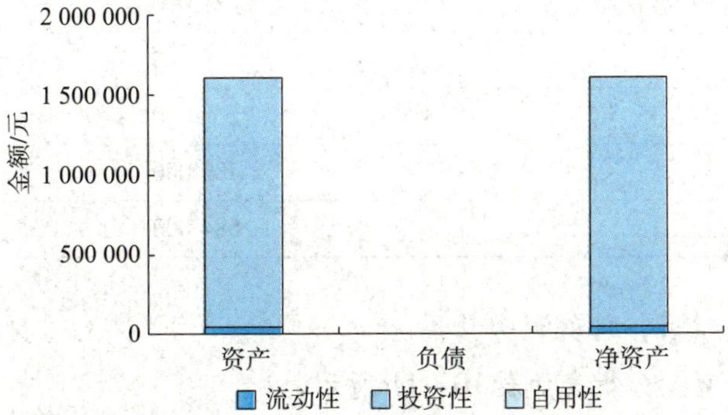

图 10 – 10　张先生家庭资产负债结构图

2. 家庭收入支出结构分析

家庭收入以工作收入为主，理财收入占比较低；家庭支出较少，家庭储蓄率高，如表10－9和图10－11所示。

表10－9　张先生家庭收入支出结构

元

结构	收入	支出	储蓄
工作（生活）	502 000	60 000	442 000
理财	40 000		40 000
其他	0	0	0
总计	542 000	60 000	482 000

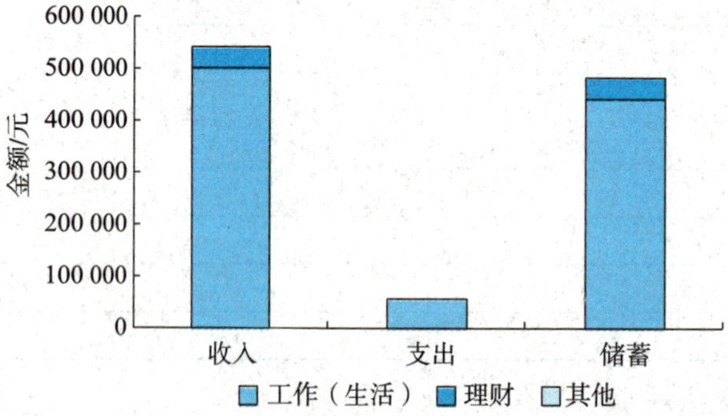

图10－11　张先生家庭收入支出结构图

3. 家庭储蓄运用分析

家庭固定用途储蓄主要用于缴存社保养老金、医保和住房公积金；家庭自由储蓄额高，占总储蓄的82.53%，如表10－10所示。

表10－10　张先生家庭储蓄运用情况

储蓄	金额/元	比重/%
固定用途储蓄	102 000	17.47
社会养老保险个人账户年缴存额	24 000	4.11
社会医疗保险个人账户年缴存额	6 000	1.03
住房公积金个人账户年缴存额	72 000	12.33
储蓄型保费	0	0.00
还房贷本金	0	0.00
自由储蓄	482 000	82.53
总储蓄	584 000	100.00

（二）基于财务报表，计算财务比率

家庭财务比率计算及分析表如表10－11所示。

表 10－11　家庭财务比率计算及分析表

类别	财务比率	数据	合理范围	数据分析
偿债能力指标	负债比率	0	≤60%	家庭无负债，财务无负担，综合偿债能力较强。可考虑在风险可控范围内，适度运用杠杆投资增加理财收入
	流动比率	∞	≥200%	
	融资比率	0	≤50%	
	财务负担率	0	≤40%	
应急能力指标	流动性比率	10	3～6	家庭应急资金充足，拥有的流动性资产能维持家庭 10 个月开支
保障能力指标	保费负担率	0	5%～15%	家庭未购买任何商业保险，说明家庭保障意识不足
	保险覆盖率	1.39	≥10	家庭保险覆盖率严重不足，风险发生时，不足以给家庭带来很好的保障
财富增长能力指标	储蓄率	89.37%	≥25%	储蓄率高，说明家庭支出控制能力强，储蓄习惯好
	生息资产比率	100%	≥50%	家庭资产全部为生息资产，财富增长后劲足
	平均投资收益率	2.49%	≥5%	平均投资收益率较低，表明投资理财能力较弱，需要调整资产配置
财务自由度指标	财务自由度	66.67%	≥30%	财务自由度较高，可继续增加理财收入或降低支出提高财务自由程度

三、家庭财务现状小结

综上分析结果，提出家庭财务诊断意见如下：

(1) 客户家庭无负债，储蓄率高，说明储蓄意识强，储蓄习惯好，望继续再接再厉；客户年轻，有一定风险承受能力，可考虑利用财务杠杆加速资产成长；

(2) 流动性资产充足，可适当降低流动性资产，提高投资性资产比重；

(3) 平均投资收益率较低，说明资产配置组合需要调整，做好资产配置与投资规划；

(4) 除了公司付费的团体险以外，家庭未购买任何商业保险，保障明显不足，应列支保费预算，增加寿险保额，做好风险管理与保险规划。

第五部分　理财目标与风险属性界定

一、明确理财目标

以下表 10－12 是根据您与太太对未来一生的规划所确定的理财目标清单（按照重要性排序），并记录目标支出的时间（起始和终止），以及与您沟通后确认的理想值与可接受值。

表 10－12　张先生家庭理财目标清单

重要性	目标描述	理想值	可接受值
1. 紧急预备金	能够应付家庭生活支出的月数（2020—2076）	6	6
2. 自由梦想——婚礼费用	实现目标年份/目标金额	2020/100 000	2020/60 000

续表

<table>
<tr><th>重要性</th><th>目标描述</th><th>理想值</th><th>可接受值</th></tr>
<tr><td>3. 购房目标</td><td>实现目标年份/目标金额</td><td>2020/4 200 000</td><td>2020/3 000 000</td></tr>
<tr><td>4. 购车目标</td><td>实现目标年份/目标金额</td><td>2020/200 000</td><td>2022/150 000</td></tr>
<tr><td>5. 子女抚养（0～21岁）</td><td>每年生活支出目标金额（2024—2045年）</td><td>20 000</td><td>16 000</td></tr>
<tr><td>6. 子女教育——基础教育</td><td>每年学费——广州市平均水平</td><td>幼儿园 24 000
小学 7 000
初中 9 000
高中 12 000</td><td rowspan="3">与理想值同</td></tr>
<tr><td>7. 子女教育——大学本科</td><td>每年学费——广州市平均水平</td><td>20 000</td></tr>
<tr><td>8. 子女教育——硕士研究生</td><td>每年学费——美国排名全球前列大学水平</td><td>500 000</td></tr>
<tr><td>9. 退休规划</td><td>目标退休年份/退休后生活水平－张先生（60 岁）
目标退休年份/退休后生活水平－张太太（55 岁）</td><td>2050/30 000
2047/30 000</td><td>2050/20 000
2047/20 000</td></tr>
<tr><td>10. 旅游目标</td><td>实现目标年份/目标金额</td><td>2050/40 000</td><td>2050/24 000</td></tr>
</table>

说明：可接受值指当理想值实现有困难时，您愿意将目标下调的下限。金额单位为元。

根据家庭财务分析的诊断意见，您还需要增加保险规划和投资规划，因此，需要增加以上两个内容作为您的理财目标。

二、界定风险属性

根据对您的风险属性测评，您的风险承受能力的测评分数为 79 分，属于稳健型投资者。作为一名稳健型投资者，在任何投资中，您渴望有较高的投资收益，但又不愿承受较大的风险；可以承受一定的投资波动，但是希望自己的投资风险小于市场的整体风险。您有较高的收益目标，且对风险有清醒的认识。适合的投资组合为股票型 30%、债券型 50%、货币型 20%，根据资本市场假设的收益率数据，估算适合您的投资组合目标收益率为 5.04%。

第六部分　理财目标可行性分析与调整方案

一、小型婚礼

计划在 2020 年 5 月的某个周末举办婚礼，预算 10 万元。该预算可从家庭现有净资产中支出，从家庭现有净资产看，本目标可实现。

二、购房规划

（一）规划分析

根据您和太太的计划，于 2020 年内购房，两种购房方案的对比分析如表 10－13 所示。

表 10－13　两种购房方案的对比分析

方案	优劣势分析	总资金需求	2020 年资金需求
方案 1：市区购房	优势：上班方便，生活便利，有省一级学位。 劣势：房价高，房子小	单价：6 万元/平方米 面积：70 平方米 房价：420 万元 装修款：14 万元 总需求：420 + 14 = 434（万元）	首付款：420 × 30% = 126（万元） 装修款：14 万元 总需求：126 + 14 = 140（万元）
方案 2：郊区购房 + 购车	优势：新房，房子大，空气好。 劣势：上班远，交通不便，上下班耗时长	单价：2.5 万元/平方米 面积：120 平方米 房价：300 万元 购车：20 万元 总需求：300 + 20 = 320（万元）	首付款：300 × 30% = 90（万元） 购车：20 万元 总需求：90 + 20 = 110（万元）

截至 2019 年年末，您和太太的总资产为 1 607 990 元，除养老账户、医保账户和住房公积金账户余额，以及家庭必需的紧急备用金（6 个月生活支出 30 000 元）以外，可自由使用的金融资产为 1 417 990 万元。

因此，从资金准备上来看，方案 1 和方案 2 均可行。

从房价增长率来看，根据您和太太的购房意向，市区意向置业在天河区或越秀区，郊区意向置业在白云区、黄埔区或番禺区，根据安居客的数据统计显示，近五年，市区房价的年均增长率略高于郊区，且波动幅度较小，如表 10－14 所示。

表 10－14　家庭所在区域房价增长情况

时间/房价	市区		郊区		
	天河	越秀	白云	黄埔	番禺
2014 年	26 343	30 352	17 049	15 928	14 138
2019 年	48 536	51 184	29 031	25 968	27 751
近 5 年年增长率/%	13	11.02	11.23	10.27	14.44

从小孩的学位来看，考虑到您和太太希望孩子未来在比较出名的公立学校读书，市区（天河区和越秀区）的名校多且集中，是最优选择。

（二）规划建议

综合以上分析，推荐您选择方案 1，即购买市区的小两居，既符合您和太太上班的需要，又符合未来孩子上学的需要，还能较好地保值增值。具体购房资金安排计划如表 10－15 所示。

表 10－15　购房资金安排计划

购房方案	首付款	装修款	贷款
市区购房	126 万元	14 万元	294 万元，选择商业贷款，20 年期

说明：贷款月供情况见附录生涯规划表。

三、子女养育及子女教育规划

采用目标现值法计算子女养育及教育规划的资金需求。

（一）规划分析

1. 计算子女养育费用的现值

从孩子出生到大学毕业前，每年生活费现值 2 万元，因此，在养育孩子至大学毕业的 22 年里，养育费用的总现值为 2×22，即 44 万元。

2. 计算子女教育费用的现值

计算子女教育费用的现值，如表 10－16 所示。

表 10－16　计算子女教育费用的现值

教育费	幼儿园（3 年）	小学（6 年）	初中（3 年）	高中（3 年）	大学本科（4 年）	硕士研究生（2 年）
距现在的年数/年	8	11	17	20	23	27
现学费/(元·年$^{-1}$)	24 000	7 000	9 000	12 000	20 000	500 000
未来入学时点学费/(元·年$^{-1}$)	32 846	10 776	17 531	26 293	49 294	1 441 684
完成该阶段教育所需总学费/元	98 537	64 657	52 593	78 880	197 177	2 883 369
折现至现在的现值/元	66 491	37 646	22 798	29 504	63 635	764 404

说明：学费增长率为 4%，投资收益率为 5.04%（根据张先生的风险测评结果计算的目标投资收益率）。

受教育的 21 年的总学费现值为 984 478 元。

因此，未来子女养育费用及教育费用的现值为 440 000＋984 478，即 1 424 478 元。

（二）规划建议

考虑到您家庭的现有资产主要用于婚宴和购房规划，建议使用基金定投准备子女养育费用及教育费用。假定投资组合的收益率为 5.04%，21 年里，您每年约需储蓄 111 495 元，方能为孩子积累足够的养育费用及教育费用，实现您对孩子的教育规划目标。

三、退休规划（含旅行计划）

（一）规划分析

计算退休期间生活费及旅游费需求的现值，如表 10－17 所示。

表 10－17　计算退休期间生活费及旅游费需求的现值

项目	生活费需求（退休后生活 20 年）	旅游需求（退休后 10 年）
退休时点的值/(元·年$^{-1}$)	145 635.75	97 090.50
退休时点的总现值/元	2 912 715	970 905
折现至现在的现值/元	666 279.73	222 093.24

说明：费用增长率为 3%，投资收益率为 5.04%（根据张先生风险测评结果计算的目标投资收益率），以张先生退休时点为标准计算。

因此，退休后的生活费及出国旅游费的现值为 666 279.73＋222 093.24，即 888 372.97 元。

因为您不考虑退休后的社保养老金，希望自己在退休前完成退休金准备。所以，暂不考虑退休后社保养老金的供给。

（二）规划建议

考虑到您家庭的现有资产主要用于婚宴和购房规划，建议使用基金定投准备退休养老金。根据以上计算得到您退休后的生活费及出国旅游费用现值，假定投资组合的收益率为5.04%，30年里，您每年约需储蓄58 054元，即可实现您的退休生活目标。

第七部分　资产配置与投资规划

资产配置是投资的基石。在您的投资组合中，各种投资必须是一个整体资产配置策略的一部分。投资组合指当某些资产价值下降时，组合中的另外一些资产价值上升，从而抵消其损失。因为人们很难预测市场的短期波动，为避免高买低卖，投资者应在各类资产中持有一定的投资。

一、当前资产配置情况

根据家庭财务分析的结果看，您上一年的平均投资收益率仅为2.49%，投资报酬率较低，说明需要调整资产配置，以期获取更高投资回报。当前家庭资产配置情况和当前家庭投资组合如表10－18和图10－12所示。

表10－18　当前家庭资产配置情况

元

产品名称	金额
现金及活存	50 000
银行理财产品	500 000
债券	101 920
基金	636 270
股票	159 800
小计	1 447 990

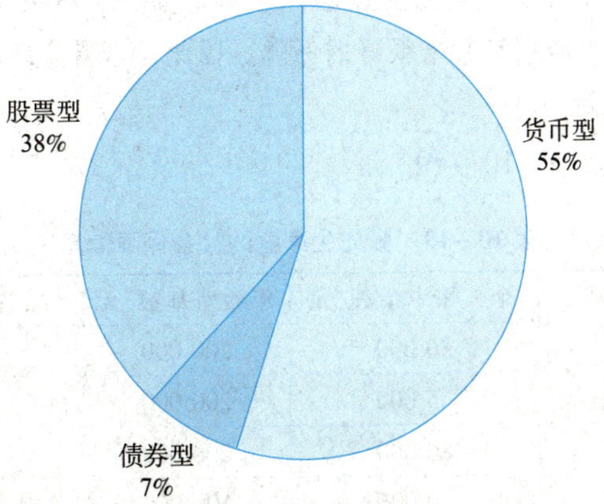

图10－12　当前家庭投资组合

二、选择目标资产配置

根据您的风险测评结果，您属于稳健型投资者，建议您的投资组合中各类资产配置比重如图 10－13 所示。

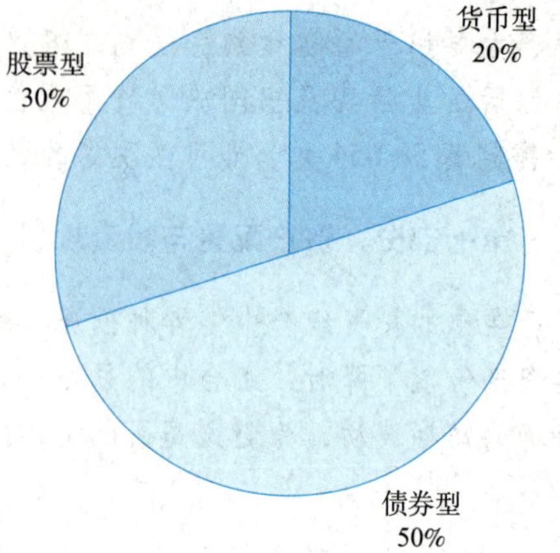

图 10－13　建议采取的投资组合

根据宏观经济与基本假设中关于资本市场的假设，2005—2018 年相关数据显示，货币型、债券型和股票型投资的收益率分别为 2.81%、3.69%、8.76%。根据您的投资组合各类资产权重，测算您的目标资产配置投资收益率为 5.04%（2.81%×20%+3.69%×50%+8.76%×30%）。

三、资产配置分析结论

（1）原有的资产配置，货币类资产偏多，虽然风险较低，但预期投资收益率也较低，不太适合您这样的年轻人应该有的较大风险承受能力。

（2）依据风险属性测试，您属于稳健型投资者，可配置以债券类为主的投资组合。

（3）比较目标资产配置与当前资产配置，建议降低股票类资产与货币类资产比重至合计 50%，提高债券类资产比重到 50%。

第八部分　风险管理与保险规划

目前，您和您太太均未购买任何商业保险，家庭财务分析结果显示，家庭保险覆盖率严重不足，风险发生时，不足以给家庭带来很好的保障。因此，需要为您和您的家庭增加保障计划。

一、家庭现有保障情况

（一）社会保障信息（表 10－19）

表 10－19　张先生家庭的社会保障信息

参保人	社会保障名称	个人账户余额/元	年缴费基数/元	缴费比例/%	年缴存额/元
张先生	养老保险	30 000	200 000	8	16 000
张先生	医疗保险	5 000	200 000	2	4 000
张先生	住房公积金	80 000	200 000	12	48 000
张太太	养老保险	10 000	100 000	8	8 000
张太太	医疗保险	5 000	100 000	2	2 000
张太太	住房公积金	30 000	100 000	12	24 000

（二）商业保险信息（表10－20）

表10－19　张先生家庭的商业保险信息表　　元

保单名称	险种	被保险人	保险金额	保险费用	现金价值	缴费方式
团体保险	定期寿险	张先生	200 000	0	0	年缴
团体保险	综合意外保险	张先生	500 000	0	0	年缴

二、家庭保险需求分析

您和太太均有收入，目前家庭无负债，无子女，家庭负担较轻，从遗属生活需要的必要角度来看，保险需求不大；但您和太太彼此关爱，相互为对方购买一份保险也是一种爱的表达，并且有必要趁年轻增加健康保险保障。在保额计算上，建议采用“双十法则”计算保额需求，即您的寿险保额需求为250万元，太太的寿险保额需求为150万元。

三、家庭保险产品组合建议

根据规划前与您沟通的情况，您计划自己的商业保险保费预算为工作收入的5%，即1.25万元，太太的商业保险保费预算为工作收入的10%，即1.5万元。根据您和太太的保费预算及保额，通过向日葵保险专家网页（http://www.xiangrikui.com/）查找相关保险产品并试算保费，提供如表10－21所示的保险产品组合建议。

表10－21　给张先生家庭的保险产品组合建议

险种	张先生		张太太	
	保额/万元	参考保费/元	保额/万元	参考保费/元
定期寿险（30年期）	200	5 500	150	1 860
综合意外保险	200	1 860	150	552
重大疾病保险	50	13 900	50	12 150
小计		21 260		14 562

建议充分利用附加险扩大保障范围，在购买重大疾病保险的基础上，附加住院补贴医疗保险以及附加保费豁免重大疾病保险。具体产品建议，可咨询理财师，或召集保险团队专家顾问，为您给出进一步意见。

第九部分　风险告知与定期检查

一、风险告知

就本报告书所建议的内容，可能存在的风险如下：

（1）流动性风险：急需变现时，资产可能会遭遇损失；

（2）市场风险：市场价格可能不涨反跌，导致投资组合无法实现预期收益；

（3）信用风险：个别标的出现特殊风险；

（4）宏观经济和基本假设：报告书根据近几年数据进行假设，但市场可能出现较大波动，那么假设可能会严重偏离市场；

（5）过去的绩效并不能代表未来的趋势。

二、定期检查

当出现以下情况时，可能影响您理财目标的实现，建议您及时联系我们，为您的理财规划报告书做出适时的调整。

（1）本计划所采用的基本假设在现实生活中发生变化，如通货膨胀率突然急剧增加、市场持续低迷，导致投资工具收益率直线下降；

（2）您的家庭财务状况发生重大变化，以至于不能按计划实施本报告书规划的目标；

（3）实际执行本报告书时，当地法律和经济环境发生了重大变化；

（4）家庭理财目标出现重大调整，譬如子女教育由原来的国内教育调整为从中学开始到国外留学等。

本报告书是根据您的家庭特定情况而量身定制的，不适合其他任何人做财务或投资的指引。对于本报告书，您如果有任何疑问，欢迎随时向理财师咨询。我们建议您每年定期检查一次本报告书，以确保本报告书能持续有效。

附　　录

（1）风险属性问卷。

（2）生涯规划表。

综合素养实训

【时政素材】

党的二十大报告指出："中国式现代化是全体人民共同富裕的现代化。共同富裕是中国特色社会主义的本质要求，也是一个长期的历史过程。我们坚持把实现人民对美好生活的向往作为现代化建设的出发点和落脚点，着力维护和促进社会公平正义，着力促进全体人民共同富裕，坚决防止两极分化。"

党的二十大报告在完善收入分配制度方面，提出了"规范财富积累机制"。

【学思践悟】

1. "规范财富积累机制"这一新名词的出现，强调了调整收入分配和财富积累机制。请你结合所学的理财规划知识，思考对于普通百姓而言、对于高净值人群而言，"规范财富积累机制"的关注重点可以分别放在哪些方面？

2. "人民对美好生活的向往是我们的奋斗目标"，作为新时代的理财师，我们可以为百姓力所能及地做些什么？

思考与拓展

扫码阅读材料，结合本课程所学内容，思考自己的职业未来，如果您志愿成为一名理财师，应当如何规划自己的职业成长路线？

理财师要不断自我提升，为客户创造更多价值

第三部分　项目考核与评价

项目练习题

一、单项选择题

1. 理财师为客户制作综合理财规划报告书，以下选项中，不属于报告书内容的是（　　）。

A. 客户基本情况和财务情况　　B. 客户的理财目标

C. 客户的风险属性　　D. 客户的子女教育计划

2. 以下选项中，对客户理财目标描述正确的是（　　）。

A. 为女儿准备上大学及出国留学的教育费

B. 为自己和老伴准备 200 万元退休金

C. 1 年后购买一辆价值 20 万元的小汽车

D. 为自己购买保额 100 万元的人寿保险

3. 以现在的时间为基准点，把所有的理财目标都折现为现值作为总需求现值。请问这是什么规划方法？（　　）

A. 目标并进法　　B. 目标顺序法　　D. 目标现值法　　D. 以上都不是

4. 理财师在为客户制作综合理财规划报告书以前，需要进行的准备工作中，不包括（　　）。

A. 建立与客户的信任关系　　B. 了解客户家庭成员的信息

C. 了解客户曾经购买过哪些理财产品　　D. 了解客户在工作单位的表现

5. 下列（　　）不属于专项理财规划的目标。

A. 家庭整体财务状况达到最优水平　　B. 足够的紧急备用金、充足的保险保障

C. 子女教育金的储备　　D. 双方父母的养老储备基金

二、多项选择题

1. 当客户有多个理财目标需要执行时，可以使用（　　）进行规划。

A. 目标并进法　　B. 目标替代法　　D. 目标顺序法　　D. 目标现值法

2. 理财师在综合理财规划报告书中为客户确定的理财目标，包括（　　）。

A. 客户本人计划提前 10 年退休的梦想

B. 客户孩子计划出国读研究生的教育梦想

C. 理财师基于家庭财务分析提出的增加家庭保障目标

D. 客户追求绝对高收益的投资梦想

3. 理财师在为客户制作综合理财规划报告书时，需要进行的假设包括（　　）。

A. 通货膨胀率　　B. 客户预期寿命

D. 收入增长率　　D. 银行贷款年利率

三、技能操作题

1. 不考虑货币时间价值，40岁的大明有以下几个愿望：准备2年后购房款50万元；准备5年后子女高等教育费用，每年2万元，读到硕士需6年；15年后退休，每年生活费4万元，预计再生活25年。目前大明有生息资产20万元。请问大明退休前应有多少储蓄才能达到购房、子女教育与退休生活费的目标？（　　）

A. 7.1万元　　B. 9.1万元　　C. 9.5万元　　D. 10.2万元

2. 以5万元资产与每年年底1万元储蓄，3%的投资报酬率，下列哪些理财目标可达成？（　　）

Ⅰ. 20年后40万元退休金

Ⅱ. 10年后18万元的子女高等教育金（4年大学学费）

Ⅲ. 5年后11万元的购屋自备款

Ⅳ. 2年后7.5万元的购车计划

A. Ⅰ、Ⅱ、Ⅲ、Ⅳ　　B. Ⅱ、Ⅲ、Ⅳ　　C. Ⅱ、Ⅲ　　D. Ⅲ、Ⅳ

3. 江先生40岁，年收入10万元，刚以原有积蓄买下自用房产，总价40万元。江先生想以定期定额投资的方式来累积20年后100万元退休养老金的目标，哪种报酬率与储蓄率的组合可以达成目标？（　　）

Ⅰ. 报酬率2%，储蓄率41.1%　　Ⅱ. 报酬率5%，储蓄率32.3%

Ⅲ. 报酬率9%，储蓄率19.5%　　Ⅳ. 报酬率12%，储蓄率12.8%

A. Ⅰ、Ⅱ　　B. Ⅰ、Ⅲ　　C. Ⅱ、Ⅲ　　D. Ⅱ、Ⅳ

4. 王先生有5年教育金20万元与20年后退休金100万元两个目标，适合风险属性的投资报酬率为6%，以目标顺序法准备教育金与退休金，应有的年储蓄各为（　　）。

A. 教育金3.55万元，退休金2.72万元

B. 教育金3.55万元，退休金4.30万元

C. 教育金3.26万元，退休金2.72万元

D. 教育金3.26万元，退休金4.30万元

5. 李先生有5年教育金20万元与20年后退休金100万元两个目标，目前有资产10万元，年储蓄1.2万元。以目标并进法整笔投资准备教育金、定期定额投资准备退休金，则教育金与退休金应有的投资报酬率各为（　　）。

A. 教育金14.87%，退休金13.25%　　B. 教育金13.25%，退休金14.87%

C. 教育金12.75%，退休金15.27%　　D. 教育金15.27%，退休金12.75%

四、素质提高题（二选一）

1. 请与父母及家庭成员沟通确定家庭理财目标，运用所学为自己的家庭制作综合理财规划报告书。

2. 请想象未来10年后自己的新生家庭情景，将其描述出来并编写成案例，确定家庭理财目标，为自己未来的新生家庭制作综合理财规划报告书。

完整版练习题，请扫描二维码获取。

项目十练习题

学习评价表

学习目标		考核方式与标准		评价结果			
目标类别	具体目标	考核方式	考核标准	自评	互评		综评
					同伴	教师	
素质目标	具备整体规划的能力；具备与团队成员协作的能力	项目练习题（素质提高题）	分优、良、中、及格四档，详细考核标准请扫描二维码获取 项目十学习评价表				
知识目标	掌握综合理财规划的流程，掌握全生涯资产负债表的含义；理解多目标理财规划的方法；掌握理财规划报告书的基本构成	项目练习题（单项选择题、多项选择题）					
技能目标	能按照流程进行综合理财规划；能应用全生涯资产负债表计算一生的资产和负债；能运用不同的多目标理财规划方法进行理财规划；能撰写理财规划报告书	项目练习题（技能操作题）					

说明：考核标准仅供参考，可根据具体情况灵活调整。

参考文献

[1] 胡君晖. 个人理财规划 [M]. 第2版. 北京：中国金融出版社，2018.

[2] 北京当代金融培训有限公司. 金融理财原理（上）[M]. 北京：中国人民大学出版社，2019.

[3] 北京当代金融培训有限公司. 金融理财原理（下）[M]. 北京：中国人民大学出版社，2019.

[4] 中国银行业协会银行业专业人员职业资格考试办公室. 个人理财（中级）[M]. 北京：中国金融出版社，2019.

[5] 北京当代金融培训有限公司，北京金融培训中心. 金融理财综合规划案例 [M]. 北京：中信出版社，2011.

[6] 北京当代金融培训有限公司，北京金融培训中心. 个人风险管理与保险规划 [M]. 第2版. 北京：中信出版社，2009.

[7] 北京当代金融培训有限公司. 北京金融培训中心. 金融理财原理（上）[M]. 第2版. 北京. 中信出版社. 2010.

[8] 北京当代金融培训有限公司. 北京金融培训中心. 金融理财原理（下）[M]. 第2版. 北京. 中信出版社. 2010.

[9] 陶永诚. 个人理财 [M]. 第2版. 北京. 高等教育出版社. 2012.

[10] 韦耀莹. 个人理财 [M]. 大连. 东北财经大学出版社. 2007.

[11] 杨则文. 个人理财业务 [M]. 北京. 经济科学出版社. 2010.

[12] 北京当代金融培训有限公司. 个人税务与遗产筹划 [M]. 北京：中国人民大学出版社，2019.

二维码资料索引

项目一

项目二

项目三

项目四

项目五

项目六

项目七

项目八

项目九

项目十